D1702030

Dieses gekrönte Freulerwappen von 1637 zeigt eine natürliche Jungfrau, die in der linken Hand einen Pfeil hält und in der rechten ein Schildchen mit einer Lilie. Das auf dem Vorsatz geprägte Wappen ziert die Türe zur Sala Terrena im Freulerpalast.

Alles unter einem Hut

Glarner Hutgeschichten von 36 Autorinnen und Autoren

Bertini Richard, Billeter Nicole, Brägger Bernhard, Breitenmoser Ivar, Brunner Christoph, Brunner Margrit, Brunner-Müller Melanie, Davatz Jürg, Dürst Heidi, Glavac Monika, Hauser Fridolin, Hefti-Rüegg Trudi, Hertach Ruedi, Jakober Fridolin, Kamm Fritz, Kara Ziya, Kleinknecht Olivia, Krohn Jan, Krohn Tim, Leiser Herbert, Monioudis Perikles, Müller-Nienstedt Hans-Rudolf, Nowak-Speich Regula, Nufer Günther, Peter-Kubli Susanne, Rhyner Roger, Schmidt Albert, Speich Verena, Stauffacher Vreni, Streiff Hans Jakob, Stüssi Heinrich, Tanner Katharina, Tänzler Barbara, Walter Franz, Zogg Ruedi, Zopfi Emil

Fotografien der ausserordentlichen Landsgemeinde 2007

Fridolin Walcher in Zusammenarbeit mit Barbara Beglinger, Michaela Hahn, Stephanie Tremp

Herausgegeben von der Stiftung Freulerpalast, Museum des Landes Glarus

Im Internet

Informationen zu Autorinnen und Autoren

Hinweise auf Veranstaltungen

Schreiben Sie uns Ihre Meinung zu diesem Buch.

www.suedostschweiz-buchverlag.ch

www.freulerpalast.ch

www.fridolinwalcher.ch

Projektleitung, Redaktion und Lektorat:
Georg Müller-Harder, Melanie Brunner-Müller, Josef Schwitter-Hauser
Typografie und Bildbearbeitung: Michaela Simitz
Umschlaggestaltung: Michaela Simitz, Fridolin Walcher
Gedruckt bei Küng Druck AG, Näfels
Gebunden durch Eibert AG, Eschenbach

© 2008 Stiftung Freulerpalast, Näfels
© Fotografie Fridolin Walcher, Nidfurn

Südostschweiz-Buchverlag, Chur/Glarus/Zürich
ISBN 978-3-905688-33-7

Inhalt

7	**Alles unter einem Hut** von Georg Müller-Harder	82	**Grüezi** von Ziya Kara
9	**Die ausserordentliche Landsgemeinde 25. November 2007**	84	**Der Menschen Zierrat ist der Hut** oder der Hut prägt die Persönlichkeit von Fridolin Hauser
11	**Fotografien**	86	**DIe Profession eines Hutmachers** Die Jugend des Hutmachers Johannes Tschudi (1693_1755) von Christoph H. Brunner
33	**Sie müssen nicht auf der Hut sein** von Olivia Kleinknecht		
36	**St. Fridolins Hüte** von Jürg Davatz	89	**Die Frau mit dem Hut** von Emil Zopfi
40	**505 Elmer Buddhisten – ein Hütchenspiel** von Fridolin Jakober	91	**Mein heissgeliebter Filzhut** von Fritz Kamm
42	**Wahre Geschichten über Glarner Hüte besserer Güte** von Trudi Hefti-Rüegg	93	**Der Lederhut – verloren – gefunden – doch nicht vorhanden** von Hans-Jakob Streiff
45	**Nie wieder Hut** von Günther Nufer	95	**Gedichte** von Heidi Dürst
48	**Die Geschichte vom Auge, der Feder und dem Knopf** von Tim Krohn	97	**Wächter der Wahrheit** von Nicole Billeter
51	**Mundart oder die Kunst sich zu verständigen** von Herbert Leiser	101	**Die Hüte meines Vaters** von Hans-Rudolf Müller-Nienstedt
53	**Glarnertüütsch gseit** von Ruedi Hertach	105	**Fotografien**
55	**Fotografien**	125	**Der Schlapphut** von Bernhard Brägger
77	**Gottfried Alpenstein ohne Hut** von Ruedi Zogg	127	**Updating** von Ivar Breitenmoser

131	**Drachäschnaps under em Huet** von Roger Rhyner und Beni Landolt	175	**Heimliche Reise** von Perikles Monioudis
137	**Slalom oder: Zu jedem Topf gehört ein Deckel** von Verena Speich	177	**Ein Hut** von Barbara Tänzler
139	**Die letzte Glarner Hutmacherin** von Melanie Brunner-Müller	179	**Knirsch, kratz, zack, schrumms, knall, päng!** Erinnerungen eines Natursportlers von Albert Schmidt
143	**Der strapazierte Hut** von Franz Walter	183	**Föhn** von Vreni Stauffacher
145	**Im Strohhuet z'Chilchä** – die Lebensgeschichte des Neu Glarners Josua Wild von Susanne Peter-Kubli	185	**Eine solche Geschichte** von Katharina Tanner
150	**Warten auf Goorin** von Jan Krohn	189	**Vom Feinsten** von Regula Nowak-Speich
152	**Die Krähe** von Richard Bertini	193	**Der Spieler** von Monika Glavac
154	**Heireli, jetzt bist Du Lokiführer!** von Heinrich Stüssi	199	**Fotografien**
155	**Fotografien**	215	**Biografien**
169	**Unter einem grossen Federhut** von Christoph H. Brunner	221	**Die Stiftung Freulerpalast**
173	**tag. ohne hut** von Margrit Brunner	223	**Das Museum des Landes Glarus**

Alles unter einem Hut

Als einziger Kanton der Schweiz trägt der Kanton Glarus einen Menschen in seinem Wappen: der heilige Fridolin mit Wanderstab und Bibel. Auf dem ältesten Banner, welches im Museum des Landes Glarus, im Freulerpalast in Näfels, ausgestellt ist und bei der Schlacht von Näfels 1388 getragen worden sei, trägt Fridolin als Wandermönch eine gewölbte Mütze. Im Laufe der Jahrhunderte wurde Fridolin mit wechselnden Hüten oder auch ganz ohne Hut dargestellt. Im heutigen Wappen ist Fridolin nicht mit Hut, aber mit Heiligenschein abgebildet.

Die Hüte der Glarner Wappenfigur waren für das Museum des Landes Glarus im Jahre 2004 ein Grund, dieses Jahr unter den Themenzyklus «alles unter einem Hut» zu stellen. So wurden im Herbst 2004 Glarner Autorinnen und Autoren eingeladen, an einer Abendveranstaltung im Palast ihre Hutgeschichte vorzutragen. 24 Geschichten wurden einem interessierten Publikum erzählt, und der Wunsch, diese Geschichten in einem Buch zu publizieren, tauchte am gleichen Abend auf.

Das vorliegende Buch umfasst nun nicht nur die anno 2004 im Freulerpalast erzählten Hutgeschichten, sondern es wurden weitere Glarner Autorinnen und Autoren sowie solche, die einen Bezug zum Glarnerland haben, eingeladen, ihre Hutgeschichte zu verfassen. 36 Schriftstellerinnen und Schriftsteller, Reporterinnen und Reporter haben ihre Hutgeschichte auf höchst unterschiedliche Art und Weise verfasst. So sind Hutgedichte entstanden, ein Hörspiel, Abhandlungen über persönliche Huterlebnisse, fiktive Geschichten von fliegenden Hüten, historische Huterzählungen oder auch Geschichten aus dem Leben von Hutmachern.

Dieses breite Spektrum an Hutgeschichten wurde in eine fotografische Hutgeschichte eingebettet, wobei die ausserordentliche Landsgemeinde vom 25. November 2007, wohl die erste Winterlandsgemeinde in der Geschichte des Landes Glarus, die Gelegenheit bot, ein fotografisches Porträt dieses denkwürdigen Tages zu schaffen. Das einzige, sehr umstrittene Traktandum bestand darin, aus 25 Gemeinden deren drei zu bilden. Dass Hüte nicht nur an der ordentlichen Landsgemeinde jeweils am ersten Sonntag im Mai, sondern auch an der Landsgemeinde im November eine Rolle spielen, ist nicht von der Hand zu weisen. So schreitet die Regierung in corpore immer mit schwarzem Zylinder, die Regierungsrätin mit elegantem Hut in den Ring, die Musikanten, die Soldaten – sie alle tragen Hut. Von den Bürgerinnen und Bürgern war anzunehmen, dass sie an diesem Sonntag Ende November, wenn die Kälte einem in die Glieder fährt, der Wind um die Ohren weht und der eine oder andere Regentropfen vom Himmel fällt, mit einem Hut auf dem Kopf in die Hauptstadt reisen würden. So wurden die behüteten – nicht die behüteten – Glarnerinnen und Glarner aus allen Gemeinden des Kantons fotografiert.

Unter der konzeptionellen Leitung von Fridolin Walcher haben die drei Fotografinnen und der Fotograf Bilder von Hüten während des Einzugs in den Ring, während der Debatte und spezifische Portraits von behuteten Menschen im eigens für diesen Zweck aufgestellten Fotozelt aufgenommen. Dieser denkwürdige Sonntag ist im vorliegenden Buch in einer eigenwilligen Bildsprache festgehalten worden. Es ist ein Tag, der Aufbruch und Mut zu Neuem signalisierte und in die ganze Schweiz ausstrahlte.

Der Hut – ein Schutz vor Kälte und Regen, ein Schmuck und eine Zier auf dem Kopf des selbstbewussten Magistraten, der eleganten Richterin, des bewaffneten Soldaten, des beschützenden Polizisten, des traditionellen Weibels, des normalen Bürgers und der modebewussten Zeitgenossin – war uns diese Dokumentation wert und zeigt die Vielfalt unserer Gesellschaft auf, doch vereint an einem Tag, um wegweisende Entscheide zu fällen.

Die Stiftung Freulerpalast dankt all denjenigen, die mitgeholfen haben, das Buch «Alles unter einem Hut» zu realisieren. Unter einem Hut sind nun nicht nur die Hutgeschichten, sondern auch die Bilder der ausserordentlichen Landsgemeinde, fotografiert mit dem Fokus auf den Hut. Wir laden Sie ein, den Spuren des Hutes nachzugehen und ihn aus den unterschiedlichsten Blickwinkeln zu erleben.

Georg Müller-Harder
Projektleitung

Die ausserordentliche Landsgemeinde
vom 25. November 2007

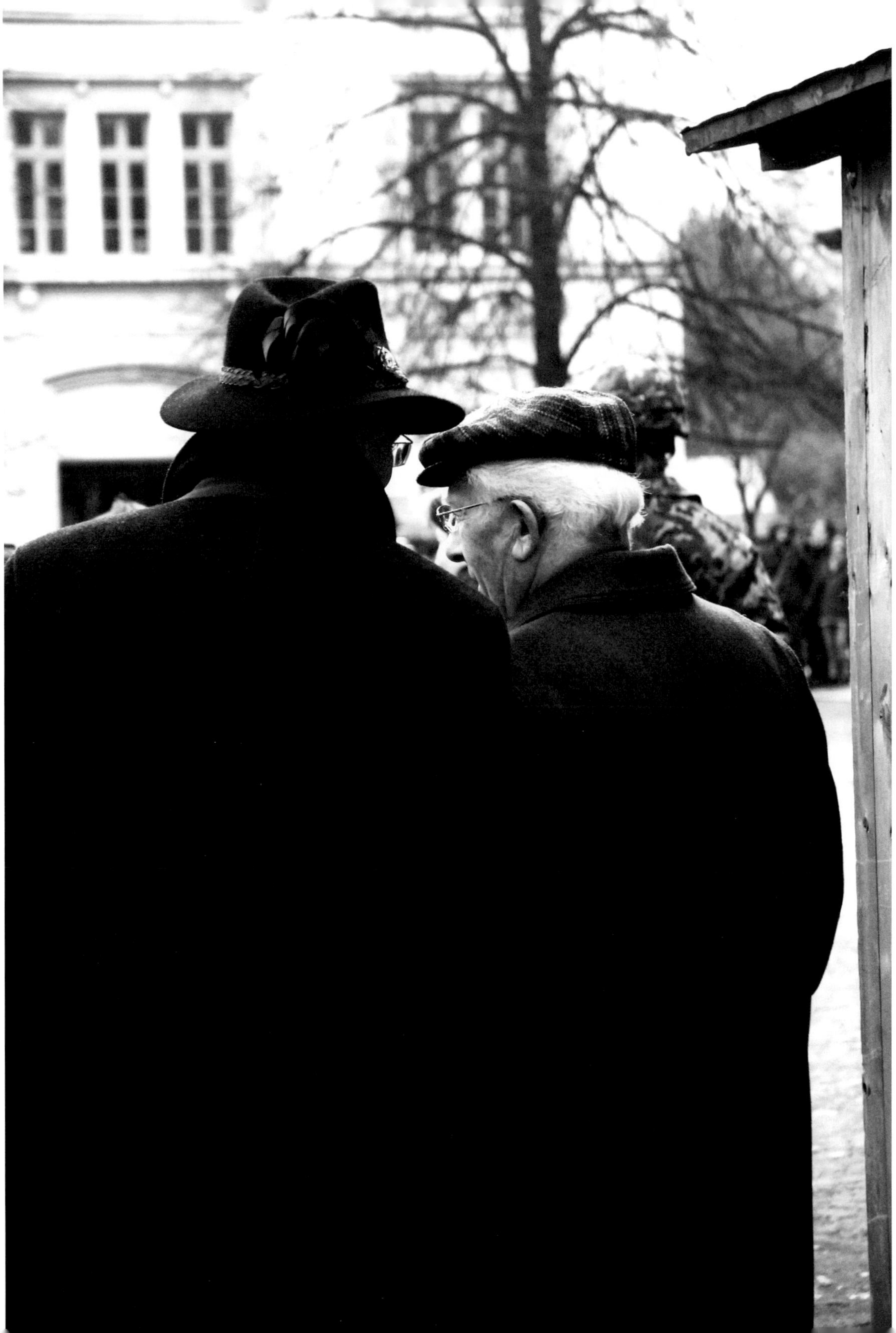

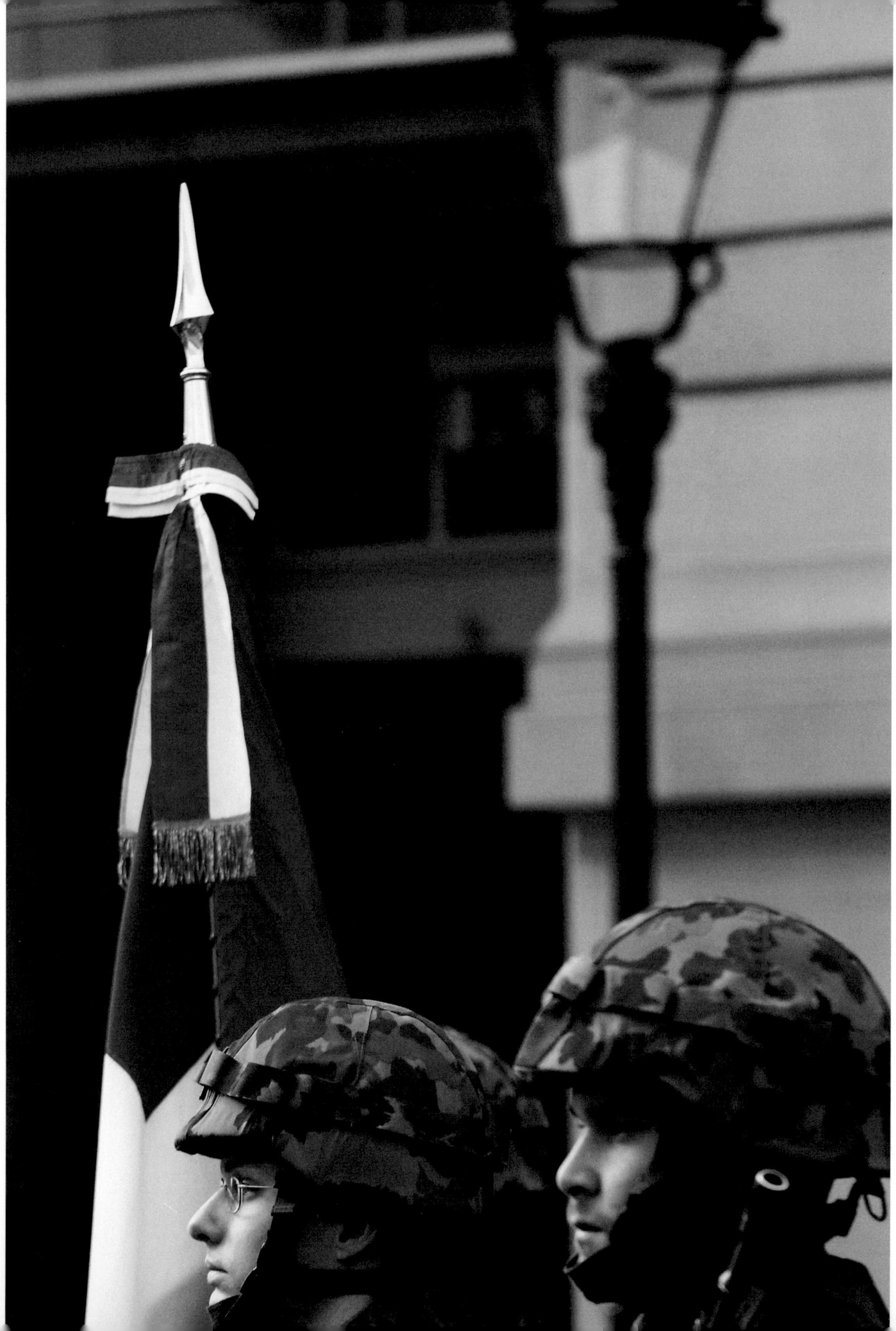

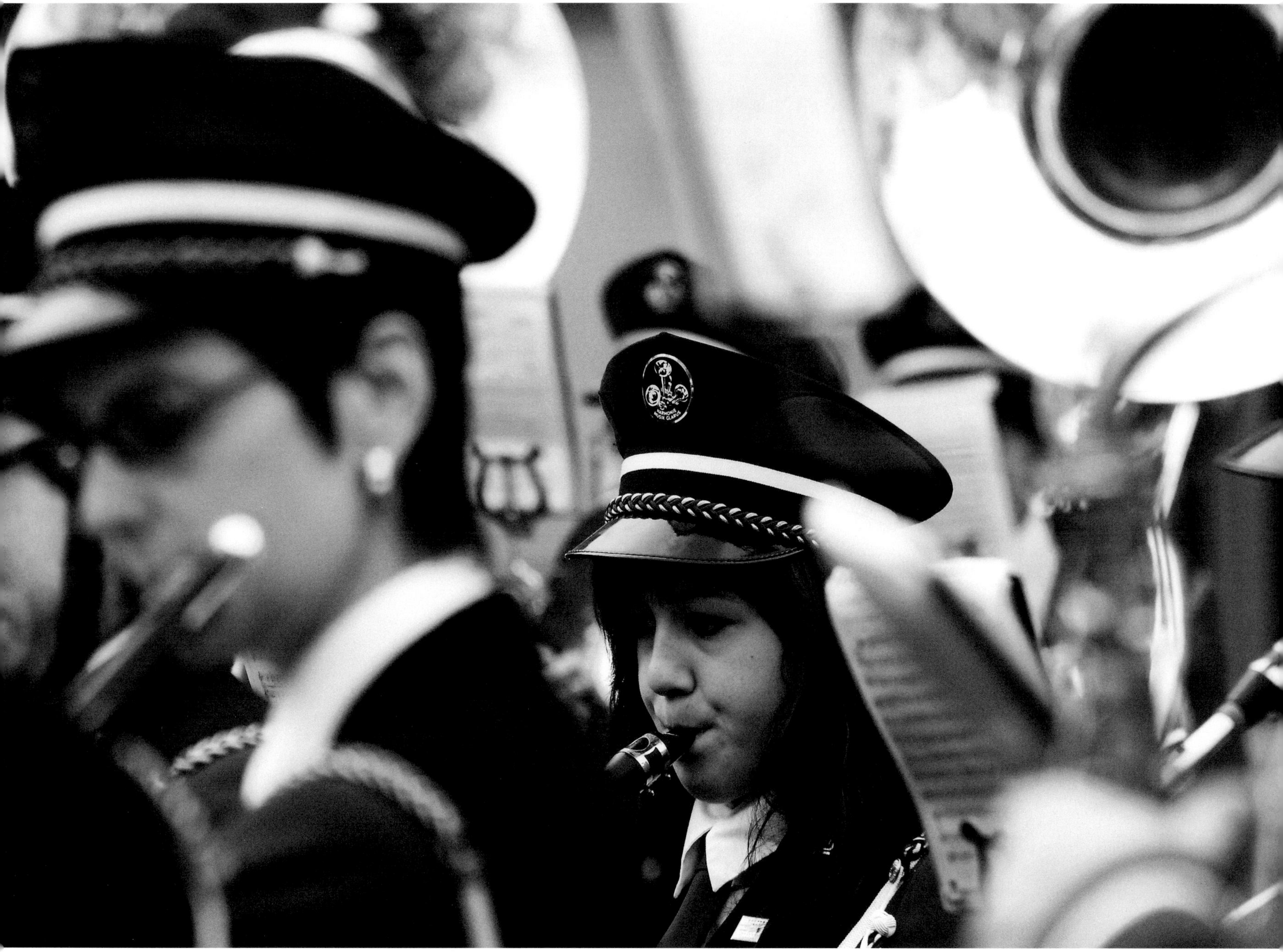

14

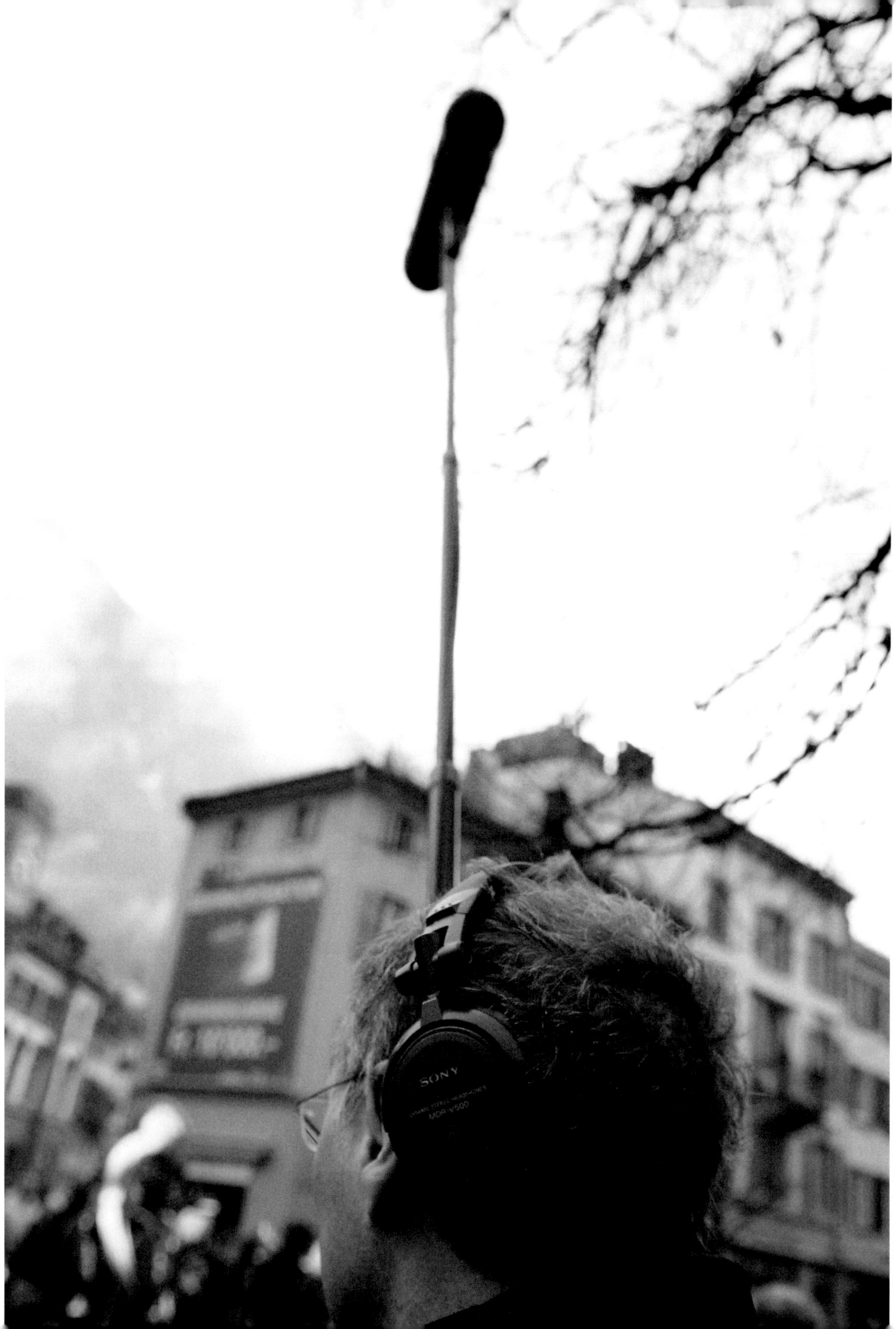
SONY
MDR-V500

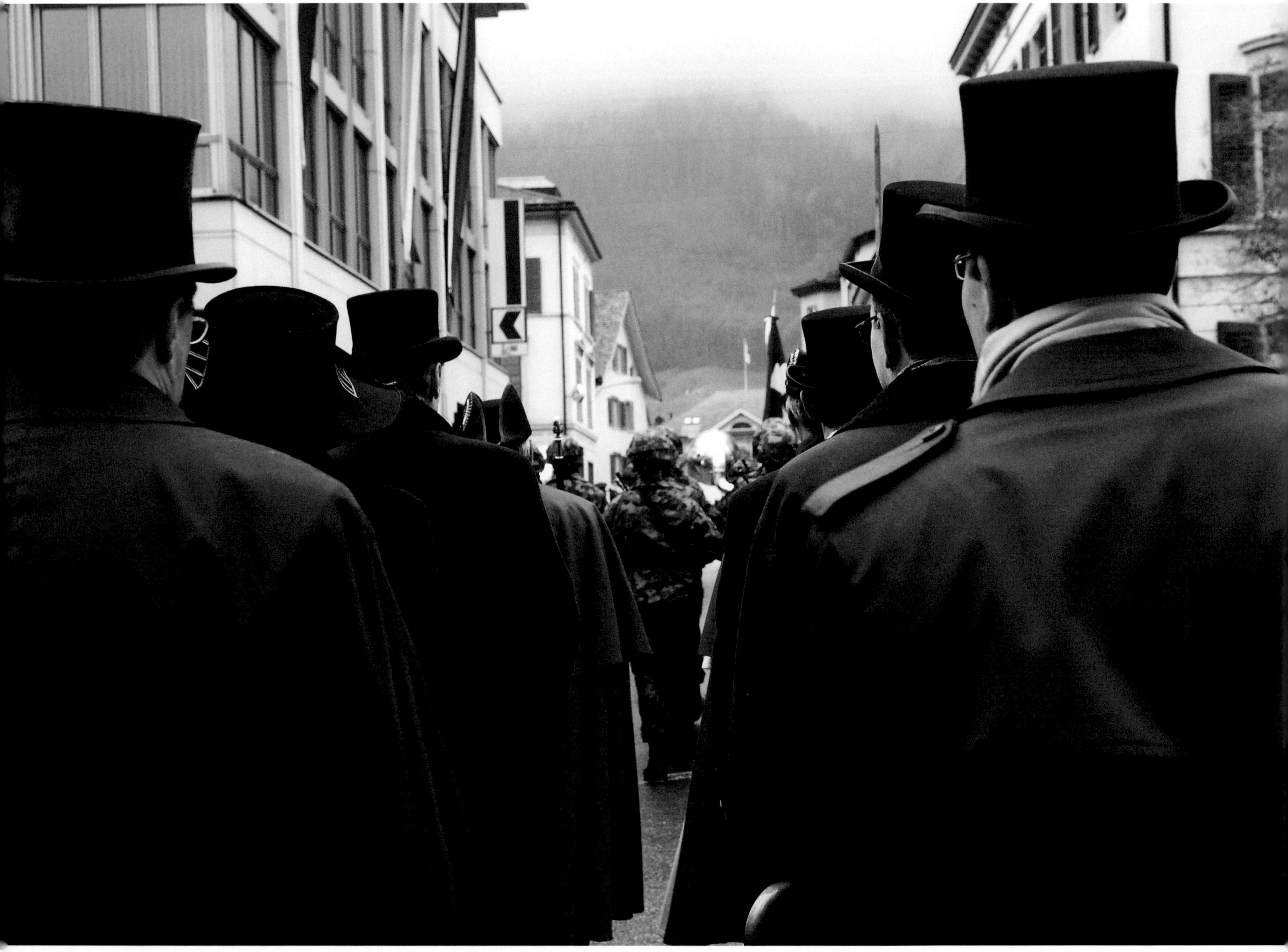

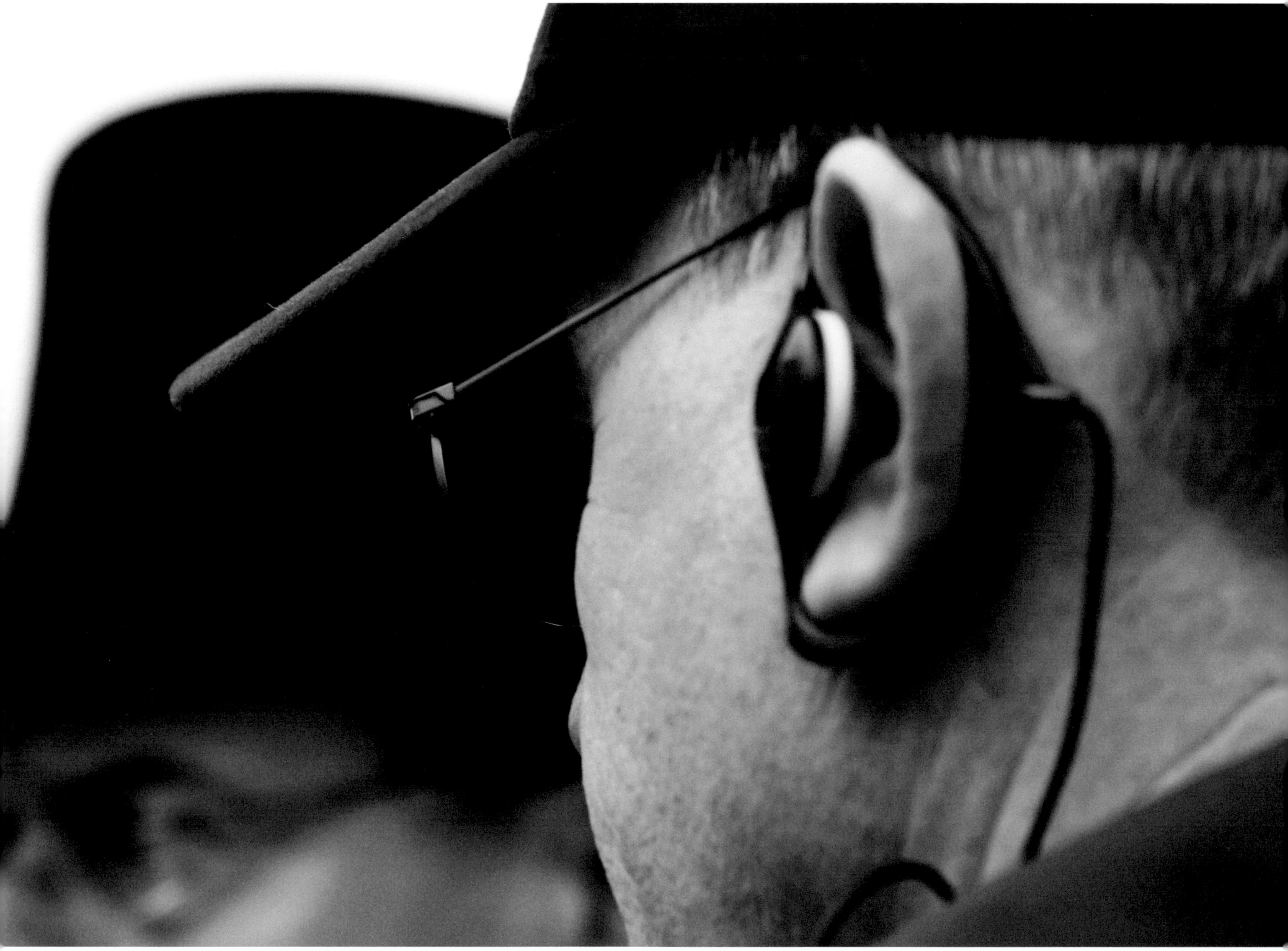

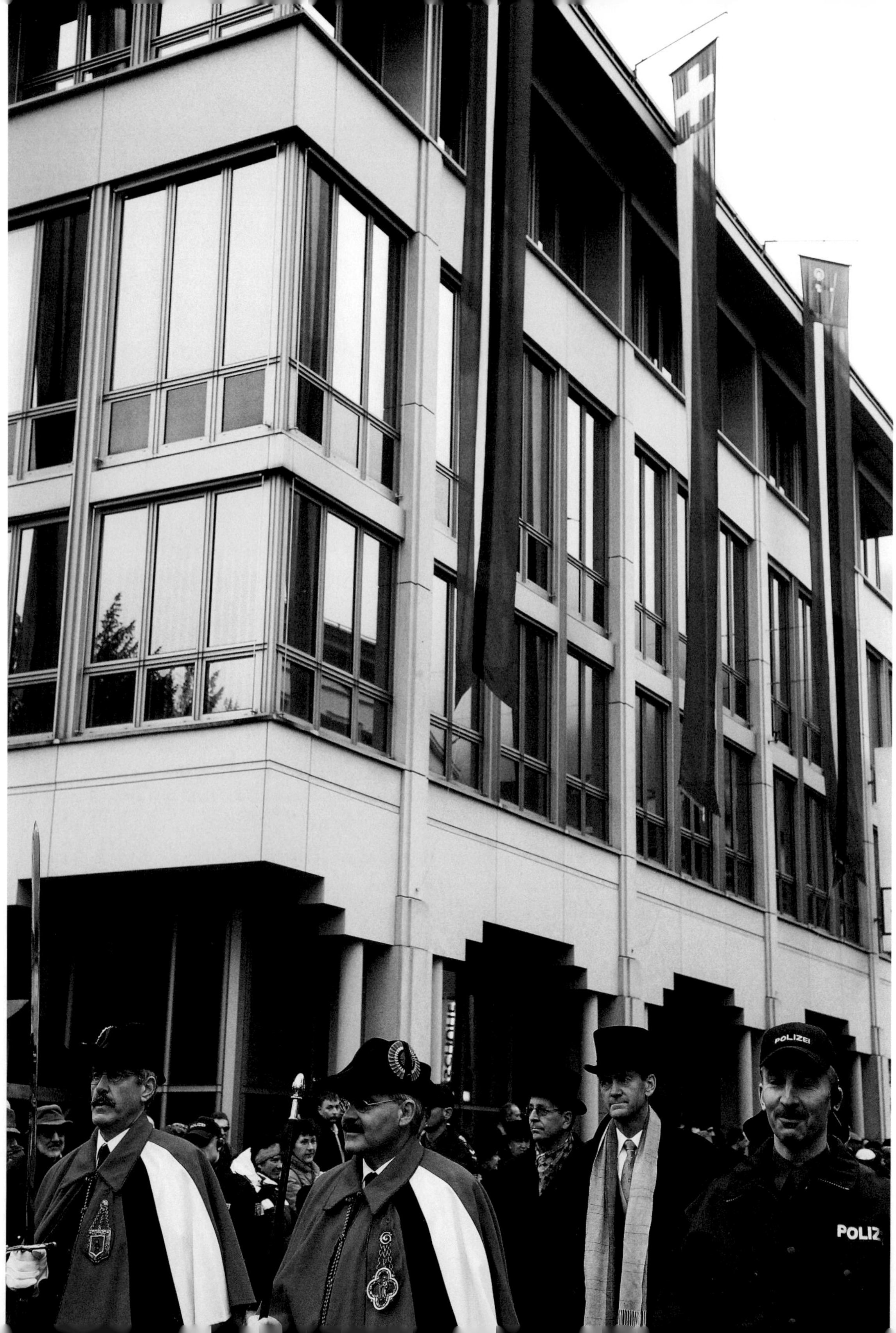
POLIZEI
POLIZ

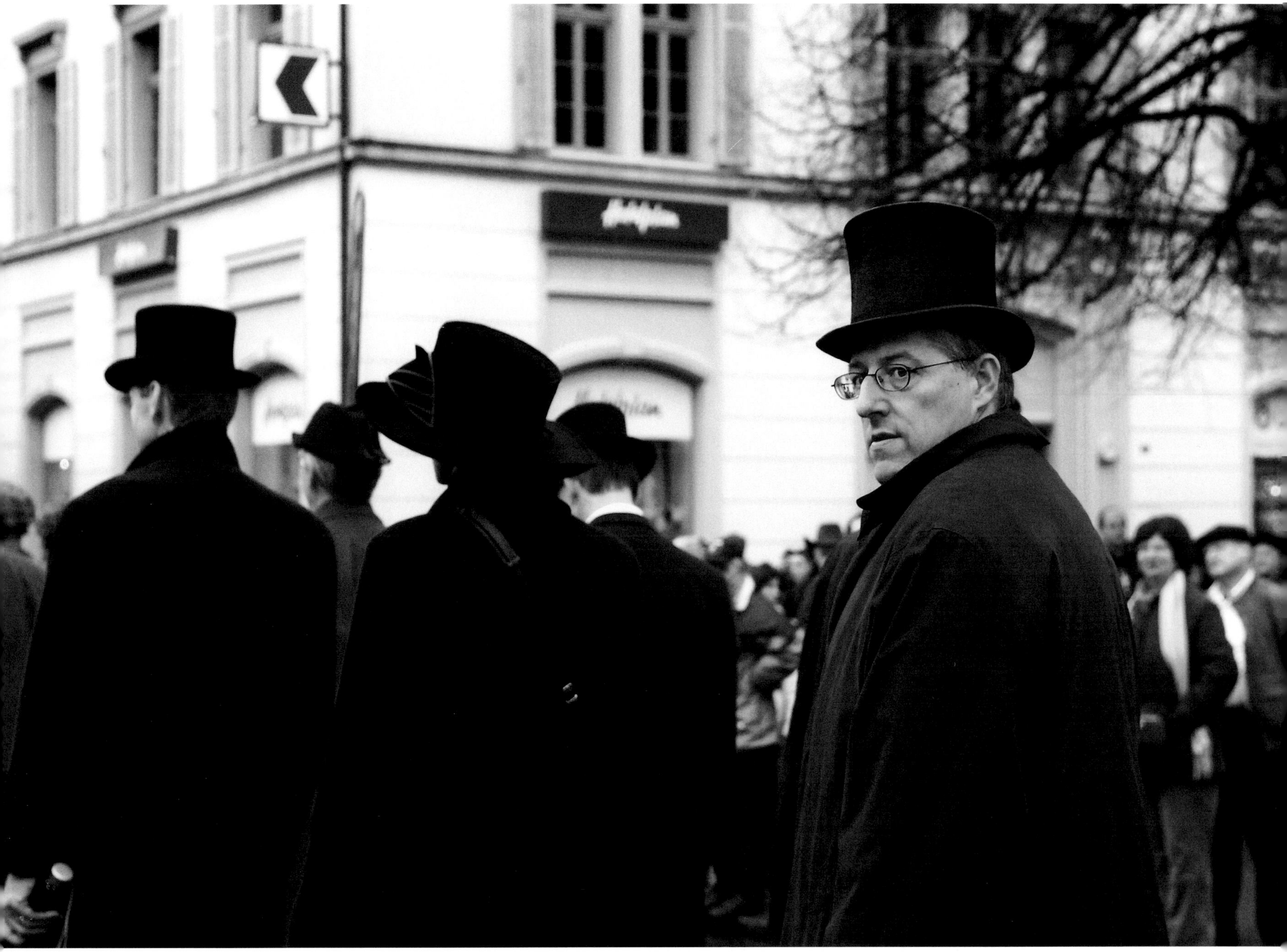

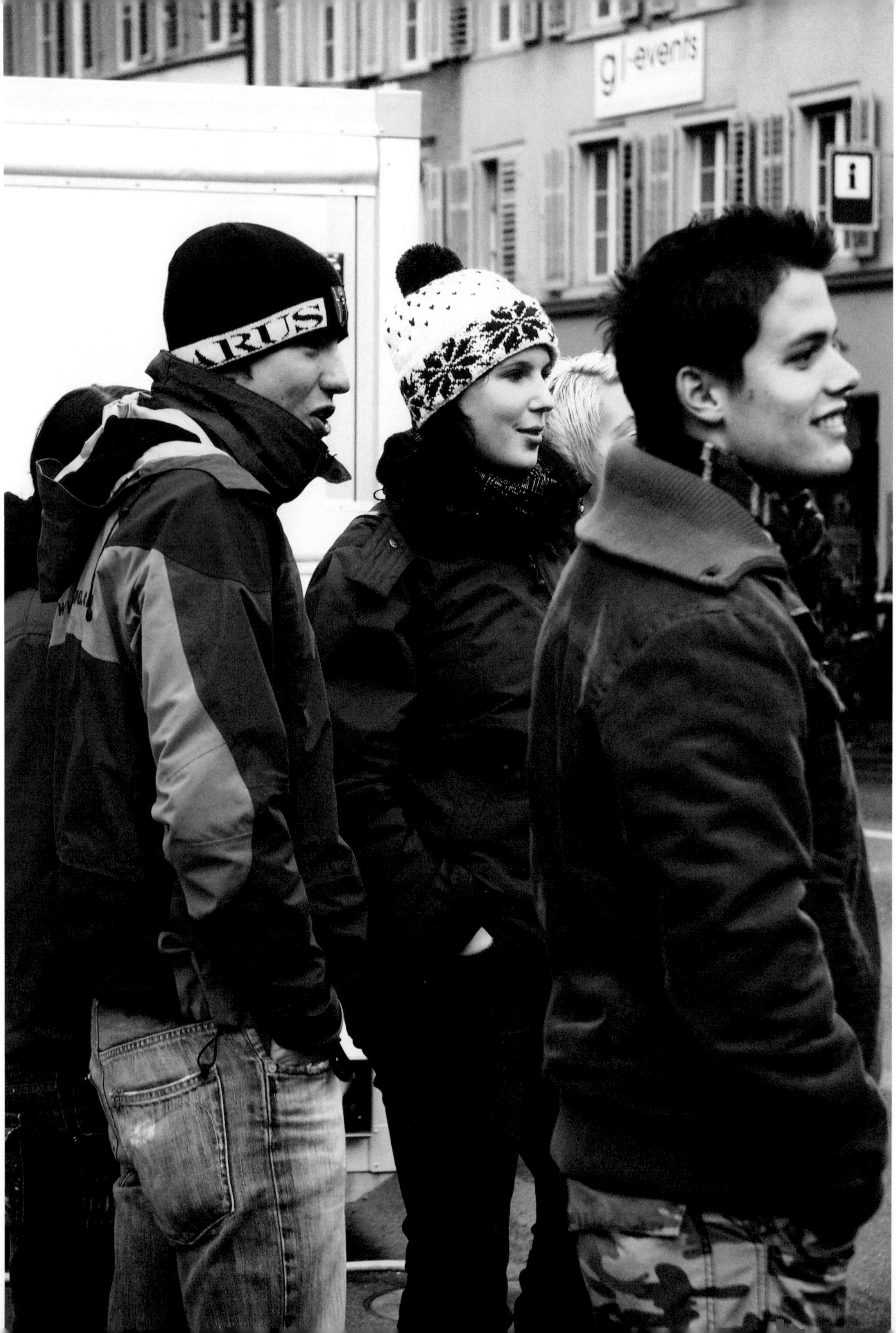
gl-events

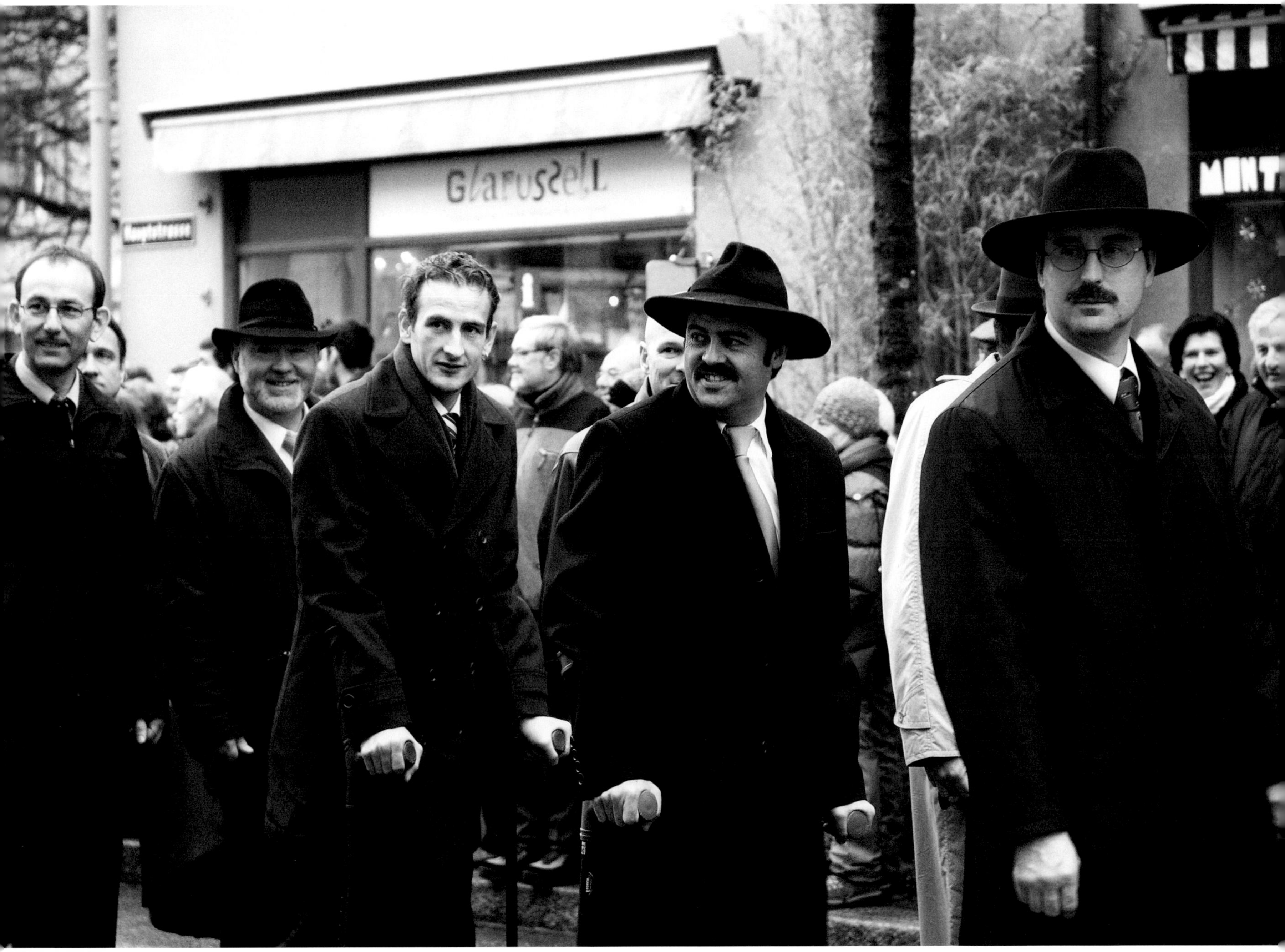
Glarussell

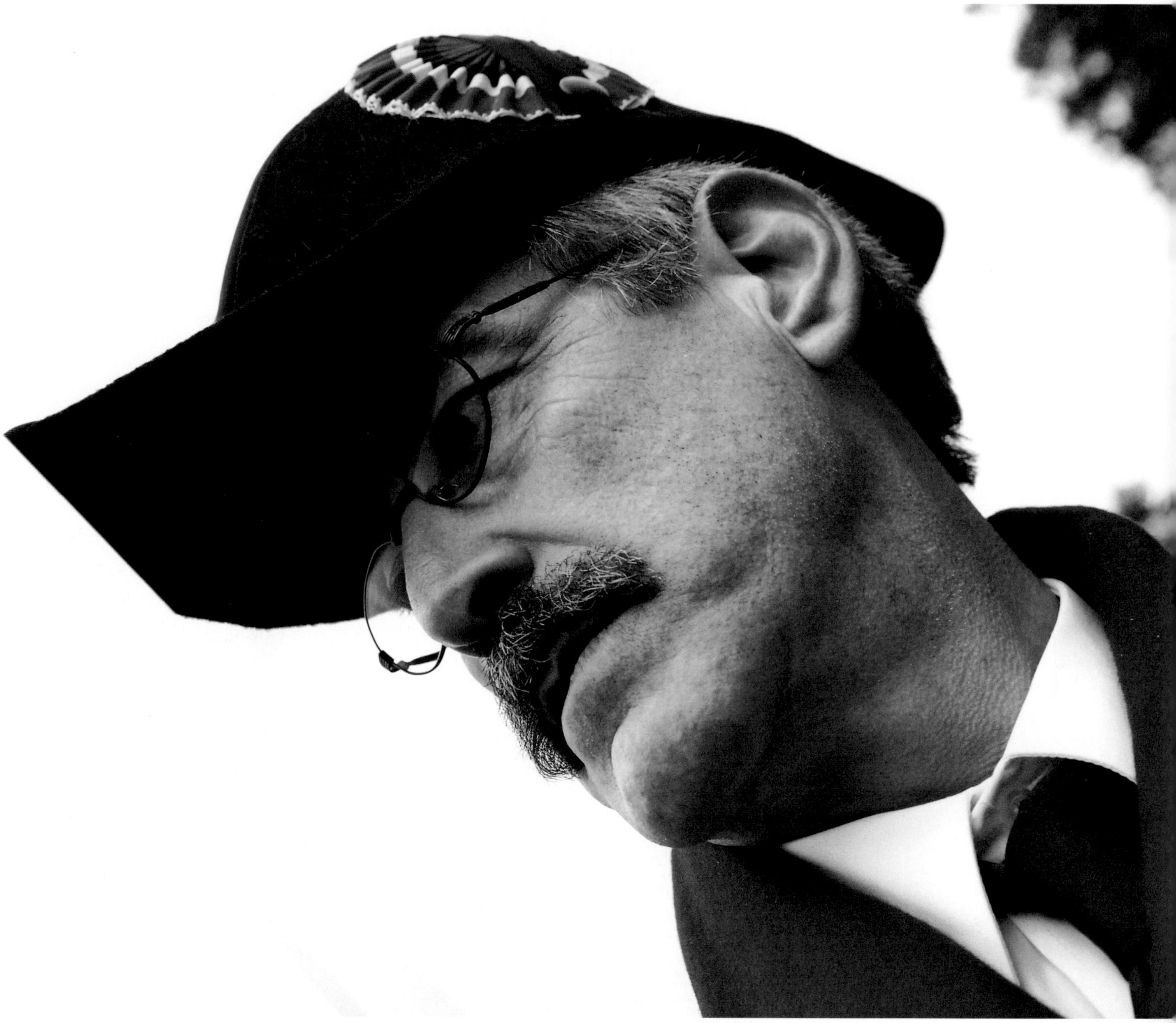

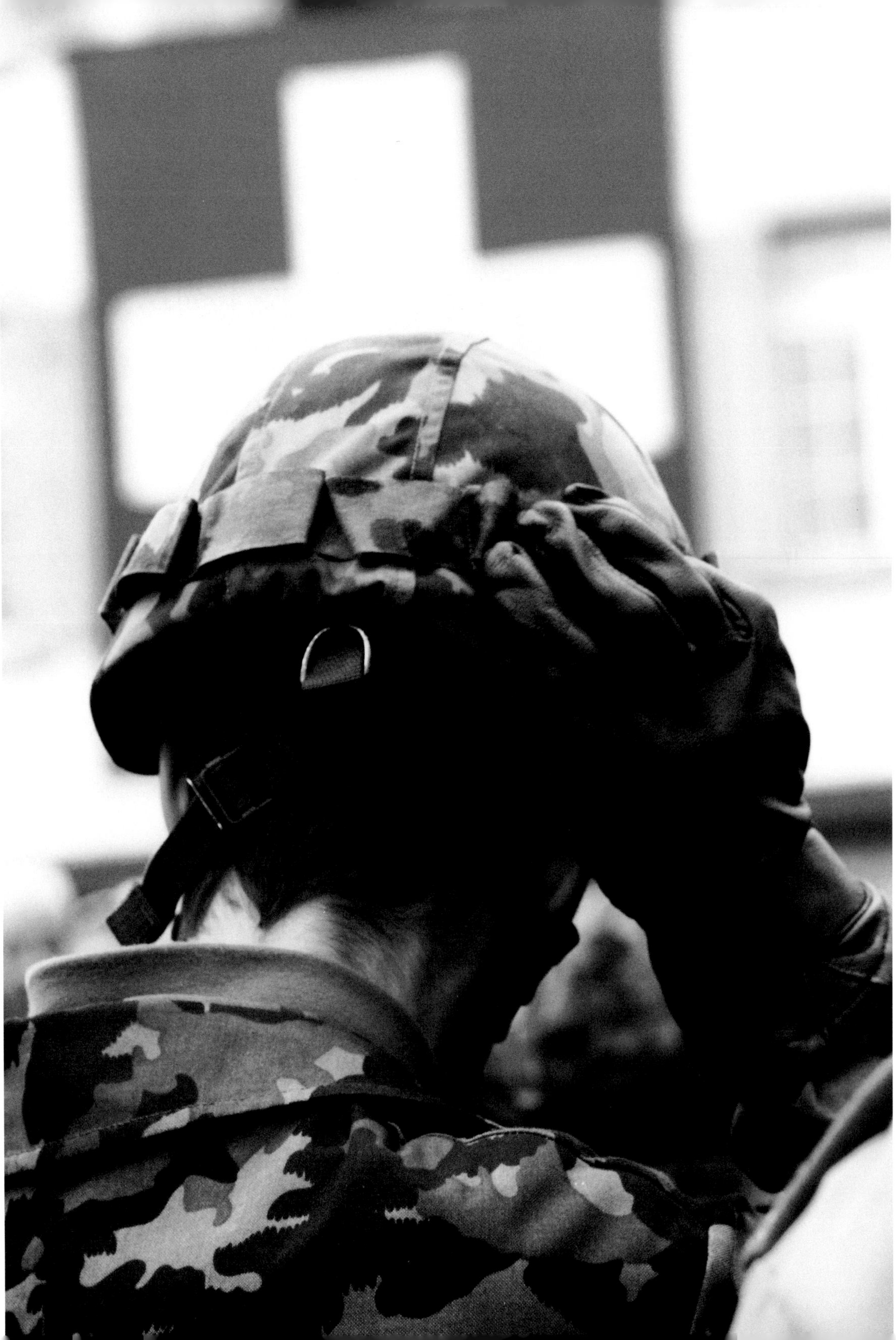

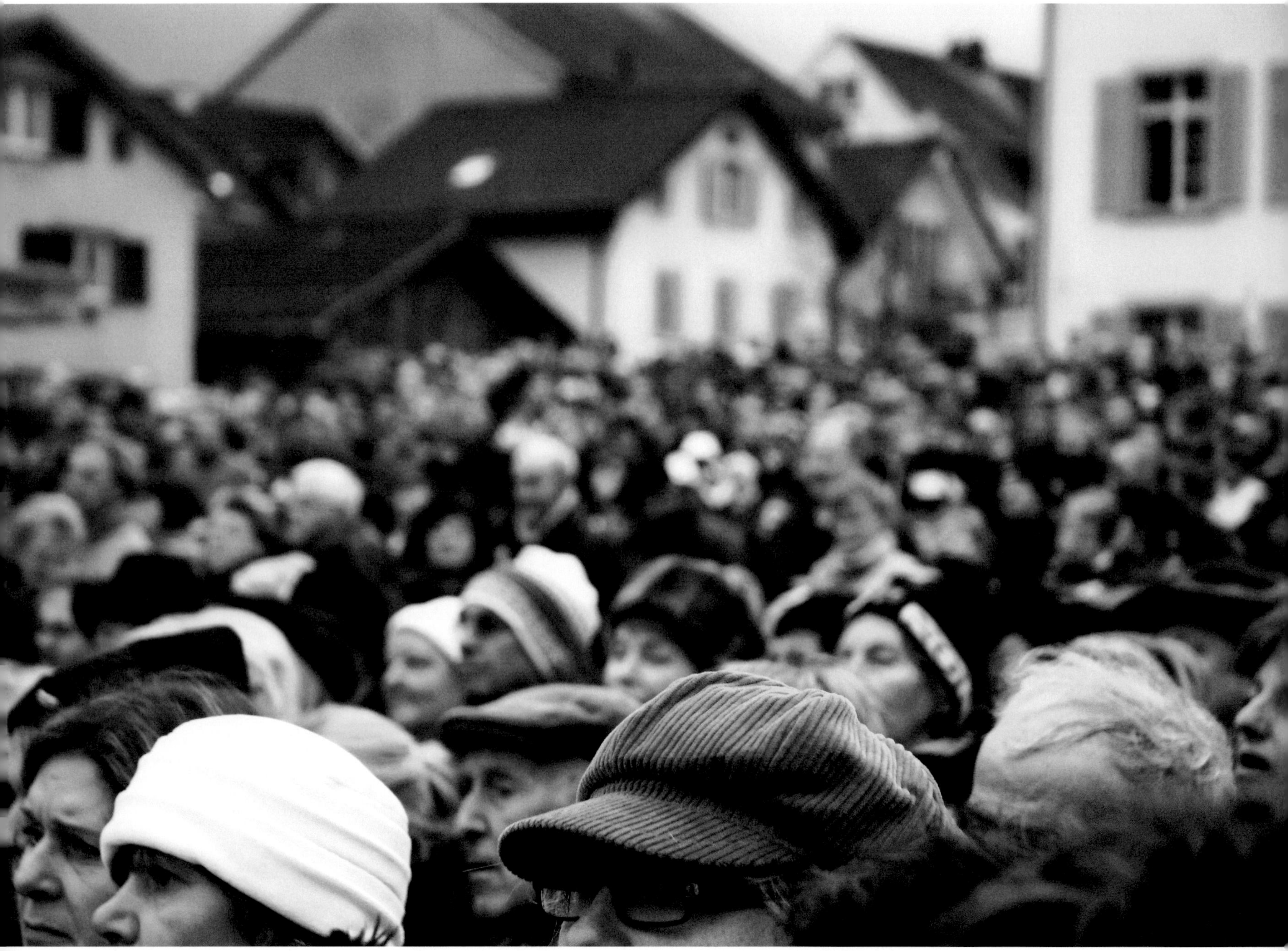

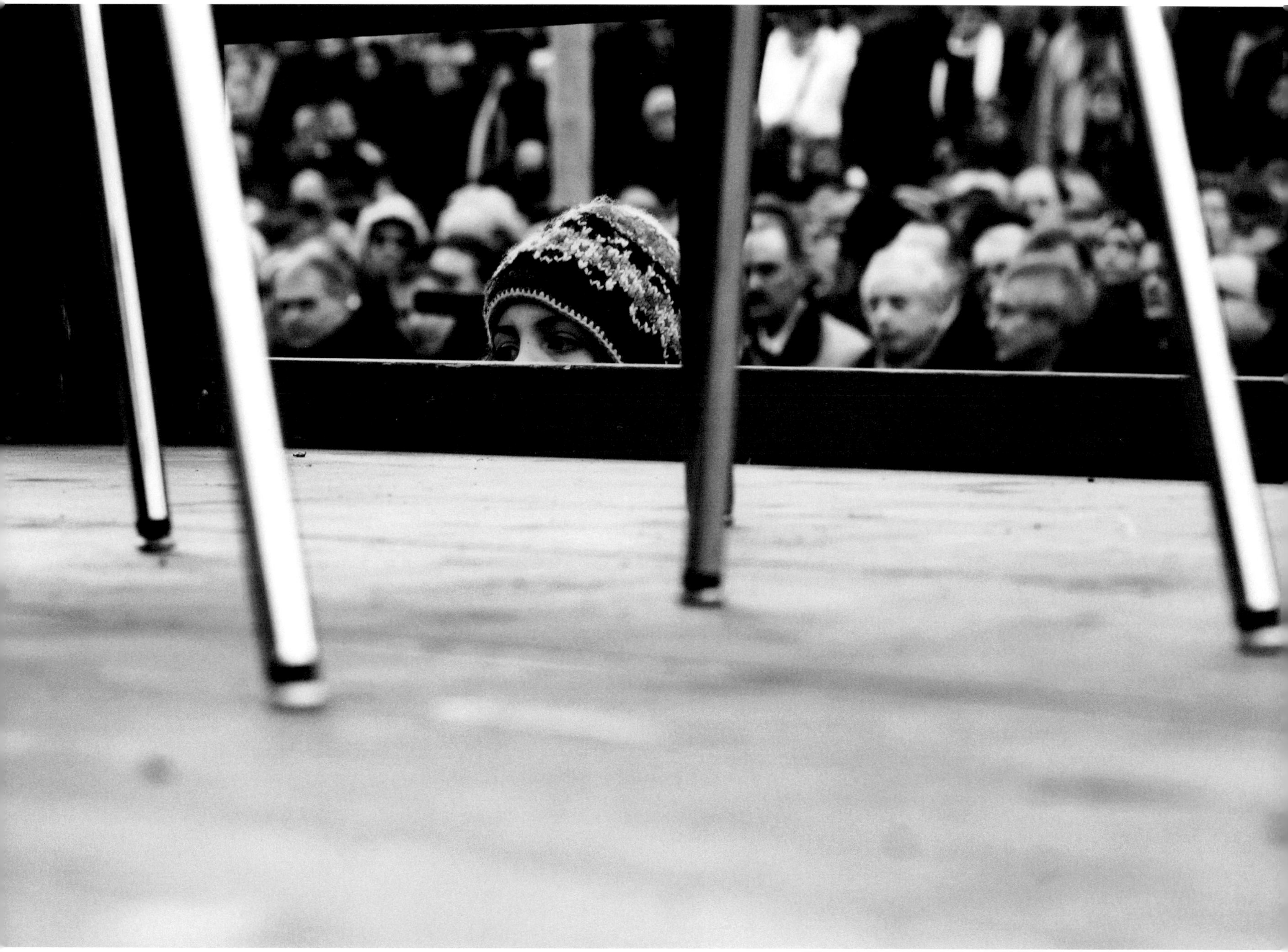

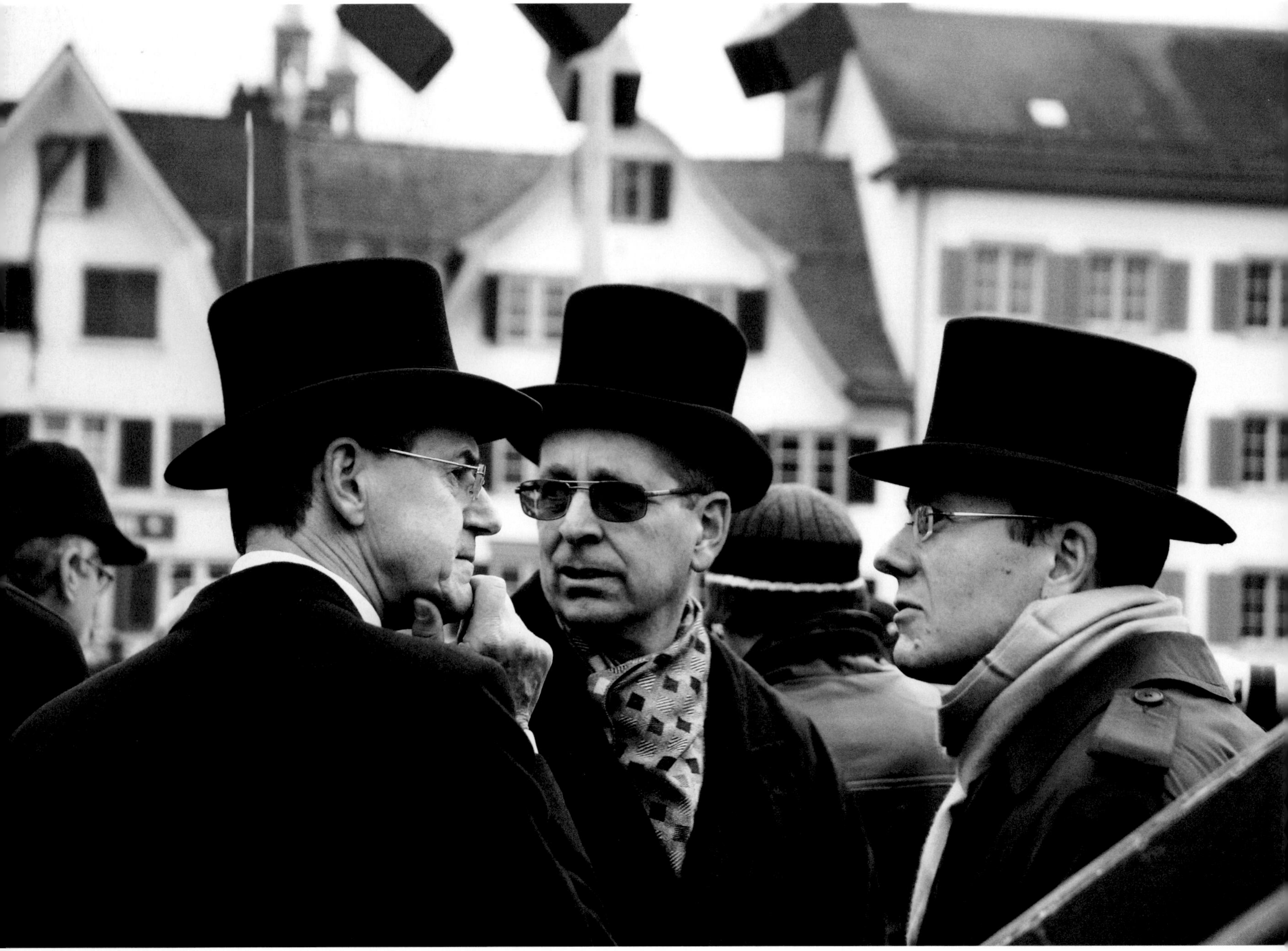

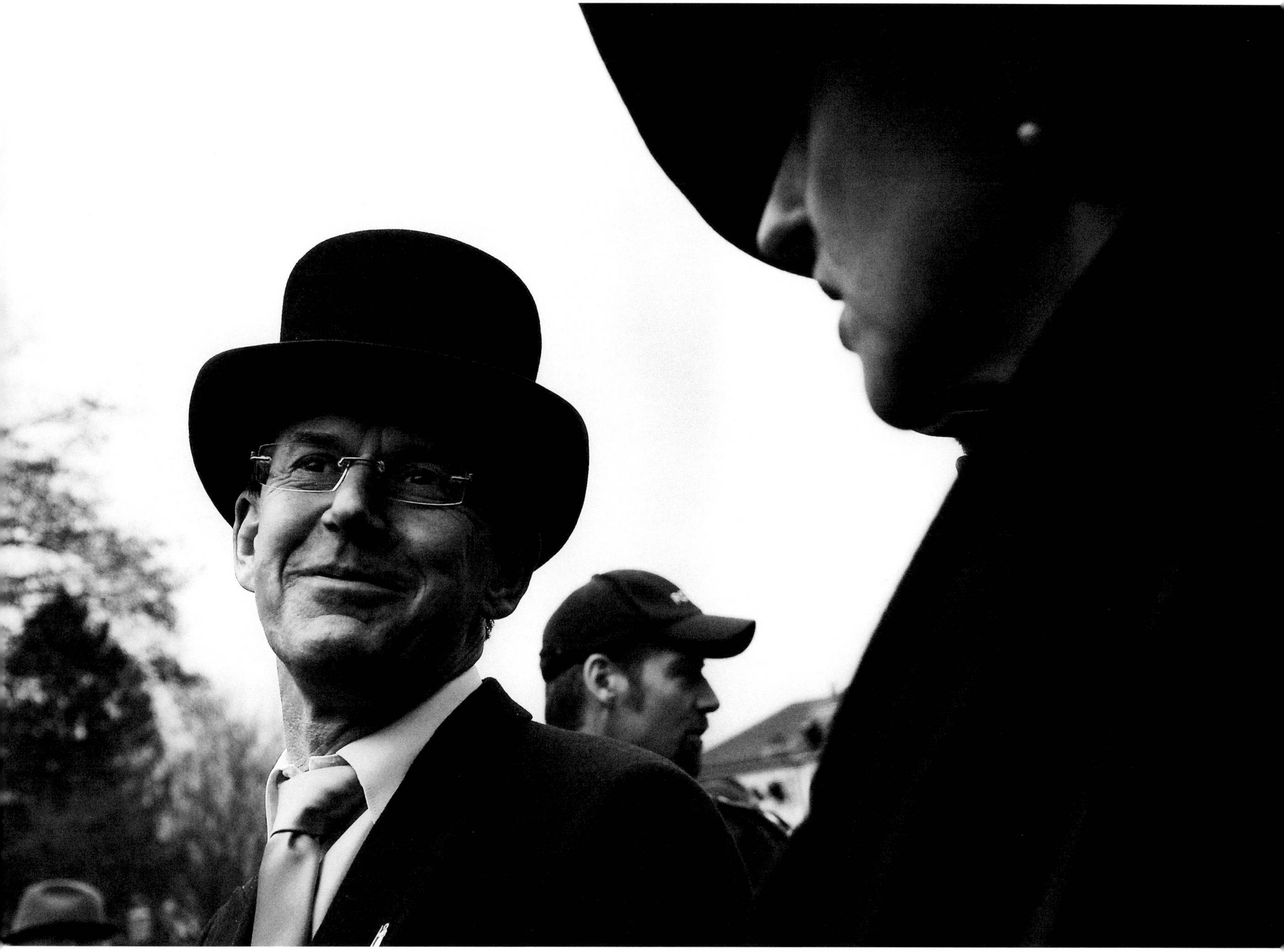

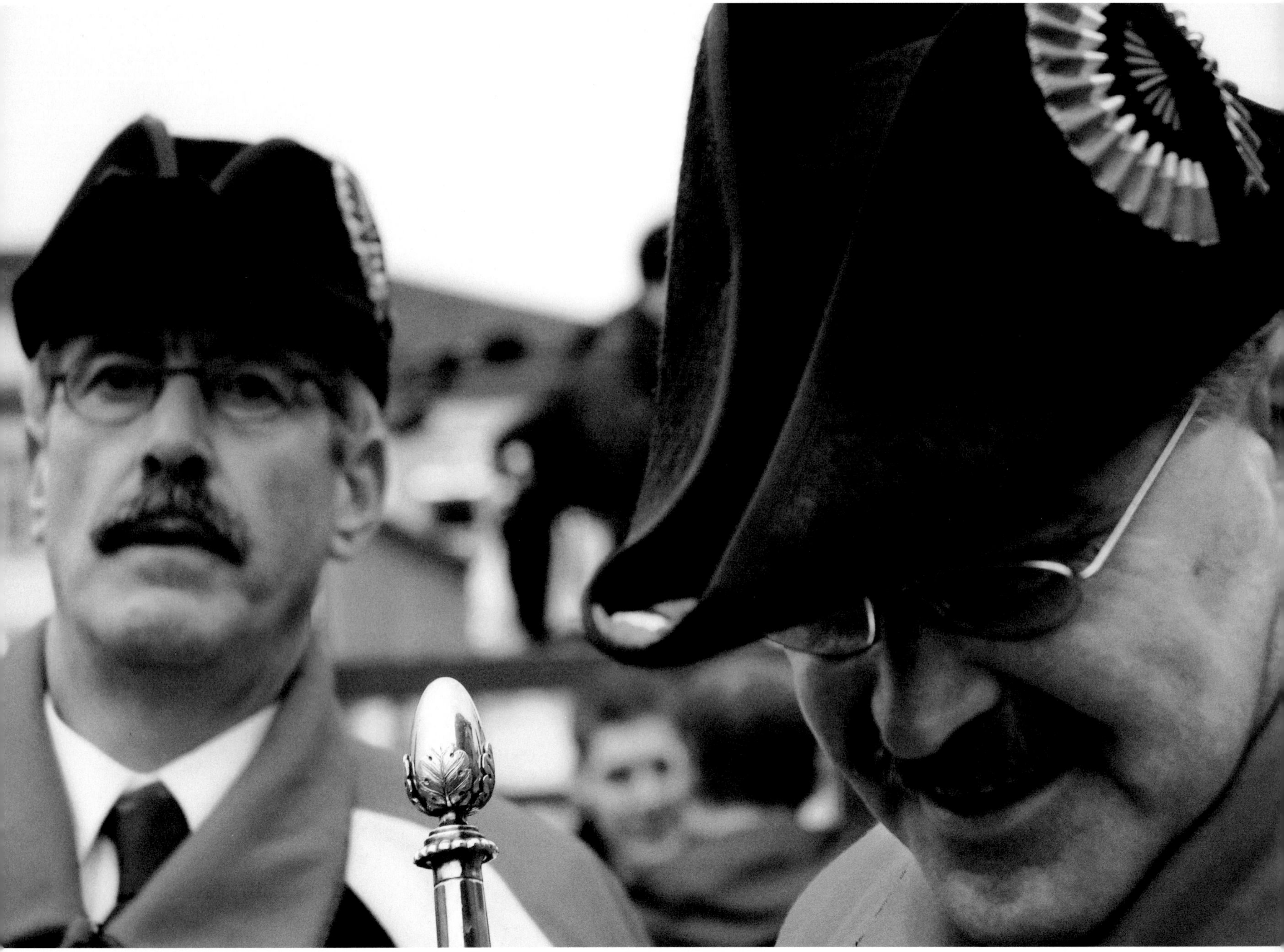

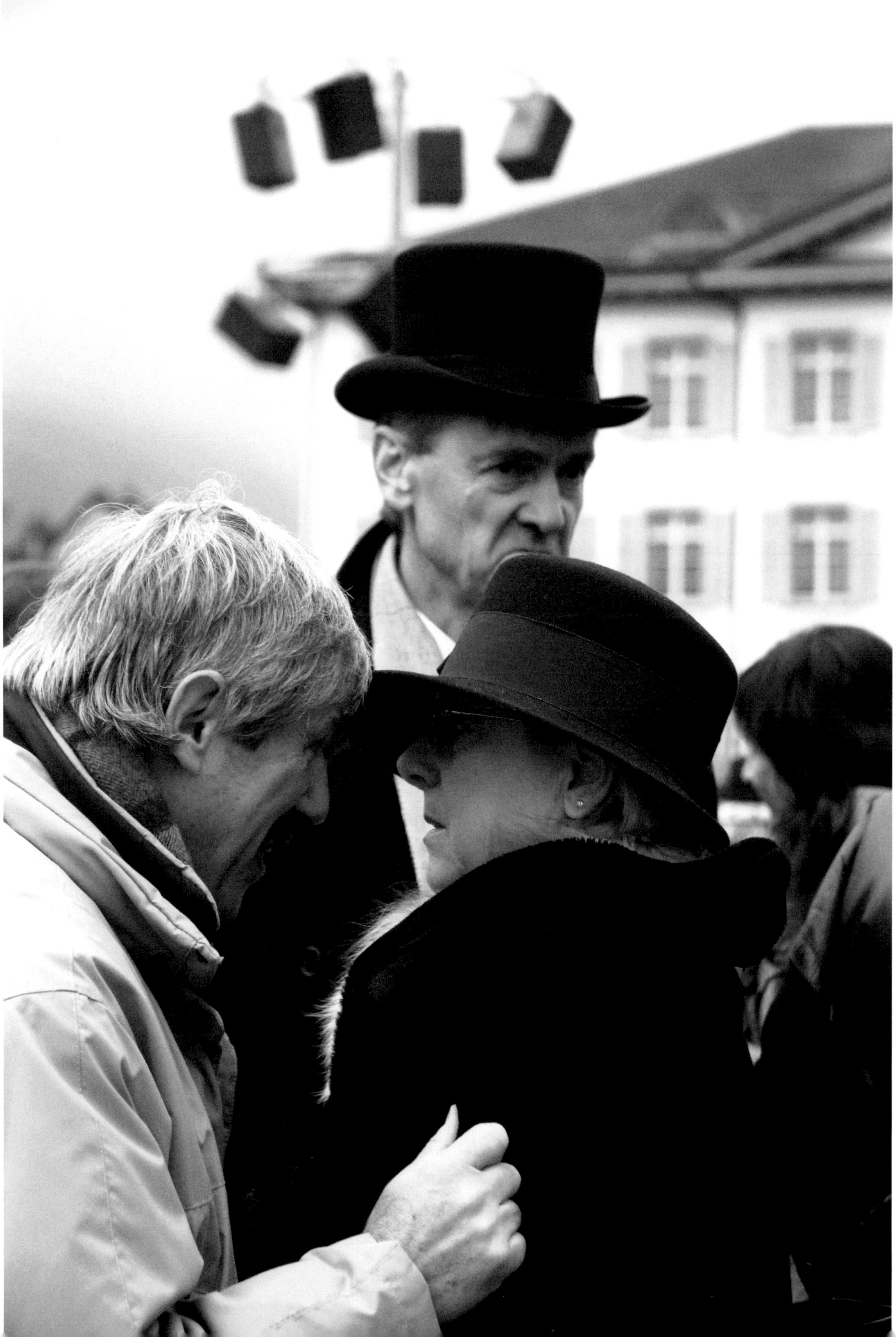

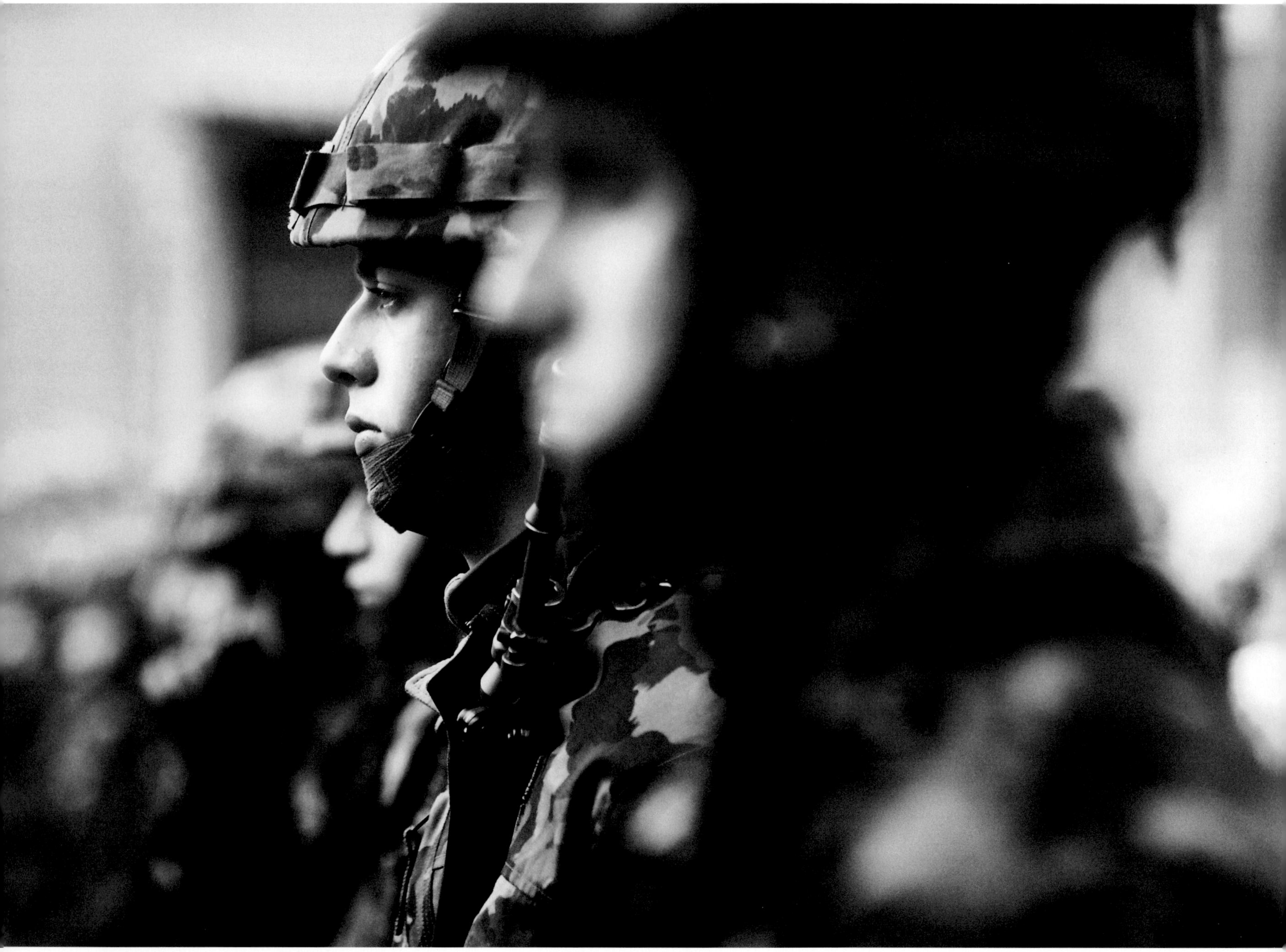

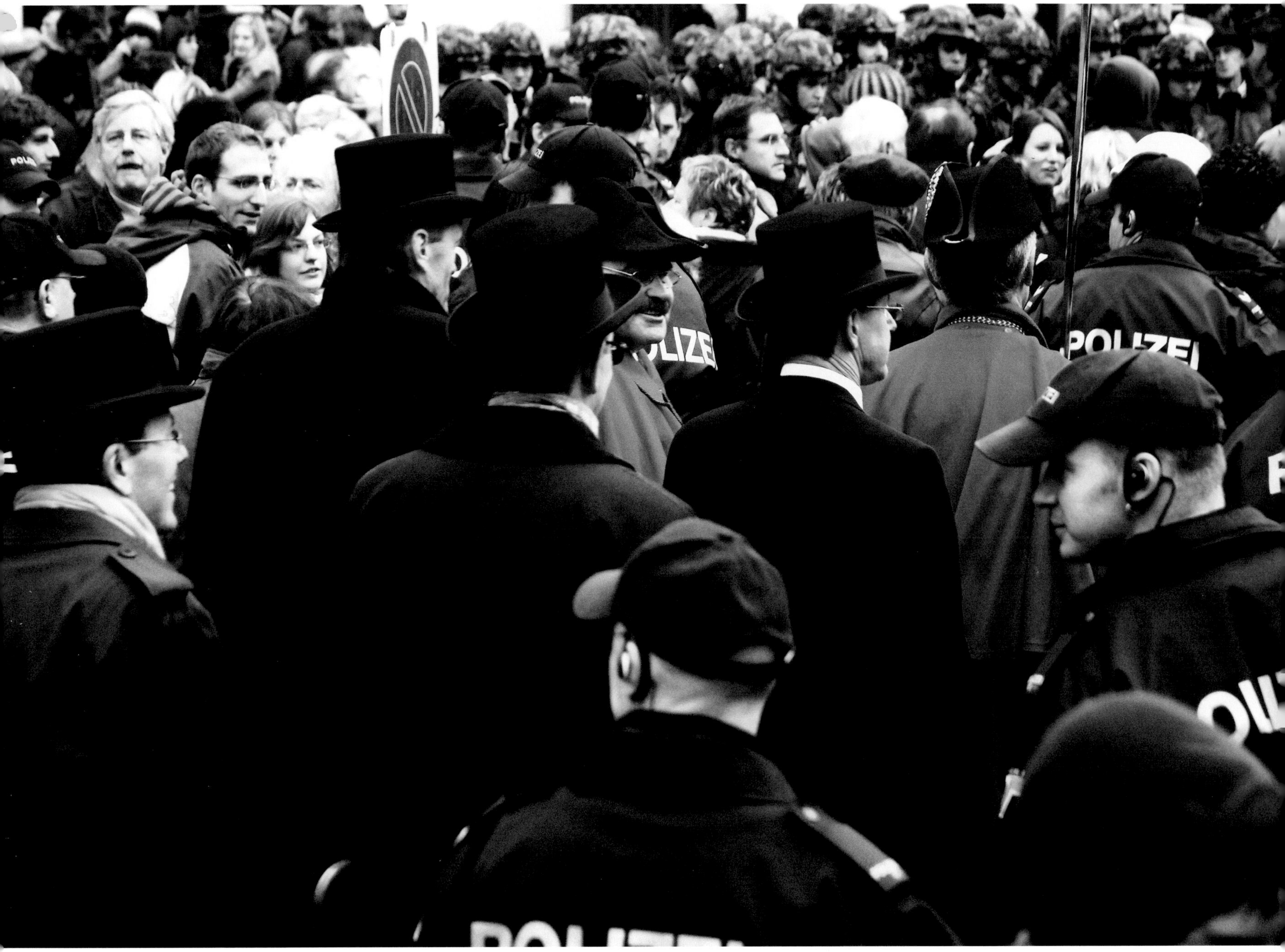
POLIZEI

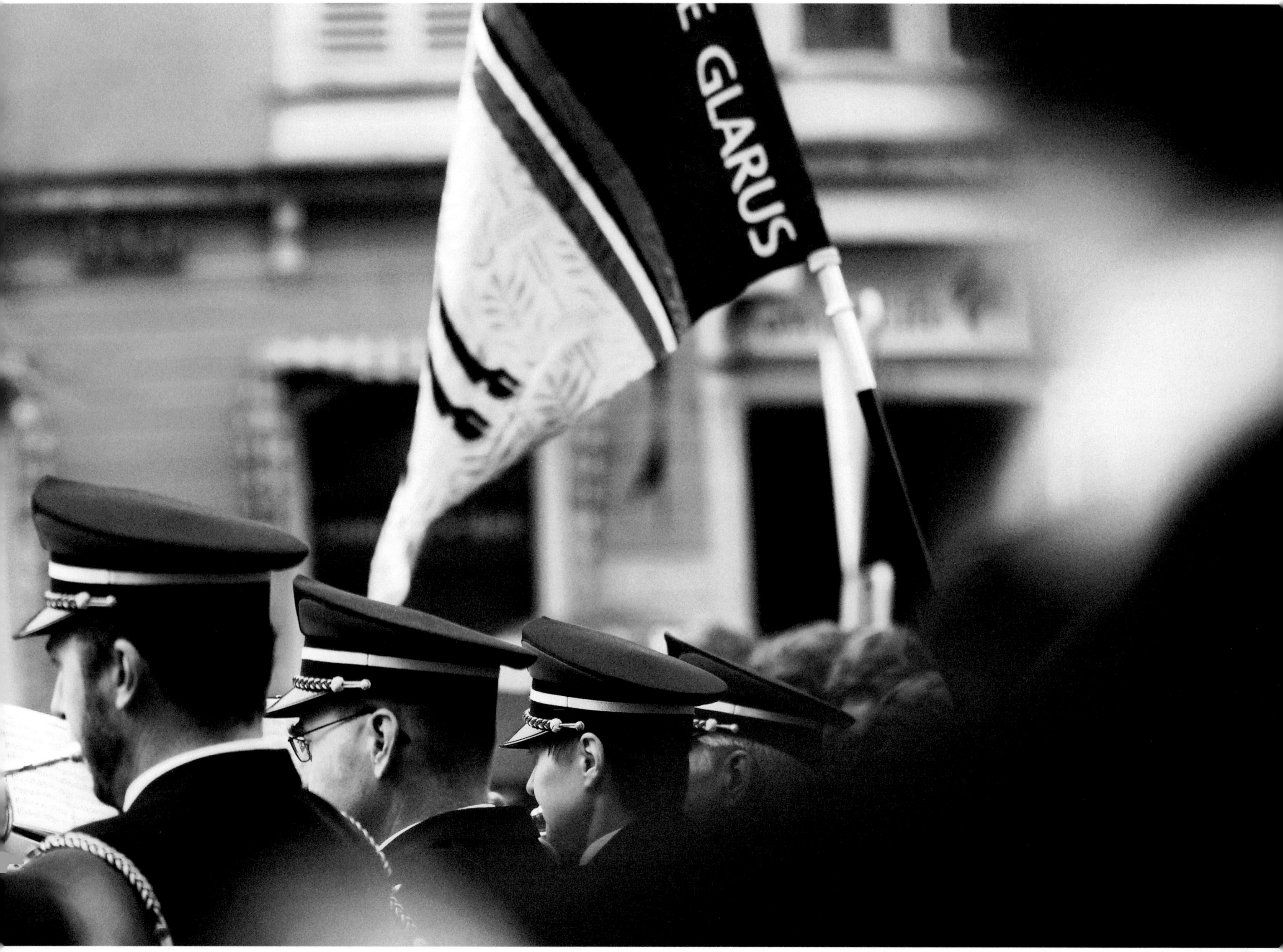
E GLARUS

Sie müssen nicht auf der Hut sein

Olivia Kleinknecht

Haben Sie auch schon mitten in der Nacht auf dem Landsgemeindeplatz eine riesige Menschenmenge gesehen, genauer: eine Menge von laut ausrufenden und heftig gestikulierenden Männern mit Hüten, die von einem auf den anderen Moment wieder vor Ihren Augen verschwand, sich in Luft auflöste? Ja? Dann müssen Sie keine Angst haben, Sie seien die oder der einzige. Und haben Sie diese wie kostümiert wirkenden, quasi hysterischen Männer ins Nichts verschwinden sehen und waren dabei vielleicht nicht einmal alkoholisiert? Dann brauchen Sie keinesfalls zu befürchten, Sie seien nicht ganz normal, und Sie müssen dieses Erlebnis auch nicht mehr peinlich berührt verschweigen. Experten haben sich mit dem Phänomen befasst und können Ihnen erklären, um was es sich dabei handelt.

Als die aufgeregten Männer vor Ihnen ins Nichts verschwanden, sind Sie natürlich entsetzlich erschrocken und Ihr erster Gedanke war: Spuk! Gespenster! Ganz falsch lagen Sie da nicht. Die Männer wirkten in der Tat wie Geister. Was Sie da aber genau vor sich gesehen haben, war kein echter Spuk: Sie haben mitten in der Nacht, in einem prekären Moment, ein Stück Vergangenheit erwischt. Sie nahmen für Sekunden die Vergangenheit des Ortes, des Landsgemeindeplatzes, wahr. Sie sahen eine Szene aus der Vergangenheit, so wie sie sich damals abspielte. Sie sahen höchstwahrscheinlich die Versammlung der Landsgemeinde zu einem Zeitpunkt in der Vergangenheit. Da Sie nur Männer sahen, lag dieser Zeitpunkt vor dem Frauenstimmrecht. Aus der Kleidertracht und insbesondere den Kopfbedeckungen, den Hüten, könnten Sie auf den ungefähren Zeitpunkt schliessen. Wahrscheinlich sahen Sie eine Szene aus einem früheren Jahrhundert. Sie könnten alte Abbildungen der Landsgemeinde im Archiv aufstöbern, und vielleicht würden Sie bei einem Bild ausrufen: Genau so sahen die wilden gespenstischen Kerle aus!

Ihre erste Reaktion auf diese Erklärung wird Unglauben sein. Wie ist es möglich, dass ich ein Stück Vergangenheit sehe, eine ganze Szene aus der Vergangenheit wahrnehme, die Männermenge, wie sie damals auf dem Landsgemeindeplatz erregt über irgendwelche Angelegenheiten des Gemeinwesens debattierte? Wie ist es möglich, dass vor mir ein paar Sekunden aus dieser Vergangenheit so ablaufen, als passierte die Szene noch einmal in der Gegenwart? Sie hielten die bedrohlich laute Männermenge mit den altmodischen Kopfbedeckungen solange für vollkommen wirklich, bis sie sich in Luft auflöste. Erst da kamen Ihnen Bedenken, zweifelten Sie, ob Sie Ihren Sinnen noch trauen konnten.

Was Sie da vor sich gesehen haben, war aber keine Sinnestäuschung, keine Einbildung, kein Unfug: dass die Vergangenheit eines Ortes in der Gegenwart wie eine Spukerscheinung auftauchen kann, ist mittlerweile eine anerkannte Tatsache, nicht nur für Geisterjäger und Parapsychologen.

Sie gehören allerdings zu einer eher kleineren Minderheit von Personen, die am Landsgemeindeplatz in einer Sekundenszene die Vergangenheit dieses Platzes vor sich gesehen haben. Nicht alle nehmen so deutlich die Vergangenheit eines Ortes wahr, es braucht eine besondere Sensitivität. Manchmal hilft allerdings auch ein gemindertes Wachbewusstsein, es muss nicht unbedingt durch Alkohol getrübt sein, Meditativität bringt so etwas ebenso zustande, innere Versenkung. Und der Ort weist häufig Besonderheiten auf: Es gibt Orte, an denen sogar massiert solche scheinbaren Spukerscheinungen auftreten, ungewöhnlich viele diese wahrnehmen. Man stellt an ihnen Unregelmässigkeiten im magnetischen Feld fest. Und dann gibt es noch Faktoren, die einen Ort besonders stark mit Vergangenem imprägnieren: Szenen, die mit heftigen Gefühlen verbunden sind oder Szenen, die sich mehr oder weniger identisch über die Zeit hinweg wiederholen, prägen sich besonders ein, scheint es. Das könnte bei den Landsgemeindeversammlungen zutreffend sein. Sie haben geradezu schon einen Ritualcharakter, weil sie sich seit Jahrhunderten in periodisch gleichen Zeitabständen und in fast identischer Weise wiederholen. (Auf das Präsentwerden der Vergangenheit durch die identische Wiederholung von Handlungen über die Jahrhunderte ist beispielsweise der liturgische Ritus der katholischen Kirche gerichtet, dort scheint man sich mit der Imprägnierung von Orten auszukennen, die auch immer etwas Magisches hat.)

Sie sind also nicht geistesgestört, und Sie brauchen keine Angst vor der Erscheinung der aufgewühlten Männer mit Hüten zu haben, denn diese Männer sind keine echte Spukerscheinung. Der Landsgemeindeplatz hat lediglich, wie jeder Ort, ein Gedächtnis, und dieses wird manchmal, so zum Beispiel von Ihnen, wahrgenommen. Wir haben es bei Ihnen mit einem Fall von Psychometrie zu tun. So der Terminus technicus. Psychometrie geht davon aus, dass alles, was jemals existierte, eine unauslöschliche Spur seines Existierens hinterlassen hat; sie ist die Fähigkeit einer Person, diese Spuren an Orten oder an materiellen Objekten zu lesen. Sie werden erstaunt sein, Psychometrie gilt inzwischen als statistisch erwiesen, bekannte Wissenschaftler sind in Labortests an so renommierten Universitäten wie Cambridge, Harvard, Stanford, Princeton und an der Duke Universität zu diesem Ergebnis gekommen. Und dieser tolle Sachverhalt bedeutet, dass unsere Umwelt, Gegenstände und Orte mit Informationen, Gedanken, Gefühlen, Tönen, Lauten, Gerüchen imprägniert sind, mit allem, was um den Gegenstand oder an dem Ort je geschah. Dinge und Orte konservieren alles Schreckliche, aber auch alles Gute, das an ihnen je geschah. Nichts verschwindet einfach. Nichts geht verloren. Und gerade Sie haben das Glück gehabt, das Gedächtnis des Landsgemeindeplatzes lesen zu können, zumindest einen Fetzen seiner Vergangenheit zu erhaschen.

Manche interessiert natürlich, in welcher Form nun dieses Gedächtnis eines Ortes oder Gegenstands gespeichert sein könnte. Interessante Hypothesen liefern Quantenmechanik, Quantenvakuum beziehungsweise Nullpunktfeld und Theorien zu Extradimensionen (Paralleluniversen), das führt hier aber zu weit.

Interessanter sozusagen fürs alltägliche Erleben ist, wie Sie eine nur scheinbare Spukerscheinung von einem echten Geisterspuk unterscheiden können. Denn auch so etwas gibt es und gilt mittlerweile als anerkannt: Zu viele Fälle sind bekannt und auch wissenschaftlich untersucht worden.

Beim echten Spuk geht es um echte Gespenster, echte Spukhäuser oder tatsächlich verhexte Orte. Wäre der Landsgemeindeplatz ein wirklicher Spukort, wäre es nicht empfehlenswert, sich dort nachts aufzuhalten. Legendäre wahre Spukorte sind zum Beispiel das Wynchester Mystery House oder Whaley House, beide in Kalifornien; das amerikanische Handelsministerium hat sie sogar als Spukhäuser offiziell anerkannt. Das berühmteste Spukhaus überhaupt soll Borley Rectory in Essex gewesen sein (es ist inzwischen abgerissen). Forscher und Journalisten wurden im Borley Haus Zeugen von Phänomenen wie unsichtbaren Schritten, Kritzeleien, die wie von Geisterhand an den Wänden erschienen, Apporten (Gegenständen, die plötzlich aus dem Nichts auftauchten), mysteriösen Lichtern aus unbekannter Quelle, und einige sahen auch eine Nonne, die ab und zu durch den Garten spazierte und sich dann in Luft auflöste. 1943, als man das Haus nach einem Brand vollständig abriss, fotografierte ein Reporter der «Times» einen Ziegelstein, der in der Luft schwebte. Und übrigens Plinius der Jüngere berichtete bereits im ersten Jahrhundert nach Christus von einem Spukhaus in Athen, in dem das Gespenst eines alten verwahrlosten Mannes in Ketten umging. Der echte und der unechte Spuk ähneln sich, wie man sieht, oft sehr: Man nimmt Figuren wahr, die plötzlich im Nichts verschwinden, hier eine Nonne, dort Männer mit Hüten.

Wie können Sie nun wirklich sicher sein, dass Sie es bei den Männern mit Hüten, die sich vor Ihren Augen auf dem Landsgemeindeplatz in Luft auflösten, nur mit einer blossen Imprägnierung zu tun hatten und nicht doch mit echten Gespenstern? Dass Sie lediglich den Geist des Ortes erlebt haben und keine wahrhaftigen Geister?

Auch hier gibt es eine Antwort. Bei der Imprägnierung wiederholen sich immer wieder dieselben Szenen völlig identisch. Beispielsweise sieht jemand in einem Haus immer wieder eine frühere Einwohnerin in einem Lehnstuhl sitzen, immer wieder in genau derselben Pose, als betrachte er immer wieder genau denselben Filmausschnitt. Das echte Phantom ist hingegen unberechenbar. Vielleicht möchte es sogar mit Ihnen kommunizieren!

Da einigen Personen bei Nacht auf dem Landsgemeindeplatz jeweils dieselben ausrufenden, altmodisch gekleideten Männer mit Hüten erschienen sind, dieselbe Szene, liegt eine harmlose Imprägnierung vor.

Vielleicht hat sich gerade diese Szene nicht nur besonders an den Ort geheftet, weil es sich um eine Wiederholung handelt, sondern weil hier auch eine dramatische Entscheidungssituation herrschte, die starke Gefühle verursachte. Auch das könnte man im Archiv erforschen. Vielleicht gab es angelegentlich dieser Landsgemeinde heftigen Streit – die Männer schrieen, gestikulierten –, vielleicht ging es sogar um Leben und Tod? War es womöglich die erste Landsgemeinde vom 11. März 1387? Die Glarner erklärten sich damals frei und stellten ihre erste Verfassung auf. Das war eine lebensgefährliche Provokation der Habsburger, die das Land Glarus seit 1264 verwalteten; sie bedeutete, dass man gegen die Österreicher in den Krieg ziehen musste, was dann auch geschah und am 9. April 1388 in der Schlacht bei Näfels den Sieg der aufständischen Glarner über die Habsburger brachte. So haben Sie hier vielleicht einen dramatischen Ausschnitt aus der Vergangenheit erlebt.

Wo es um Leben und Tod ging, wie auf Schlachtfeldern, beobachtet man häufig spukähnliche Erscheinungen. So ist beispielsweise Montaperti in der Toskana von einer besonders dramatischen Schlacht imprägniert. Zahlreiche Personen, die zufällig am Schlachtfeld von Montaperti vorbeikamen, sahen dort immer wieder dieselben schemenartigen Ritter aus dem 13. Jahrhundert kämpfen, Jahrhunderte nach der berühmten, besonders blutigen Schlacht zwischen Staufern und Welfen, Florenz und Siena. Schon Berichte aus dem 14. Jahrhundert erzählen von Geistererscheinungen dort. In letzter Zeit haben zwei ahnungslose Lastwagenfahrer, die nicht aus der Gegend stammten, einen Ritter in voller Rüstung vorüber galoppieren sehen, dessen Pferd keinerlei Spuren hinterliess.

Sollten Sie also mitten in der Nacht auf dem Landsgemeindeplatz den aufgebrachten Männern in Hüten begegnen, die geisterhaft im Nichts verschwinden, müssen Sie keinen Geisterjäger bestellen und vor nichts und niemandem auf der Hut sein. Es ist nur die Magie des Ortes.

St. Fridolins Hüte

Jürg Davatz

Was für ein Aufsatzthema!

«Als abschliessende Semesterarbeit im Fach Deutsch schreiben Sie eine Kurzgeschichte mit etwa 10 000 Zeichen», erklärt Dr. Georg Fontana. Ein schalkhaftes Lächeln gleitet über sein Gesicht, während seine Maturanden ihm ihre Augen und Ohren mit misstrauischer Spannung zuwenden. Denn Fontana hat, das haben sie zur Genüge erfahren, eine Vorliebe für ausgefallene Aufsatzthemen. Was ihm wohl jetzt wieder eingefallen ist? «Verfassen Sie Geschichten mit einem Bezug zum Kanton Glarus, in denen Kopfbedeckungen – seien es Hüte, Kappen oder Mützen – eine Hauptrolle spielen.» Kopfschütteln, abweisende Handbewegungen, mürrisches Raunen und Murmeln löst das in der Klasse aus. «Nun, nun, dieses Thema ist spannender als Sie denken, auch wenn Hüte heute – im Gegensatz zu früheren Zeiten – nicht mehr zur Alltagskleidung gehören. Sehen Sie sich etwas um in Geschichte und Gegenwart, so werden Sie Hutgeschichten finden – oder zumindest Anregungen dafür. Wenn Ihre Texte gut gelingen, geben wir sie zur Maturafeier unter dem Titel ‹Glarner Hutgeschichten› als Buch heraus. Also, setzen Sie Ihre Phantasie und Ihr schriftstellerisches Talent ein! Zwei Wochen nach den Frühlingsferien ist Abgabetermin.» Die Deutschstunde ist zu Ende: Ferien, elend vergällte.

Gesucht: eine Glarner Hutgeschichte

Hilarius Schwitter und Eva Landolt machen sich auf den Heimweg nach Näfels. Von der Kantonsschule bis zum Bahnhof Glarus und dann in der Bahn unterhalten sie sich über allerlei Hüte und Mützen, auch über Basecaps und gestrickte Kappen, die zum Outfit mancher Jugendlicher gehören.

«An der Landsgemeinde und an der Näfelser Fahrt erscheinen doch unsere Regierungsräte mit einem Zylinder zum Frack – oder nicht?», sagt Hilarius fragend vor sich hin. «Regierungsräte mit Zylindern? Das habe ich nicht bemerkt», antwortet Eva. «Am Politzirkus bin ich wenig interessiert. Hingegen ist mir aufgefallen, dass die Königin von England nicht allein immer neue Kleider, sondern auch genau dazu abgestimmte Hüte trägt, ausgefallene Phantasiegebilde. Doch leider ist Elizabeth II. keine Glarnerin.» – «Evi, vielleicht schreibst du eine Geschichte, die erzählt, wie die Queen auf Einladung der Regierung die Glarner Landsgemeinde besucht, nicht mit der Krone, sondern mit einem ausgefallenen Hut in den Glarner Landesfarben. Und wie die Glarnerinnen, ihrem Beispiel folgend, sich nun ihrerseits einen mehr oder weniger eleganten Kopfputz aufsetzen. Etliche tun das ja bereits jetzt, allen voran unsere einzige Regierungsrätin, die sich gerne mit einer breitrandigen schwarzen Kopfbedeckung krönt.» Eva lacht kurz und meint: «Da hast du ja deine Story gefunden. Vielleicht reisst dabei der Föhn der Queen ihren Hut vom Haupt…» – «Das ergibt doch eine richtige Weiberstory, top für dich, Evi», entgegnet Hilarius. Der Zug hält in Näfels an, sie steigen aus und verabschieden sich.

**Gefunden:
den ältesten bekannten Glarner Hutträger**

Einige Minuten später ist Hilarius zu Hause. Als er die Stube betritt, sitzen die Eltern und seine jüngere Schwester bereits um den Tisch und nehmen das Abendessen ein. Hilarius grüsst kurz und legt gleich missmutig los: «So ein Bullshit! Bis nach den Ferien müssen wir eine Glarner Hutgeschichte schreiben. Typisch Fontana, dass er uns ein so doofes Thema aufgibt. Zum Abschluss will er unsere Geschichten sogar als Buch herausbringen. Fehlt nur, dass er mit uns gleich noch ein Hut-Theater aufführt und über dem Ziergarten des Freulerpalastes wieder eine gläserne Bühne aufstellen lässt, so wie vor drei Jahren für das Schauspiel ‹Glaronia›. Ach, wenn ich nur wüsste, worüber ich schreiben soll. Hast du eine Idee für eine Glarner Hutgeschichte, Papa?»

«Ja, ja, Hilari, iss nun einmal in Ruhe; es wird mir schon etwas einfallen», sagt Vater Fridolin Schwitter, bekannt als leutseliger Lehrer und Dorfpolitiker, der mit der Näfelser Geschichte und Kultur vertraut ist wie kaum ein anderer und der darüber und zu Glarnerischem viel geschrieben hat, vornehmlich im Gratisanzeiger «Fridolin». Nach kurzem Nachdenken geht er in sein Büro und holt das «Glarner Heimatbuch – Geschichte» und den Band «Glarus und die Schweiz». «Sieh da, Hilari, beide Umschläge zeigen einen Fridolin. Die Darstellungen unterscheiden sich, und zwar bis zu den Hüten. Schau in diesen Büchern nach, ich meine, es seien weitere Darstellungen Fridolins abgebildet. Du willst ja nach der Matura Geschichte und Kunstgeschichte studieren. Da könnte doch ‹Fridolins Hüte› ein interessantes Thema für dich sein. Ich erinnere mich, dass Jörg Fanaser, der Leiter des Museums im Freulerpalast, früher einmal erwähnt hat, die Figur Fridolin sei im Laufe der Jahrhunderte immer wieder etwas anders dargestellt worden. Rufe ihn an und frage, ob er dir im Museum weitere Hinweise geben könne.»

Hilarius blättert in den beiden Büchern und stösst auf etliche Fridolins-Darstellungen: mit oder ohne Kopfbedeckung, mit dem Gerippe des Urso oder allein. «Übrigens, welche Schweizer Kantone zeigen eine menschliche Figur in ihrem Wappen?», fragt der Vater zwischendurch. «Einzig der Kanton Glarus», sagt Mutter Maria bestimmt. «Richtig», bestätigt der Vater und ergänzt mit Nachdruck: «Seit mehr als 600 Jahren ist Fridolin der Schutzherr und die Wappenfigur des Landes Glarus. Der heilige Fridolin gehört zum Glarnerland wie der Glärnisch; er steht für unsere Geschichte und kennzeichnet bis heute unseren Kanton – mit oder ohne Hut. Es gibt keine glarnerische Hutgeschichte, die sich weiter zurückverfolgen lässt als jene mit Fridolin.»

Hilaris Interesse an Fridolin und seinen Hüten ist geweckt. An einem der folgenden Tage ruft er Fanaser an und vereinbart mit ihm eine Besprechung zu diesem Thema im Museum des Landes Glarus.

St. Fridolin im Freulerpalast – mit und ohne Hut

Auf den abgemachten Zeitpunkt hin schlendert Hilarius zum Freulerpalast, vorbei an der Hauptfassade der barocken Pfarrkirche, von deren Giebel herab die Statuen von St. Hilarius, Maria und St. Fridolin grüssen – der Kirchenpatron mit einer Bischofsmütze, Fridolin dagegen mit einem Pilgerhut. Der Jüngling überquert die Bahnhofstrasse und betritt den Hof des Palastes. Dann öffnet er die Haustüre des Nebenflügels, steigt über die gewendelte Treppe zum zweiten Obergeschoss empor, geht einige Schritte durch den Gang und klopft an die Türe des Museumsbüros. Von drinnen vernimmt er ein «Herein».

Konservator Fanaser begrüsst Hilarius und sagt: «Ihr Vater hat Ihnen vermutlich bereits einiges über den heiligen Fridolin erzählt.» – «Ja. Zudem habe ich mich gestern im ‹Heimatbuch› und im Internet besser informiert.» – «Das Genaueste über Fridolins Lebensgeschichte bietet ein Buch von Mechthild Pörnbacher. Ich kann es Ihnen ausleihen, wenn Sie es brauchen. Doch zuerst gehen wir ins Museum hinüber und sehen uns einige Hüte Fridolins an.»

Fanaser und Schwitter betreten den Bannersaal, in dem mehrere alte Glarner Fahnen und Standesscheiben ausgestellt sind. Vor einzelnen Objekten verschaffen sie sich Klarheit über charakteristische Merkmale der Fridolins-Darstellungen. Hilarius hält sie gleich schriftlich fest.

Das älteste und bekannteste Glarner Feldzeichen soll, gemäss der Angabe von Aegidius Tschudi, 1388 in der Schlacht bei Näfels getragen worden sein. Fridolin erscheint hier als Wandermönch mit schwarzer Benediktinerkutte, obschon er nicht diesem Orden angehörte. Er trägt eine gewölbte Mütze mit ringsum aufgestülptem Rand (Krempe), also die birettartige Kopfbedeckung von Priestern jener Zeit. Bemerkenswert ist hier – wie Fanaser betont – Fridolins elegant geschwungene Körperhaltung im Stil der Spätgotik. Zwei Fähnlein des 15. Jahrhunderts zeigen Fridolin ohne Hut als jugendlichen Abt mit Mönchstonsur, also mit kreisrundem Haarkranz um den geschorenen Schädel. Eine weitere Wappenfigur aus jener Zeit lehnt sich dagegen eng an die des ältesten Banners an, samt dem Rundhut mit aufgeschlagener Krämpe.

Drei weitere Objekte werfen, wie Fanaser lebhaft erzählt, ein einzigartiges Schlaglicht auf die Zeit der Reformation. 1512 erhielten die Glarner von Papst Julius II. eine Fahne als Dank dafür, dass sie zusammen mit anderen eidgenössischen Truppen die Franzosen aus Italien verjagt hatten. Das prächtige «Juliusbanner» gibt Fridolin als missionierenden Abt mit goldener Kutte, Krummstab und Tonsur wieder, also ohne Kopfbedeckung. Zur Schonung dieses kostbaren Papstgeschenkes liessen die Glarner 1513 davon eine kleinere Kopie für den Gebrauch anfertigen. Überraschenderweise kommt der aufgemalte Landesheilige hier nicht als Abt daher, sondern eher wie ein reformierter Pfarrer mit schwarzer Amtskleidung und einem Humanistenhut, wie ihn auch Reformator Huldrych Zwingli getragen hat. Auf dem Fahnentuch ist schwach sichtbar, dass oben die Krümme des Abtstabes und unten ein Teil einer Kutte weggeschabt worden sind. Wie erklärt sich das?

1528 bekannte sich die Mehrheit der Glarner zur Reformation. Beide Glaubensparteien einigten sich aber schliesslich auf eine gleichberechtigte Stellung. Obschon die reformierten Glarner während des Bildersturms manche Heiligenbilder beschädigten und aus den Kirchen entfernten, wollten sie nicht auch noch St. Fridolin als Wappenfigur beseitigen. Allerdings setzten sie es durch, dass der Landesheilige, der ihnen im Banner von 1513 viel zu päpstlich auftrat, zumindest einige reformatorische Anpassungen erdulden musste. So liessen die Neugläubigen die ursprüngliche Abtsgestalt mit ihrer goldenen Kutte übermalen und einem zwinglianischen Prädikanten angleichen – immerhin mit Wanderstab und Heiligenschein. Auf diese Weise nähert sich die Wappenfigur wieder dem schlichten Wandermönch auf dem ältesten Glarner Feldzeichen an. Gleichzeitig spiegelt sie beispielhaft die konfessionelle und politische Gleichberechtigung von Katholiken und Reformierten, die bis 1837 die Geschichte des Landes Glarus prägte. Eine Glarner Standesscheibe von 1559, die gegenüber in einem Fenster eingefügt ist, bildet die Kopie des Juliusbanners bereits mit dem «reformierten» Fridolin ab, samt birettartigem Hut. Die Abänderung der Wappenfigur erfolgte also zweifellos bald nach 1528.

Anschliessend betrachten Fanaser und Schwitter im Museum weitere Darstellungen Fridolins auf Fahnen, Standesscheiben, Siegeln, Weibelschildern, amtlichen Dokumenten, Altarfiguren, Gemälden und Plakaten. Dabei stellen sie fest, dass man Fridolin als Glarner Wappenfigur von 1530 an bis ins 20. Jahrhundert hinein meistens in der reformiert gemässigten Gestalt als einfachen Wanderprediger mit schwarzem Talar, Wanderstab, rundem Hut und Heiligenschein gestaltete. Erst der steife «Amtsfridli» im gegenwärtigen

Glarner Wappen ging des Hutes verlustig. Die Katholiken dagegen bevorzugten nach der Reformation begreiflicherweise die eindeutig altgläubige Darstellung Fridolins als Abt mit Benediktinerkutte, Krummstab, Tonsur und Heiligenschein.

Hilarius schreibt über St. Fridolins Hüte

Reichlich versehen mit Informationen zu Fridolin und seinen Hüten geht Hilarius nach Hause. Diesen Stoff zusammenfassend in die Form eines Aufsatzes zu bringen, kostet ihn allerdings viel Zeit und anstrengende Gedankenarbeit. Schliesslich findet er für seine Geschichte das Leitmotiv, wie Fridolin, der gottesfürchtige Missionar, vom Himmel herab verwundert zusieht, wie man seine Gestalt dem jeweiligen Zeitgeist anpasst – mit oder ohne Hut. Und wie St. Fridolin sich beinah kindlich freut, auf Erden bis heute nicht allein im Glarner Wappen weiterzuleben, sondern auch im Bewusstsein vieler Glarner, sogar als beliebter Vorname von Katholiken wie von Reformierten. Ja, unsterblich als «treuer Landsmann», wie er bereits um die Mitte des 15. Jahrhunderts im «Glarnerlied» angerufen worden ist:

«O helger Herr Sant Fridly, e du truwer Landtzman, sy diss Land din Eigen, so hilff uns hütt mit Eeren bstan.»

Die Hut-Aufsätze als Buch

Die Aufsätze der Maturaklasse fallen erstaunlich vielseitig und unterhaltsam aus. Freilich, selbst einiger redaktioneller Feinschliff verleiht ihnen kaum literarischen Rang und Glanz. Trotzdem macht Dr. Fontana sein Versprechen wahr und gibt die Aufsätze in Buchform heraus, denn es ist ihm geglückt, das nötige Geld für die Drucklegung zu beschaffen. Spätestens als sie die «Glarner Hutgeschichten» gedruckt und gebunden in ihren Händen halten, sind auch die letzten Maturanden mit dem Aufsatzthema und mit ihrem Lehrer versöhnt.

505 Elmer Buddhisten – Ein Hütchenspiel

Fridolin Jakober

«Nummer 505!» – «Ja?» – «Sie heissen ab heute Walter Elmer.» – «Wie der Schriftsteller?» – «Kenne ich nicht. Elmer wie Elm und Walter, weil der W gerade frei ist. Ich kann Sie aber auch Martin Elmiger nennen.» – «Und wenn ich nach Matt ziehe?» – «Bernhard Matter.» – «Wie der Verbrecher aus dem Aargau?» – «Von mir aus.» – «Warum nicht gleich Stefan Engler, wie der Regierungsrat?» – «Nur wenn Sie nach Engi ziehen. Oder von mir aus auch Steinbach oder Erbser. Oder Weissenberg, wie der Pianist?» – «Verarschen Sie mich, 505? Sie wollen doch nach Elm ziehen, um Ihre Verlobte Karin Elmer zu heiraten. Jedenfalls steht das so auf dem Fragebogen. Also, was ist jetzt? Martin Elmiger oder Walter Elmer?» – «Elmer ist schon o.k., Herr Glarner zwei.»

Seit der Gemeindereform wird es immer schlimmer. Allein fünfzehn neue Angestellte auf dem Zivilstandsamt. Und alle heissen Glarner. Oder Glarner zwei. Wenn sie verheiratet sind. Die Menschen werden nach Ortschaften sortiert. Also alle Glarner nach Glarus, alle Matter nach Matt und alle Riederer nach Riedern.

Ausgegangen ist das alles vom Zusammenschluss zwischen Luchsingen und Hätzingen. Keiner wollte eine Gesamtgemeinde, die Lutzingen hiess, und da beschloss die Landsgemeinde, dass wenigstens alle Luchsinger nach Luchsingen ziehen. Sonst wäre das Hinterland ganz ausgestorben. Leuggelbach benannte man einfach in Leglen um und Linthal in Thal. Jetzt wohnen da alle Thalbach, Thalheim, Thaler und Thalmann.

Aber wie bei jeder Reform gab es auch Verlierer. Näfels zum Beispiel heisst jetzt Galatha – denn da wohnen die Gallati. Mollis wurde zu Fischligen, da mussten die meisten Näfelser Fischli wenigstens nicht so weit umsiedeln. Und Niederurnen wurde zu Nosen. Oberurnen hatte Pech, es wurde zu Meienen. Und die Müller aus Näfels zu Meier aus Meienen. Das, oder ab nach Mülligen, Müllheim im Badischen, Mülheim an der Ruhr oder noch weiter. Und die Hauser nach Hausen am Albis.

Sozial gab das natürlich einige Umschichtungen. Die ganzen Rhyner zum Beispiel, einfach deportiert, nach Rhynern in Westfalen. Und das grösste Eisenwarengeschäft befindet sich heute in Diesbach. Ja, die Dieffenbacher und die Debrunner liessen sich umbenennen, in Diesbacher. Die wollten nicht nach Dieffenbach ziehen, und schon gar nicht nach Debrezen.

Und da habe ich die tragischsten Fälle noch gar nicht genannt: Die ganzen Brunner zum Beispiel, die sich Kaltbrunner nennen mussten und die dann im Gaster unten verarmten. Oder die Bertini, die Bilten in Bertin umtauften. Die Bortoluzzi heirateten ihnen die ganzen Frauen weg und zogen mit ihnen nach Mauren. Und aus Bertin wurde Müllen. Immerhin, das war wieder ein Trost für die Müller aus Näfels, die inzwischen Meier aus Meienen waren. Sie konnten ihren angestammten Familiennamen wieder annehmen, wenn sie nach Müllen zogen. Und aus der KVA machten sie dann das Energiezentrum Müllen.

«Nummer 505?» – «Was?» – «Ich habe Sie gefragt, was Sie arbeiten wollen.» – «Na ja, ich kann gut schreiben. Wie wärs mit Schriftsteller?» – «Hab ich nicht.» – «Oder von mir aus Texter.» – «Hab ich auch nicht. In Elm können Sie Lochwart werden oder Brunnenmeister.» – «Suchen die Elmer im Schitourismus nicht auch irgendwelche Texter?» – «Schifahren ist nur in Braunwald. Schlitteln in Weissenberge. Snowboard im Snow Valley. Elm ist Mineralwasserversorgung und Bergmythologie. Sollten Sie jetzt langsam wissen…» – «Dann halt Lochwart.»

Lochwart vom Martinsloch. Was tut man nicht alles für seine Zukünftige. Ich war schon Bügelmeister in Braunwald und Echoakustiker im Klöntal. Am besten gefiel mir der Job als Krauttexter in Niederurnen also Nosen, in der einzigen und ersten Glarner Kräuterkäsefabrik. In Nosen wird inzwischen nur noch Käse hergestellt. Eternit ist weggezogen. Heisst jetzt Claridit und wird in Thal hergestellt. Diesbach, wie gesagt, Eisenwaren, Glarus Verwaltung. Ja, so haben sie alles aufgeteilt.

Ich weiss auch nicht mehr genau, warum. Wahrscheinlich wegen der Schafe auf dem Linthdamm. Ja, ein Foto von Schafen auf dem Linthdamm. Da machte einer ein Buch über den Linthdamm. Und da war auf dem Umschlag ein Bild. Man kennt das ja: Nebel, graues Wasser, Strommasten, Uferweg, viel sattes Grün und Schafe. Aber irgendwie hatte es Probleme gegeben mit den Bauern in der Linthebene und den Schafzüchtern. Wegen Überweidung und Vergandung – irgendetwas Ökologisches, nehme ich an. Und da war dieser visionäre Politiker. Seine Familie ist zwar jetzt nach Nordrhein-Westfalen umgesiedelt worden, aber damals hatte der eben noch was zu sagen. Und als der sah, dass auf dem Titelbild des Linthdamm-Buches Schafe weideten, retuschierte man die einfach weg. Und gleichzeitig beschloss der Regierungsrat per Dekret, Schafe nur noch in Filzbach.

Eisenwaren waren schon in Diesbach, na ja, und der Rest ergab sich von selbst. «Regionale Produktionsschwerpunkte» nennt sich das im Wirtschaftsförderungskonzept von Egon Glarner, geschiedener Glarner II. Kunst übrigens ausschliesslich in Schwändi. Und alle Künstlerinnen heissen Schwändener, mit «ä» wie in Gämse. Stellen alle Töpferwaren und Keramik her und machen alle turnusmässig in der «Eintracht» Ausstellungen mit keramischer Plastik. Schwändi ist inzwischen bis nach Amerika bekannt: Grösstes Töpfereizentrum Europas. Jeden Tag fahren dreissig Lehmlastwagen der Zürcher Ziegeleien in Tuggen nach Schwändi. Praktisch die gesamte Wasserkraft aus Limmern wird für die Brennöfen verstromt. Dafür stehen Aladins Duftwunderlampen von Priska Schwändener inzwischen sogar im Museum of Modern Art. Wie gesagt, es gibt immer Gewinnerinnen und Verlierer.

«Ich nehme an, Buddhismus ist Ihnen recht?» – «Entschuldigung, Herr Glarner zwei, ich war gerade abwesend. Könnten Sie…» – «Wegen der Religion, ich nehme an, Buddhismus ist Ihnen recht?» – «Von mir aus. Konvertiere ich halt wieder mal. Ursprünglich bin ich ja katholisch aus Galatha. Dann wurde ich evangelisch aus Ennenda, also Aebligen. Diesbach ist russisch-orthodox, im Schwändital praktizieren die Sufi. Nosen ist inzwischen ganz sunnitisch, Müllen seit der zweiten paritätischen Sezession schiitisch. Und Glarus? Glarus hat eine neue Religion erfunden: Den athanasianischen Satanismus. Ist nicht so ganz einfach zu erklären: Es hat damit zu tun, dass man alles unter einen Hut bringt. Aber ästhetisch hat der athanasianische Satanismus einiges gebracht. Der Steinbock auf dem Glarner Wappen steht jetzt im Pentagramm mit der Zahl 666. Wegen der 666 Glarner Verwaltungsangestellten.»

«505?» – «Ja.» – «Also Buddhismus?» – «Ja, Buddhismus, Herr Glarner zwei. Von jetzt an heisse ich: Walter Elmer, bin Lochwart in Elm und Buddhist. Vielen Dank auch, Herr Glarner zwei.» – «Gratuliere. Dann können Sie am 25. November heiraten. Soll ich schon mal das Familienbüchlein ausfüllen?»

Wahre Geschichten über Glarner Hüte besserer Güte

Trudi Hefti-Rüegg

Hüte haben mich seit jeher fasziniert. Einen Hut hat immer irgendwer zu irgendeinem Anlass getragen. Hinter jedem Hut steckt ein Mensch. Hüte haben meine Neugierde stets geweckt und meine Fantasie beflügelt.

Da waren einmal die Familienhüte. Vaters etwas schäbiger, leicht speckiger Filzhut, nur an Schützenfesten getragen, auf dem meistens eine aufgesteckte Ehrenmeldung thronte. Gute Resultate wurden gefeiert, der Hut musste meinen Vater auf dem nächtlichen Heimweg mehr als einmal behüten. Er vergass ihn oft in irgendeiner Wirtschaft und wusste nicht mehr wo. Am nächsten Tag begann die Runde erneut. Des Hutes wegen?

Mutters Hüte, für die ich kein Verständnis aufbringen konnte, ja, für die ich mich geradezu schämte. Gebilde, je nach Jahreszeit aus Filz mit schlapper Krempe und einem Ripsband, aus durchsichtigem, luftigem, strohähnlichem Material, auf dem knallrote Kirschen prangten. Ein dunkelblauer zum Beispiel mit einem weissgetupften, flatternden Band, das mit dem Kragen ihres Sonntagsrockes harmonierte. Oder jener winzige, schwarze mit Schleierchen, der ihr nur dank eines dünnen Gummibandes nicht vom Kopf geweht wurde. Alles Kreationen der Modistin Lydia Hefti in Luchsingen.

Grossmutters Hut übertraf aber alle erwähnten Kopfbedeckungen im höchsten Grad. Grossmutter besass nur einen einzigen, schwarzen, bienenstockähnlichen, sehr hohen und steilen mit schmalem Rand, in dem eine Hutnadel aus Perlmutter steckte. Sie setzte ihn auf, wenn sie mit mir nach Glarus fuhr: Ridicule – Zugbillett dritter Klasse – Soolerbogen – Baeschlin – Kaffee bei der Tante Sophie, Milchprodukte, in der Christiansgasse – oder im Kaffee Kubli. Ich liebte Grossmutter mit oder ohne Hut.

Dann aber sprach der Modegott «Simsalabim», und die Hüte waren out. Viel später, selber junge Mutter, kam ich Mutters Hüten auf die Spur: Emanzipation! Und flugs setzte ich mir in Luchsingen einen zitronengelben auf den Kopf, nahm meine drei Kinder an die Hand und ging zum Krippenspiel in die Kirche. War ich schon mit meinen bunten Röcken und den wehenden, lockigen Haaren für Luchsingen einen Hauch zu exotisch, setzte der Zitronengelbe meinem Image die Krone auf. Dabei war er kein «Teggel», eher eine Schute mit eingebauter Spange. Aber knallig!

Das Sonnenhütchen aus Glarnertüechlistoff unseres kleinen Mädchens wurde an griechischen und spanischen Stränden nass und sandig. Es diente dem Kind zum Sammeln von Muscheln und zum Fangen kleinster Fische. Einmal, auf Halkidiki, schwamm ihm sogar eine pfundige Qualle in den Hut. Letztendlich, bereits zu klein und abgeschossen, blieb das Hütchen am Oberblegisee liegen.

An einen Hut erinnere ich mich ganz besonders. Wir, eine Schar Sängerinnen und Sänger, versammelten uns anlässlich eines Sängerfestes auf dem Bahnhof Luchsingen. Einzig der Fähnrich Matthes Mächler fehlte noch. Endlich trabte er, Fahne und Hut in der Hand, den Bahnhofstutz herunter. Nein, herausgeputzt war er für sein Ehrenamt beileibe nicht, sondern von oben bis unten voller Katzenhaare. In seinem Fähnrichhut, den er am Vorabend auf dem Stubentisch bereit gelegt hatte, hatte seine Katze über Nacht Junge geboren. Kann man sich einen feudaleren Geburtsort vorstellen, als einen mit Federn, Bändern und Rosette geschmückten Fähnrichhut? Wir Frauen gaben uns alle Mühe, Matthes, den Junggesellen, einigermassen zu reinigen, abzubürsten und herzurichten.

In meinem Antikladen in Luchsingen kam meine Fantasie voll und ganz auf die Rechnung. Hüte sind historisch und Zeitzeugen. Zylinderhüte zum Beispiel, mit oder ohne konische Schachtel, mit der Aufschrift des Hutmachers: Hefti-Speich Luchsingen, Engeli Glarus, Otto Rüegg Glarus und andere. Wer mag sie wohl aufgesetzt haben? Ständeräte, Regierungsräte, Kutscher, Männer hinter dem Leichenwagen? Eines haben die Zylinder von damals gemeinsam, sie passen nicht mehr auf die grossen Köpfe der heutigen Herren. Sie sind ihnen allen zu klein. Magere Kost damals – üppige Kost heute – und in jener Kindheit keine Ovomaltine.

Dann dieser lederne Stetson, der Cowboyhut aus Amerika, eingeliefert von Spältis aus der Rosenau in Hätzingen. Handelte der hoch zu Ross sitzende ehemalige Besitzer, eventuell ein ausgewanderter Glarner, mit Viehherden oder war er gar ein Postkutschenräuber? Filme mit Wyatt Earp, dem Marschall von Dodge City, laufen vor meinen Augen ab. War das ein toller, abenteuerlicher Hut!

Ganz im Gegensatz dazu der dunkelbraune Damenhut mit goldener Schnalle aus dem Hause Kundert in Leuggelbach. Sehr konservativ und gepflegt, mit Seidenpapier ausgestopft: Damenkränzchen – Weihnachtsbescherungen des Frauenvereins – Kirchgänge.

Und dann der leicht zerdrückte und verblichene Strandhut vom Ufer des Walensees zum Zwecke, Sommersprossen zu vermeiden und den hellen Teint zu erhalten. Haben sie das Fräulein Helen baden sehn? Ach, war das schön!

Sind weisse Nachthauben mit Volants, Biesen, Rüschen und Spitzen auch Hüte? Wahre Kunstwerke sind es. Auf Bettgeschichten lasse ich mich aber nicht ein. Ich stelle mir eiskalte Kammern im Sernftal, auf dem Kerenzerberg und im Hinterland vor, oder Mäuse, die zum Nisten den Frauen ohne Hauben nachts die Haare vom Kopf geknabbert haben. Haar für Haar, damit es die nackten Jungen im Nest schön warm haben.

Herr Knobel aus Näfels kaufte sich bei mir eine schwarze, eingedrückte Melone. Seine Frau Maly bestätigte ihm, dass es ein wunderbarer, neuer Hut sei, ausgefüttert mit Kalbsleder und geraffter Seide, versehen mit der goldenen Marke eines Londoner Hutmachers. Spitzenqualität! Selten nobel! Was er wohl für eine Geschichte hat? Ich teile ihm einen Herrenclub, Bridge und Whisky zu. Sollten Sie im nächsten Winter Herrn Knobel mit der Schneeschaufel in der Hand vor seinem Haus hantieren sehen, trägt er eben diesen englischen, zum Wetterhut degradierten Gentlemanhut gegen die Unbill des Winters.

Ein Tirolerhütchen eines Jägers aus Diesbach war da auch noch, gespickt mit blechernen Abzeichen von österreichischen Touristenorten und einer verdorrten Alpenrose hinter der Kordel. Die Letztere wohl aus dem Diestal.

Dass Hüte, damals wie heute, nicht das Gelbe vom Ei sind, bestätigt das Sprichwort: «Mit dem Hute in der Hand kommt man durch das ganze Land. Doch mit Gold und Kassenscheinen kommt man weiter, sollt ich meinen!»

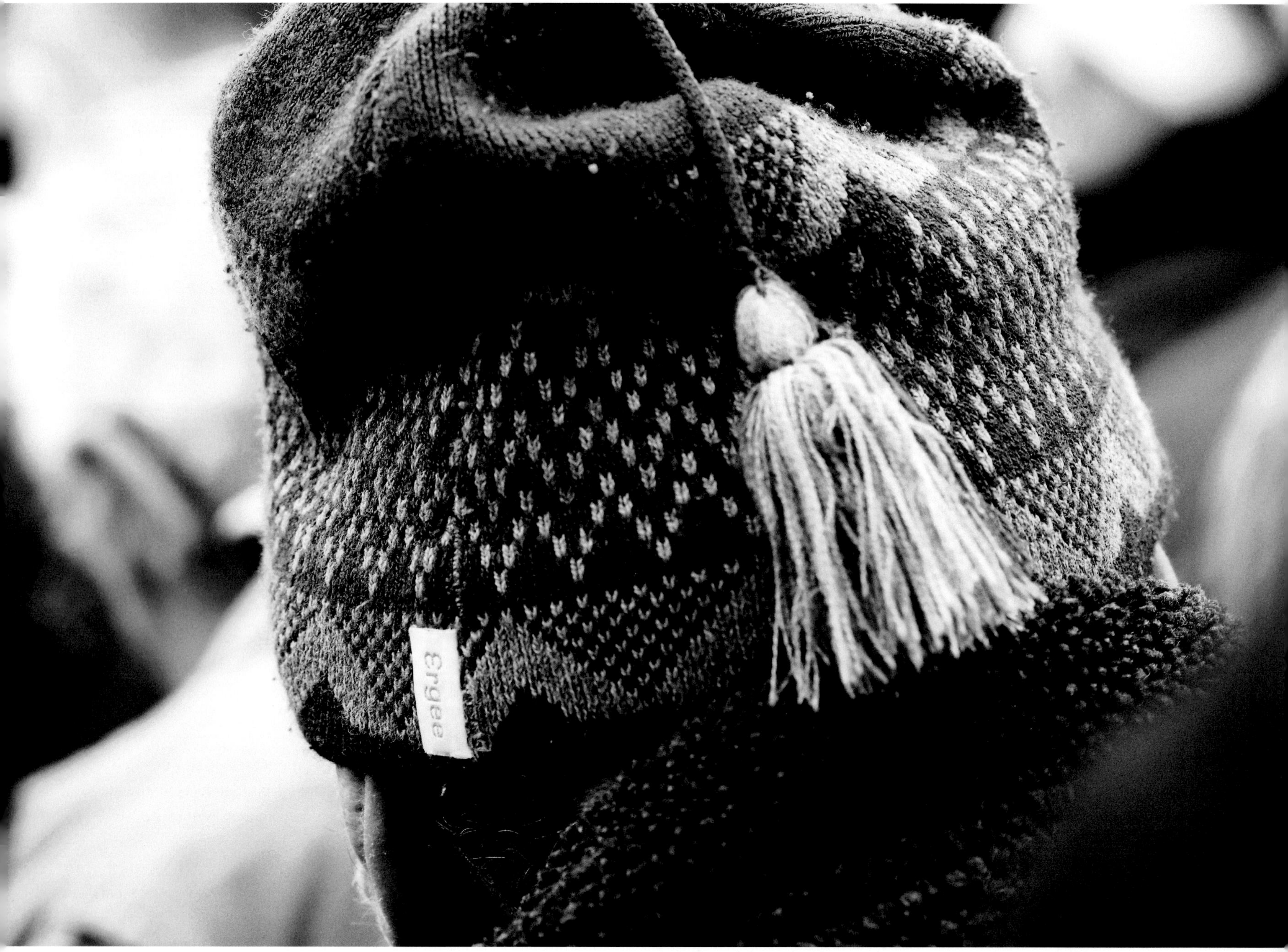
Ergee

Nie wieder Hut

Günther Nufer

Hüte sind in meiner Erinnerung untrennbar verbunden mit würdevoll zum Kirchgang einherschreitenden Frauen und Männern. Hüte schienen auch Zeichen der Volljährigkeit zu sein, denn die Jungen durften allenfalls Mützen tragen.

Hüte scheinen also etwas auszusagen über Reife und Bedeutung des Trägers. Im Mittelalter waren Hüte Standesabzeichen für Herrscher und Priester. Zeitweise wurden sie sogar als Ehrenzeichen verliehen. So verschenkte der Papst in der Christnacht gesegnete Hüte aus violetter Seide, die mit Hermelin gefüttert und mit goldenen Schnüren und Juwelen geschmückt waren, an Fürsten und Feldherren, die sich um den katholischen Glauben verdient gemacht hatten.

Für mich hat der Hut an sich seine Würde verleihende Bedeutung durch drei Schlüsselerlebnisse verloren: Das erste wurde nicht durch einen richtigen Hut, sondern eine Kopfbedeckung ausgelöst, die mich in meiner Fantasie zu einem 15-jährigen Bohemien werden liess. Jedenfalls hatte mir meine Mutter zu Weihnachten ein Barett geschenkt, das mich auf meinem Schulweg von Kehl nach Offenburg vor den Unbilden der Witterung schützen sollte. Voller Stolz fuhr ich also nach den Weihnachtsferien von Kehl nach Offenburg in der Vorfreude auf die respektvolle Bewunderung durch meine Klassenkameraden. Als Fahrschüler kam ich immer erst kurz vor Unterrichtsbeginn in die Schule, so dass ich mir der ungeteilten Aufmerksamkeit der ganzen Klasse sicher sein konnte. Als ich die Tür zum Klassenzimmer öffnete, war das Barett, im Volksmund bei uns «Wagges-Käppele» genannt, in Kombination mit meinem rotgefrorenen Gesicht Auslöser eines homerisch-höhnischen Gelächters, das mir noch heute schrecklich in den Ohren klingt. Das war das erste und zugleich das letzte Mal, dass ich diesen zum nationalen Kulturerbe unserer französischen Nachbarn gehörenden Kopfschmuck getragen habe.

Der zweite Hutschock hängt mit meiner Freude über das trotz gegenteiliger Prognosen meiner Familie bestandene Abitur zusammen. Im Überschwang der Gefühle hatte ich beschlossen, zu einer der vielen Feiern in Bratenrock und mit Zylinder zu erscheinen. Der Weg durch die Hauptstrasse von Kehl zum Bahnhof, die Zugfahrt nach Offenburg und der anschliessende Gang durch die Strassen und Gassen wurden zu einem wahren Spiessrutenlaufen. Selbst der abgefahrendste Punker kann demgegenüber heute kaum eine hochgezogene Augenbraue provozieren. Die Rückfahrt im Zug zu später Stunde ist mir nur deshalb nicht in schlechter Erinnerung, weil mein Zustand nach dem reichlichen Biergenuss kaum eine Wahrnehmung der köpfeschüttelnden Fahrgäste zuliess. Als mir die Zeremonienmeister der Fridolinsprozession im März 1972 höflich, aber bestimmt bedeuteten, dass die Prozessionsordnung von den Honoratioren das Tragen eines Zylinders verlange, habe ich – ohne Angabe von Gründen – ebenso höflich, aber dankend abgelehnt. Als erster evangelischer Bürgermeister in der Stadt könne ich dem Heiligen meinen Respekt nur barhäuptig bezeugen, versicherte ich. So habe ich das bis heute gehalten. Die Zylinder sind in der Folge völlig aus dem Prozessionsbild verschwunden. «Mann» schreitet barhäuptig hinter dem Schrein und den geistlichen Würdenträgern einher, bis der fortschreitende Haarausfall den einen oder anderen wieder zum Hut greifen lässt.

Zum echten Albtraum sollte erst die Landsgemeinde in Glarus anno 1977 werden. Nicht wegen der Landsgemeinde selbst, sondern aufgrund der Kleiderordnung, kurz als «Tenu» in der offiziellen Einladung der

Regierung bezeichnet. Darin waren ein dunkler Anzug und ein steifer Hut gewünscht. Nach eingehender Beratung mit dem damaligen Wirtschaftsminister des Landes Baden-Württemberg, Rudolf Eberle, der ebenfalls eingeladen war, wurden unsere Frauen beauftragt, der Bedeutung des grossen Ereignisses entsprechende Accessoires zu beschaffen. Der Minister outete sich dabei als Kenner des geheimnisvollen Protokolls der Schweizer Landsgemeinden. Jedenfalls hatte er schon an einer Landsgemeinde in Appenzell teilgenommen. Dabei sei ihm nicht nur die konservative Kleidung der degentragenden rein männlichen Bürgerschar aufgefallen, sondern auch der merkwürdige Schleppschritt, mit dem die Offiziellen hinter der Musik in den Ring eingezogen sind. Wir haben diese Fortbewegungsart auch zur Vorbereitung auf die Landsgemeinde in Glarus trainiert, ohne die Glarner Choreografie zu kennen.

Das Unheil nahm schon am Vortag der Landsgemeinde seinen Lauf. Wir hatten beide auf einem Parteitag grosse Reden gehalten und uns – wie wir glaubten – die Bewunderung unserer Parteifreunde gesichert. Damit war es aber schon am Ausgang der Versammlungshalle zumindest für mich vorbei. Unsere Frauen waren mit dem Gepäck zum Veranstaltungsort gefahren. Das wäre an sich nicht so schlimm gewesen, wenn meine Frau nicht darauf bestanden hätte, dass ich den von ihr eigens für die Landsgemeinde erstandenen neuen Hut anprobieren solle. Ohne an meine schlechten Erfahrungen aus der Vergangenheit zu denken, folgte ich gewohnheitsgemäss dem weiblichen Diktat. Mit verheerenden Folgen. Die aus der Halle strömenden Versammlungsteilnehmer hielten zunächst verdutzt inne, um dann in ein ähnlich schallendes Gelächter zu verfallen wie vor vielen Jahren meine Klassenkameraden beim Anblick des «Wagges-Käppele» auf meinem Haupt. Meine aufkeimende Zerstörungswut gegenüber dem eigentlich unschuldigen Objekt der allgemeinen Erheiterung wurde nur durch den entschiedenen Hinweis meiner Frau auf die hohen Gestehungskosten gebremst. Der Weg ins gastliche Glarus liess mich in dunkle Vorahnungen versinken. Der überaus freundliche Empfang durch die Regierung und das abendliche Essen mit den weiteren Staatsgästen halfen mir über das Stimmungstief hinweg. Als ich mir etwas Mut angetrunken hatte, versuchte ich vorsichtig auszuloten, ob der Hutzwang wirklich unabdingbar sei. Die Reaktionen des hochgeschätzten Landammanns Hans Meier und des stimmgewaltigen Baudirektors Kaspar Rhyner waren jedoch so eindeutig, dass ich rasch das Thema wechselte. Wie hätte ich auch meine inzwischen gefestigte Abneigung gegen Hüte begründen sollen? Anschliessend wurde diskutiert, ob die Landsgemeinde wegen dem immer stärker werdenden Regen abgesagt werden müsse. Meine stille Hoffnung, dass der Kelch mitsamt Hut an mir vorüber gehen würde, zerschlug sich am nächsten Morgen. Pünktlich trat vor dem Glarnerhof eine Kompanie Soldaten an, die uns zum Regierungsgebäude brachte. Rudolf Eberle und ich versuchten den mühsam erlernten Appenzeller Schleppschritt. Der passte aber ganz und gar nicht zum flotten Glarner Tempo. Eine besondere Ehre wurde uns zuteil, als wir vom Balkon des Regierungsgebäudes aus dem Volk zuwinken durften. Dieses war jedoch nicht vorhanden. So reihten wir uns zunächst unbeachtet wieder brav hinter den inzwischen schon stark durchnässten Soldaten ein und bewegten uns strammen Schrittes Richtung Landsgemeindeplatz. Allmählich säumten immer mehr freundlich dreinblickende Menschen die Strassen, durch die wir nun unserer gefühlten Bedeutung entsprechend würdig wandelten. Ich hatte sogar den Hut vergessen, der mir bei dem Regen und der Kälte fast schon sympathisch wurde. Doch dann kam es knüppeldick. «Ich glaub es nicht, der Nufer!», dröhnte es aus der Menge. Eine Gruppe von Besuchern, angeführt vom späteren baden-württembergischen Innenminister, hatte mich entdeckt. Und den Hut. Dass ich wieder einmal mit meinem Anblick anderen Menschen eine grosse Freude gemacht hatte, war nur ein geringer Trost. Mit einem Rest an Haltung bin ich den wackeren Soldaten und der aufrechten Regierung von Glarus tapfer gefolgt. Dabei habe ich den inzwischen aufgespannten Schirm über den Brigadier Bolliger gehalten und mich dadurch vermeintlich vor allzu amüsierten Blicken geschützt. Auf die Thematik der Landsgemeinde konnte ich mich erst wieder konzentrieren, als das Volk über ein neues Regierungsgebäude entscheiden sollte. Es entspann sich eine lebhafte kontroverse Diskussion. Ein Bürger stellte begleitet von begeisterten Beifallsrufen fest, dass in den jetzigen Verwaltungsgebäuden allenfalls die Fenster schwitzen würden. Das brachte die Vorlage endgültig zum Kippen. Auch die glänzende Rhetorik des aufopfernd für das Projekt kämpfenden Baudirektors Rhyner sorgte bei der Abstimmung nicht für klare Mehrheitsverhältnisse. Ein sichtlich erschöpfter und enttäuschter Landammann stellte das Ergebnis mit dem für mich beeindruckendsten Satz der Landsgemeinde fest: «Im Zweifel für das Volk.» Ein Grundsatz, der Leitbild für jede Demokratie sein sollte. Auf dem Rückweg zum Glarnerhof bin ich in der grossen Menschenmenge in einem Meer von Hüten untergegangen. Mein Hut kam nur noch einmal in dem Gruppenbild mit Vertretern des Kantons Nidwalden zu Ehren. Zum Glück war ich fast völlig von dem Landammann verdeckt, der mich um Haupteslänge auch deshalb überragte, weil er einen gewaltigen Zylinder aufhatte.

Mit vielen neuen Erkenntnissen nach Bad Säckingen zurückgekehrt, bestand meine erste Amtshandlung darin, den «Glarner Landsgemeindehut» an einen Ehrenplatz zu legen. Dort befindet er sich heute noch.

Ich habe seither freiwillig keinen Hut mehr aufgesetzt. Nicht einmal bei der Jagd. Bei der Verleihung der Ehrendoktorwürde der Medizinischen Universität Poznan/Polen konnte ich allerdings nicht verhindern, dass mir ein merkwürdiges Gebilde auf den Kopf gesetzt wurde, mit dem ich neben dem in einer roten Robe mit Hermelinkragen gewandeten Rektor wie ein Messdiener wirkte. Als mir tags darauf die Stewardess im Flugzeug die neueste Zeitung mit dem Hinweis auf die Titelseite und der Bemerkung überreichte «Sind das nicht Sie?», da wusste ich nicht so recht, wie ihr Lächeln angesichts meines unter dem merkwürdigen Hütchen zusammengedrückten Gesichts zu deuten war. Aber die Entscheidung war ja längst schon gefallen: Nie wieder Hut.

Die Geschichte vom Auge, der Feder und dem Knopf

Tim Krohn

In fernen Tagen lebte einmal ein Kind, dessen Vater reiste als Offizier der Königin durch das Land, und eine Mutter hatte es nicht. Eines Tages, als es im Wald nach Kastanien suchte, fand es in einer der Schalen ein Auge, das dem Kind entgegensah und gleich darauf zu weinen begann. Das Auge war ein schönes, dunkles, wie nur das Kind Augen hatte und niemand sonst in diesem Land, in dem die Menschen blauäugig waren mit hellen Haaren. Vorsichtig, um sich an den Stacheln nicht zu verletzen, die die dunkle Pupille wie Wimpern umschlossen, steckte das Kind das weinende Auge in die Tasche und legte sich auf einer Lichtung nieder, um zu schlafen. Als es erwachte, war es Abend geworden. Der Mond stand rund und weiss über den Bäumen, und das Kind, das durstig geworden war, trank von den Tränen des weinenden Auges, das den Blick nicht von ihm lassen wollte. Dann machte es sich wieder auf den Weg. Es hatte vergessen, dass es von einem Hügel herabgekommen war, auf dessen Kuppe ein Haus stand und in dem Haus ein Bett, das für das Kind bereitet war, und auf dem Herd eine Schale Brei. Neben der Schale mit Brei sass ein alter Knecht, der auf das Kind wartete und ab und zu in dem Brei rührte, damit sich keine Haut darauf bilde.

Das Kind ging weiter in den Wald hinein. Als der Morgen graute, begann Schnee zu fallen, und schliesslich öffneten sich die Bäume, und das Kind stand frierend an einem Abhang, der weiss von Schnee war, und stapfte weiter durch den Schnee und gelangte an ein Bächlein von schwarzer Tinte, das den Hügel herabfloss. Es folgte dem Bächlein und fand an der Stelle, an der es entsprang, eine Feder im Schnee liegen. Die Feder war weich und fein, wie das Kind noch keine gesehen hatte. Es wusste nicht, welcher Vogel solche Federn hatte, und aus dem Kiel der Feder floss schwarz wie das Haar des Kindes die Tinte, bis das Kind die Feder aufhob und sie um sich legte, um sich zu wärmen. Da verschloss die Feder ihren Kiel und lag dem Kind um die Schultern wie ein Mantel. Wo das Bächlein geflossen war, gefror die Tinte, und als das Kind ein Stücklein davon abbrach und es kostete, schmeckte es süss und schwer wie Kuchen. Das Kind brach sich einen Vorrat davon und setzte seinen Weg fort. Als es sich nochmals umblickte, hatte der fallende Schnee begonnen, das gefrorene Tintenbächlein zu verschlucken.

Das Kind gelangte an den Saum eines Gebirges und begann, den Berg emporzusteigen. War es müde, suchte es sich eine Höhle in den Felsen und legte sich hinein. Wenn es hungrig war, ass es von dem Kuchen, und hatte es Durst, nahm es das Auge aus der Tasche und trank von seinen Tränen.

Als es schliesslich die Spitze des Berges erreichte, hörte es das Pfeifen eines Vogels und freute sich, dass der Frühling gekommen war. Dann sah es ein Licht im Schnee und fand einen Knopf, in dem die Sonne sich spiegelte und in dessen Löchern der Wind pfiff, dass es klang wie das Zwitschern eines Vogels. Das Kind hob den Knopf auf und steckte die Enden der Feder hindurch, damit es sie nicht mehr von Hand vor der Brust zusammenhalten musste. Dann stieg es auf der anderen Seite den Berg hinab und fand bald zu einem Haus. Ein Bett war für das Kind bereit, neben dem Herd stand ein Topf mit Brei, und der alte Knecht des Offiziers weinte vor Freude, als das Kind seines Herrn nach sieben Jahren in die Tür trat und von dem Brei zu essen wünschte. Es war grösser und stärker geworden, und sein wildes schwarzes Haar reichte bis weit über seine Schultern. Als es den Knopf löste und den Federmantel abnahm, sah der Knecht, dass aus dem Kind eine Frau geworden war.

Nicht lange darauf kehrte der Offizier von einer Reise zurück und feierte ein Fest, an welchem er seine Tochter mit einem Freund verheiratete, der wie er im Dienste der Königin stand und dem das Kind seit vielen Jahren versprochen war. Bald nach der Hochzeit aber brachen die beiden Offiziere zu einer weiteren Reise auf und liessen die Frau ohne Dienerin in ihrem neuen Haus zurück. Wenn sie traurig wurde, nahm sie das Auge aus einer kleinen Schachtel, in der sie es verwahrte, und weinte mit ihm. Wollte sie lachen, kitzelte sie sich mit der Feder an den Füssen. Und einmal, als ihr die Zeit lang wurde, zog sie den Knopf auf einen Faden und liess ihn zwischen ihren Händen surren, als blase der Wind in ihm. Da sang ihr der Knopf ein Lied, darin erzählte er vom Wams des Fremden, von welchem er mit einem Schwerthieb abgehauen worden war. Die Frau zurrte und der Knopf schrie, wie der Fremde geschrieen hatte, als er einen Namen rief, der im Rauschen seines Blutes ertrank, einen Namen, den niemand im Lande trug und den niemand als Namen erkannte ausser der Frau.

Ihr aber war, als habe der Name sie ins Herz getroffen. Sie zitterte vor Kälte, der Schrei sass ihr im Leib, und sie griff nach der Feder, um sie sich umzulegen. Doch die Feder glitt ihr durch die Finger, sprang auf den Tisch und schrieb auf seine Platte von dem Fremden, auf dessen altem staubigem Hut sie aus dem Dorf geflohen war, das der Krieg zerstört und die Dürre ausgehungert hatte und von dessen Krempe sie das Kind im Nacken streichelte, das schwarzgelockt auf den Schultern des Fremden sass. Dick wie Blut quoll die Tinte aus der Feder, sie sprang vom Tisch, rannte über den Fussboden und schrieb in schwarzer Schrift von den Soldaten, die den Fremden mit den dunklen Augen aus dem Land jagen wollten, in dem nur blonde, blauäugige Menschen leben durften, schrieb verzweifelt und mit vielen Worten nieder, wie die Soldaten ihn mit ihren Schwertern zerstückelten, als er nach seinem Kind rief, und dem Kind den Hut des Vaters, den es umklammert hielt, entrissen, dass ihm nichts in der Hand blieb als die Feder, die gleich darauf der Wind ergriff und in die Wolken hob. Von dort aus aber sah die Feder, wie die Soldaten das Kind auf ein Pferd hoben und mit ihm davonritten.

Zitternd flog die Feder umher und hörte nicht auf zu schreiben, schrieb die Tischplatte schwarz und den Fussboden und die Wände des Hauses. Vergeblich versuchte die Frau, die Schrift mit dem Ärmel ihres Hemdes wegzuwischen. Also nahm die Frau das Auge aus dem Kästchen und liess es über dem Tisch weinen. Doch das Auge las, was die Feder geschrieben hatte, und als es gelesen hatte, brach es aus der Kastanienschale und fiel zu Boden und weinte auf den Boden einen See, auf dessen Oberfläche die Bilder schwammen, die es gesehen hatte. Die Frau erkannte ihren Vater im Soldatenrock, er hielt das schwarz gelockte Kind fest, und sie erkannte ihren Gatten, jünger, aber doch ihr Gatte, der den Körper des fremden Mannes zerhieb, bis ihm das Auge aus dem Kopf sprang und unter einen Kastanienbaum rollte, wo es sich in einer Schale versteckte. Dort blieb es, sah ihnen nach, als die Soldaten mit dem Kind davonritten, und weinte, bis aus den Kastanien, die unter dem Baum lagen, ein Hain gewachsen war, der weit herum das Land bedeckte. Nur an der Stelle, an der das Blut des Fremden die Erde getränkt hatte, wollte keine Kastanie Wurzeln schlagen.

Als so die Frau den Knopf den Namen hatte schnurren hören, den niemand mehr kannte, vom zerteilten Körper ihres Vaters gelesen hatte, den niemand vermisste, und die Gesichter seiner Mörder erkannt hatte, die niemand verurteilte, griff sie sich Auge, Knopf und Feder und rannte in die Welt hinaus. Tage und Nächte irrte sie umher und kam schliesslich an einen ausgetrockneten Flusslauf. Als sie die Uferböschung erklommen hatte, sah sie, dass im Bett des Flusses Soldaten der Königin ihr Lager aufgeschlagen hatten. Und sie nahm den blinkenden Knopf und brannte den Soldaten damit die Augen aus, sie schickte die Feder aus, ihnen das Herz zu durchbohren, und schliesslich liess sie das Auge weinen, damit es den Fluss überquellen liess und die übrigen ertränkte. Dann legte sie sich unter einen Busch und schlief ein.

Am anderen Tag stieg der Weg an und wurde mit jedem Schritt steiler, und endlich erreichte sie den Gipfel eines Berges. Da setzte sich die Frau auf einen Stein und nahm aus der Tasche ihres Hemdes die Feder, das Auge und den Knopf. Sie liess den Knopf am Fädchen schnurren, und der Knopf sang ihr ein Lied von den Händen der Mutter, die das Kind gewickelt und dem Fremden den Knopf ans Wams genäht hatten. Die Frau begann zu weinen, und das Auge, das ihr glich, als wäre es ihr drittes, weinte mit ihr. So weinten sie zum Lied des Knopfes, bis das Wasser den Gipfel des Berges erreichte. Da liess die Frau die Feder aus den Fingern gleiten. Der Wind ergriff sie und hob sie in die Luft, und während sie über den Kopf der Frau emporstieg, verlor sie einen Tropfen Tinte. Der Tropfen fiel auf die Frau herab, schwer wie eine Kugel. Er traf sie im Nacken, und sie fiel tot vom Stein. Der Knopf hing stumm am Fädchen von ihrem Finger. Ihr Hemd bedeckte das weinende Auge, und während die Feder mit dem Wind davongetragen wurde, machten seine Tränen das Hemd schwer und nass.

Mund-Art oder die Kunst sich zu verständigen

Herbert Leiser

Vorige Woche wars. Ich sass mit relativ ausgeglichenem Seelenhaushalt in einem Restaurant mit schönem Ausblick. Mein Bemühen war umsonst, das geschäftige Bedienungspersonal auf mich aufmerksam zu machen. Ich übte mich in Geduld und betrachtete mit grosser Toleranz den gipsernen Tirolerprotz an Decken und Wänden. Alles erinnerte mich irgendwie unangenehm an Lederhosen.

Mein Durst wurde grösser. Ruf ich nun «Herr Ober», fühlt sich die Dame, die vielleicht meinem Tisch als Bedienung zugeteilt ist, nicht angesprochen. «Frau Oberin» geht nicht. «Fräulein» schon gar nicht mehr. Wie schwierig doch das Leben geworden ist.

Irgendwann hat es dann doch geklappt, meine Geduld sich gelohnt. Ein älterer, sehr freundlicher Kellner nahm sich meiner an und servierte mir das bestellte Zweierli Saint Saph mit dem Wunsch, es möge mir wohl ergehen. Ich dankte. Bei den Preisen ist man für jedes Mitgefühl dankbar.

Ich hatte gerade meinen ersten Schluck aus einer Mischung von Gier und vorsichtiger Qualitätsprobe getan, als eine zauberhafte Dame in Begleitung eines Herrn, der mir sofort bekannt vorkam, das Lokal betrat. Beide waren dunkelhäutig. Der Herr wies der elegant gekleideten Dame etwas gebieterisch einen Platz an dem noch freien Tisch zu meiner Rechten an. Etwas mehr Unterwürfigkeit soviel Schönheit gegenüber dürfte schon sein, dachte ich.

Der Herr hatte es eilig und ging zügigen Schrittes zur Toilette. Mir fiel jetzt ein, woher ich ihn kannte. Aus der Zeitung. Seit Monaten untersucht er mit einem halben Dutzend Assistenten und im Auftrage der Unesco oben auf der Robmenalp über dem Dörfchen Obstalden Schiefer und anderes Gestein. Er sortiert, fotografiert, nummeriert und katalogisiert minutiös Scheibe um Scheibe, Kiesel um Kiesel. Ganz wichtige Leute wollen dereinst darüber befinden, ob die dort vor Hunderten von Millionen Jahren ineinander geschobenen Felsmassen es wert sind, als Weltkulturerbe bezeichnet zu werden und somit erhaltenswert sind.

Im Moment schien mir die Dame der Inbegriff von Weltkultur zu sein. Ich betrachtete sie ungeniert, nachdem ich feststellen musste, dass sie sich für alles ausser dem Herrn zu ihrer Linken interessierte. Mich entzückte auch ihr burgunderrotes Hütchen, das sie in koketter Schräglage auf ihren Löckchen drapiert hatte.

Ich musste mich in meiner Verzückung vergessen haben. Plötzlich trafen mich ihre Blicke. Es war wohl meiner obig beschriebenen Seelenlage zu verdanken, dass ich ungewohnt geistesgegenwärtig mein freundlichstes Lächeln servierte und – oh du heiliger Sankt Fridolin – von der Dame genau so freundlich erwidert bekam.

Im Namen des ganzen Regierungsrates und der 37 000 ausländerfreundlichen Glarner fühlte ich mich jetzt spontan berufen, ihr ein Willkomm in unseren schönen, noch unprämierten Bergen auszusprechen. Das klang dann so: «Ä schüüs Hüetli händ Sie.» Sie lächelte und vertiefte sich in einen Bierdeckel.

Der Gesteinsgutachter, wie ich gelesen habe ein Senegalese, auch er elegant gekleidet, kam von seiner Erleichterung zurück und setzte sich der Dame gegenüber. In der Diagonale von seinem rechten Augenwinkel sass ich. Ich hielt an meinem soeben mit Erfolg eingesetzten Lächeln standhaft, ja fast krampfhaft fest. Sie tuschelten unentwegt. Jetzt schaute er zu mir herüber und zwar mit einem Blick, der jede Kontinentalverschiebung zum Stillstand hätte bringen können. Herrisch gestikulierend zitierte er den freundlichen Kellner an seinen Tisch. Nun tuschelten sie zu dritt. Der Kellner verneigte sich höflich und knapp vor dem Paar und kam zu mir hinüber. Er verneigte sich vor mir noch etwas knapper und bat mich, die Dame nicht weiter zu belästigen.

«Aso was ietz! Entschuldigung! Ich ha doch nu gseit, sie heig ä schüüs Hüetli!» Aber der Kellner war schon weg. Der Auftrag war ihm irgendwie peinlich. Jetzt neigte der Herr von der Unesco seinen Oberkörper in die Diagonale nach vorn und spritzte nur noch Gift: «Was geht Sie meiner Frau Hütli an!? Sind Sie Rassist?!» Ein mittlerer jäher Zorn ersetzte augenblicklich meine so schwer erarbeitete Ausgeglichenheit. «Ich ha nüd Hüütli gseit! Hüetli han i gseit!» Ich setzte noch einen drauf: «Schweiz Huet, deutsch Hut! Schweiz Hut, deutsch Haut! Capito?»

Die anderen Gäste wurden auf uns aufmerksam. Mehr zur Ablenkung beeilte sich der Kellner, dem Paar die Vorzüge der Küche anzupreisen und überreichte ihnen die Speisekarte. Mich fragte er etwas spitz, ob ich noch einen Wunsch habe. «Nei tanggä. Ich wett zahle.» Es schien ihm zu passen.

Am benachbarten Tisch brach wieder Hektik aus. Ich hatte den Eindruck, dass die schöne Frau mit dem Auftritt ihres Mannes nicht glücklich war. Dieser zog ein Papier aus der Jackentasche. Es war ein Computer-Ausdruck. Ich konnte erkennen, dass es sich um eine Liste von Mundart-Vokabeln handelte. Er fauchte und fuchtelte mit den Fingern darin herum und starrte hie und da zu mir herüber, als ruhte meine Hand auf seiner Gemahlin Knie.

Der gute Kellner, durch Erfahrung geübt in der Konfliktbewältigung, erinnerte das Pärchen an den eigentlichen Grund ihres Besuches. Er empfahl ihnen wärmstens ein Menü und quasi um dessen Attraktivität noch zu steigern, fügte er hinzu: «Gits nu hütt.» Der Abgesandte von der Unesco machte ein Gesicht, als hätte er eben die eigenen Zähne verschluckt. Er fingerte wieder in seinen Papieren herum, tippte mehrmals auf eine Stelle und zischte seiner Frau Gemahlin etwas auf Französisch ins Ohr. Auf deren Gesicht war nur noch der Ausdruck von Ekel erkennbar. Sichtlich erregt blaffte der Herr aus dem Senegal den Kellner an: «Hüüt? Nur Hüüt!?»

Der Kellner: «Jaa, nu hütt. Nur heute.» Der Herr: «Häute!? Où est-ce-qu'on est arrivé? Häute! Das essen die Glarner?» Der Kellner lacht: «Nei, natüürli keine Häute! Heute: aujourd'hui.»

Ich ging mit hinter den Stockzähnen versteckter Häme Richtung Tür. In meinem Rücken hörte ich den Kellner noch sagen: «Das isch eigentlich ds Menü für moore.» – «Was!?», schrie der feine Herr vom Senegal, «für Mohre? Ein Menü für Mohre? Wen meinen Sie damit!?» Ich zuckte leicht zusammen. «Au weia! Viil Vergnüegä, Herr Ober. Und viil Glügg!»

Ich war froh, wieder draussen zu sein.

Glaarnertüütsch gseit: D Hauptsach isch gsii, as mä jaa immer öppis uf em Nüschel gchaa hätt

Ruedi Hertach

Ä Frau und ä Maa, wo mit em Freulerpalascht z tue händ, sind äm Müede biimer: Si gäbed äs Buech use mit Glaarner Huetgschichte, und si heiged öppä driissg, wo verschproche heiged, eini vu denä Gschichte z lifere. Aber allemaa wänds nuch ä einädriissigsti, und de söl schiints iich schriibe. Ich hane gseit, für sernigs heigi kä Ziit. Aber etz hani tänggt, ich chänt ja äm hüttige Suntig glich ämaal öppis über Hüet schriibe. Wänds weled, chämedses ja dä abschriibe i irem Buech. Und wänds nüd weled, heigeds dä halt gchaa.

Also, was chänt ich ächt mit Hüet äm Huet haa? Ufe eerschte Bligg nüd psunders viil. Als Bueb hani nu dänn öppis ufem Tschüder gchaa, wäns chalt gsii isch, aber sicher kä richtige Tschäber: entweder ä Chappe, mit oder uuni Züttel, oder wenigschtens ä glismets Schtiirnband, as d Oore a der Weermi gsii sind. Eerscht i der Eress, aso i der Reggruuteschuel, hani dä pschtändig öppis möse über ds Hiirni püschele: entweder eis vu dä beide Schifflichäppli, das tannig oder das fii, oder dä halt der Helm, wo mit äme Bändeli underem Chüni durä äm Chopf aagmacht gsii isch. Öbi psunders gfürchig uusgsee ha im Helm, weiss i nüüd; ich bezwiifles eender. Aber uf daas isch es ja nüd drufaa chuu, will mich der Feind (oder seit mä Find?) einewääg nüd gsee hätt. D Hauptsach isch gsii, as mä jaa immer öppis ufem Nüschel gchaa hätt – sust isch bimeid der Haupmä Fanconi (er isch underdesse Oberscht) ummä Eggä chuu und hätt grüeft, daas sig doch kä Oornig äsoo. Und Oornig isch ja fascht das Wichtigscht im Militäär.

Ächlä schaad hätts mi immer tunggt, as a der Landsgmei nu nuch d Regierig ä schtiiffe Huet aaleit und d Landräät nümme. Schliessli wääred ja beed Gwalte gnau gliich hööch – oder der Landraat eender nuch hööcher, ä wänn daas diä i der Regierig nüd wänd gälte luu. Uf all Fäll hani dä ämaal naa der Landsgmei der Zilinder vumene Regierigsraat erwütscht und ha probiert, öb deer miir ächt ä wüür guu. Ich ha dä zwaar usegfunde, aser zwee oder drii Nummere z chlii isch, und daas isch käs Wunder, will der alt Groob z Nideruurne schu vor viilne Jaar gseit hätt, d Hertache, das siged «groossgrindet Cheibe». Aber äs Wiili lang hani dä der uugfürmet schwarz Goggs glich aaphalte, und es hätt mi tunggt, mä sig würggli äs par Zäggli gschiider mit sövel zuesätzliche Santimeeter über der Bire. Daas isch natüürli nu libidig gsii, aber wichtig isch, as mä sälber draa glaubt.

Etz aber bini äm Schtudiere, öbi ächt a der Winterlandsgmei öppis psunders söl ufe Chopf tue. Nei, kä Zilinder – da wüüri ja glich a d Oore früüre. Eender ä Tächlichappe mit Siitechlappe, womä chaa abelitze. Oder dä glich wider ä wulligs Chäppli, eis uuni Zütteli, äsoo, ases under d Gchabutze vu mim Rägetschööpli wüür passe. Und natüürli nuch äs par Häntsche – aber das hätt etz nüüt z tue mit üüserem Theema Hüet. Wäni früe gnueg draa tänggt hett, hetti natüürli uugnäädig chänne d Haar wachse luu uf Ändi Novämber hii, äsoo, asi dä uuni Teggel waarm gnueg gchaa hett. Aber wäni daas biszueche nie gmacht ha, dä luunis etz ä für d Gmeindsreform pliibe, sust händ ja d Lüüt ds Gfüül, etz wäärder uf ds Alter hii nuch überschtellig. Äs wäär zwaar schu ä gueti Idee gsii: Drüü Zöpfli wachse luu hinde äm Hals, eis für Glaris Noord, eis für d Mitti und eis für Süüd. Aber mit sernigem hetti allwääg nuch mee Lüüt vergelschteret as einewääg schu. Phüeti nei, dä glich gschiider Hüet!

Aber vilecht schiint ja äm füfezwänzgischte Novämber d Sunne. Und gnau daas hani nuch vergässe uufzzelle: I mim Sortimänt hätts ä nuch zwei, nei drüü gfarbeti Schtrandhüetli, eis mit Blüemli, eis mit Schtreiffeli und eis mit Tüpfli, und alli zäme mit äme breite Rand, wo d Sunne söl abhebe. Normaalerwiis leggis amig z Bibioone aa, aber worumm nüd ämaal amne schüüne Landsgmeisunntig? Äm eesigschte daas mit dä Blüemli, dä händ die, wo veruggt sind mitmer, vilecht glich nuch ds Gfüül, deer sig netter, ass gmeint heiged. Und wil ja nüd jedä ä plüemlets Hüetli hätt, chänt ich uf diä Aart eerscht nuch öppis Eigis für ds Buech vum Freulerpalascht schriibe, wo nüd schu de füüfedrissg andere gschribe händ. Aber daas luuni etz der Maa und de Frau, woni ganz äm Aafang erwäänt ha, sälber entscheide. Nuch ämaal: Wänds nüd wänd, dä händs gchaa.

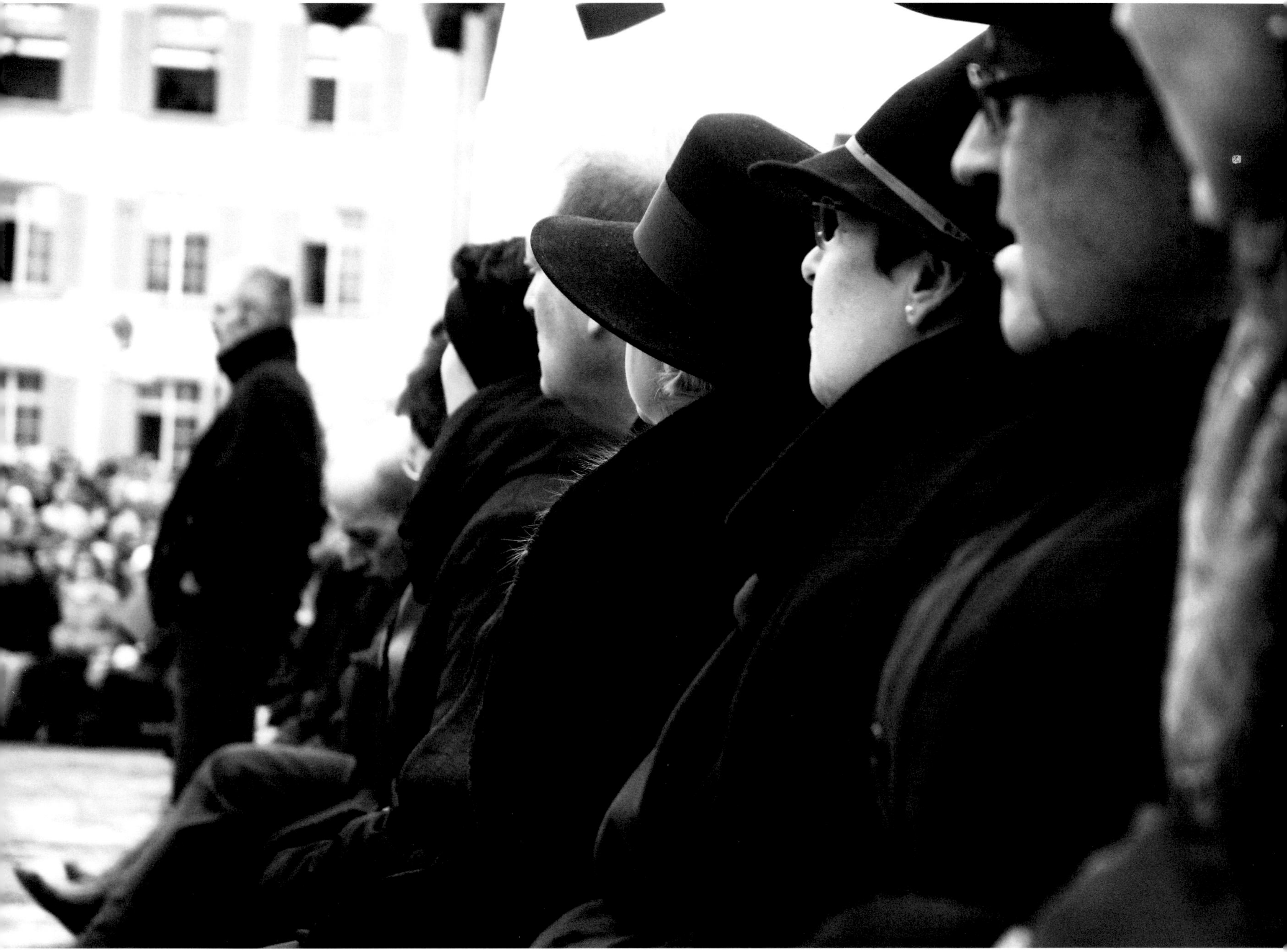

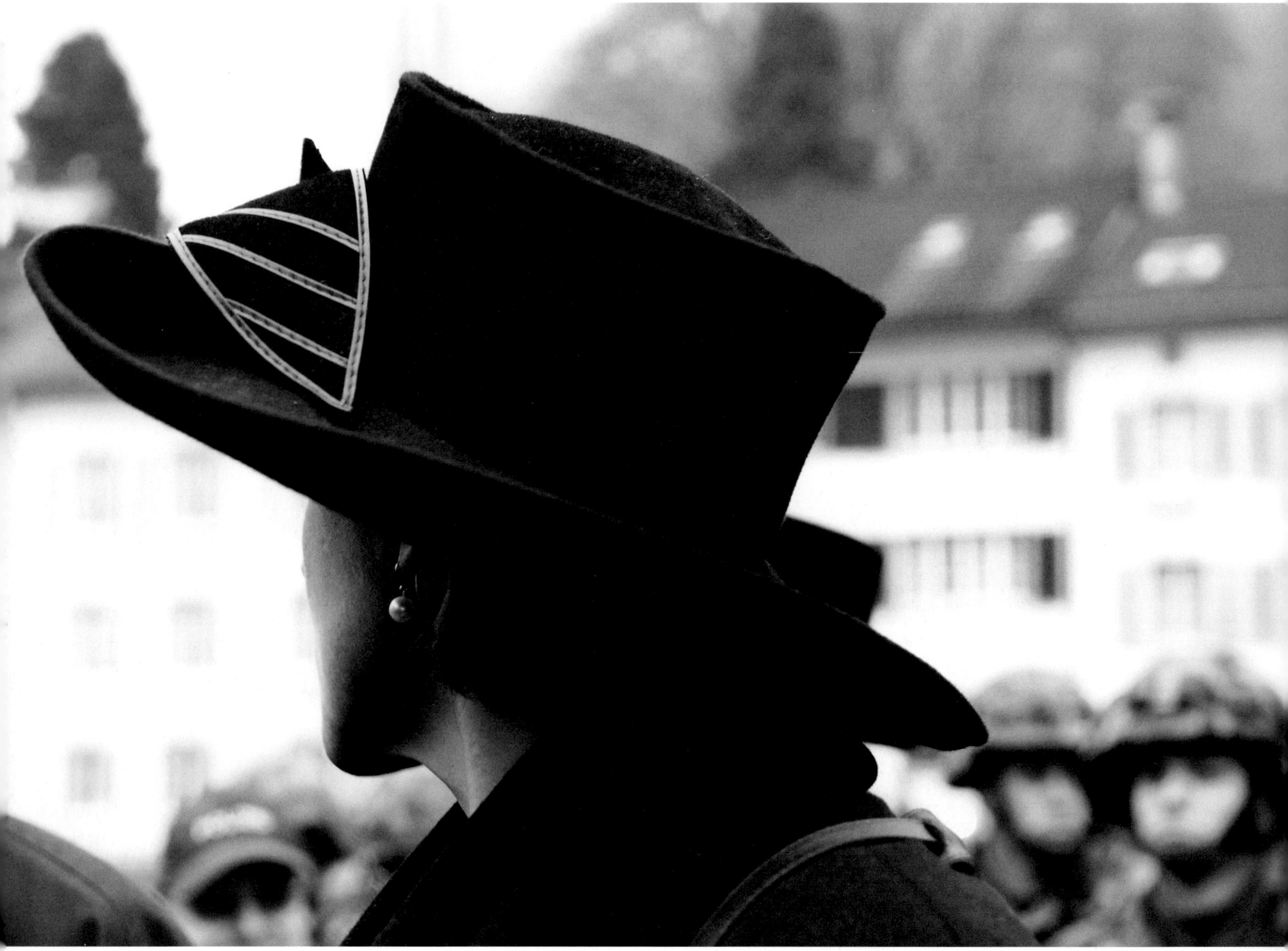

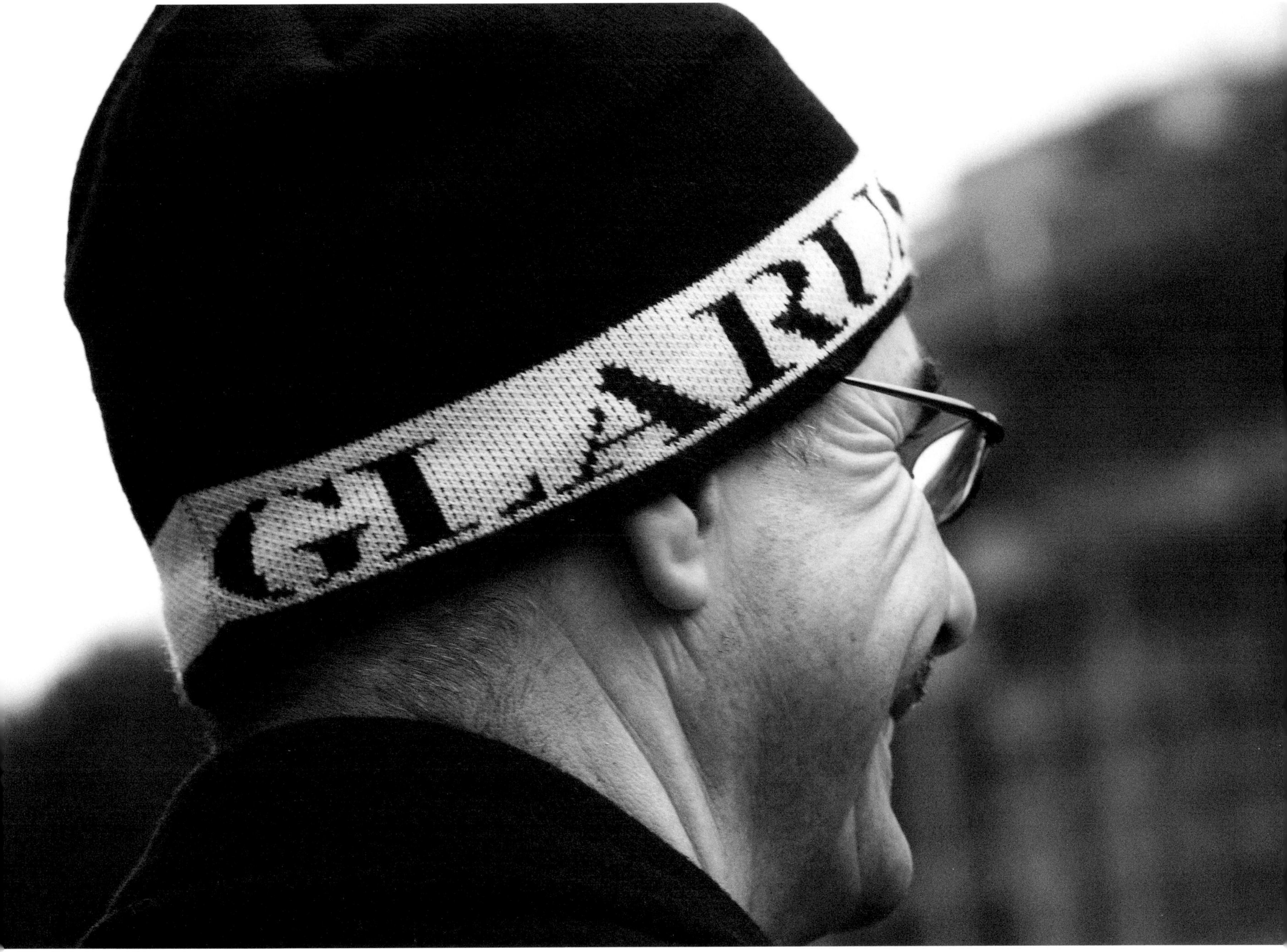
GLARU

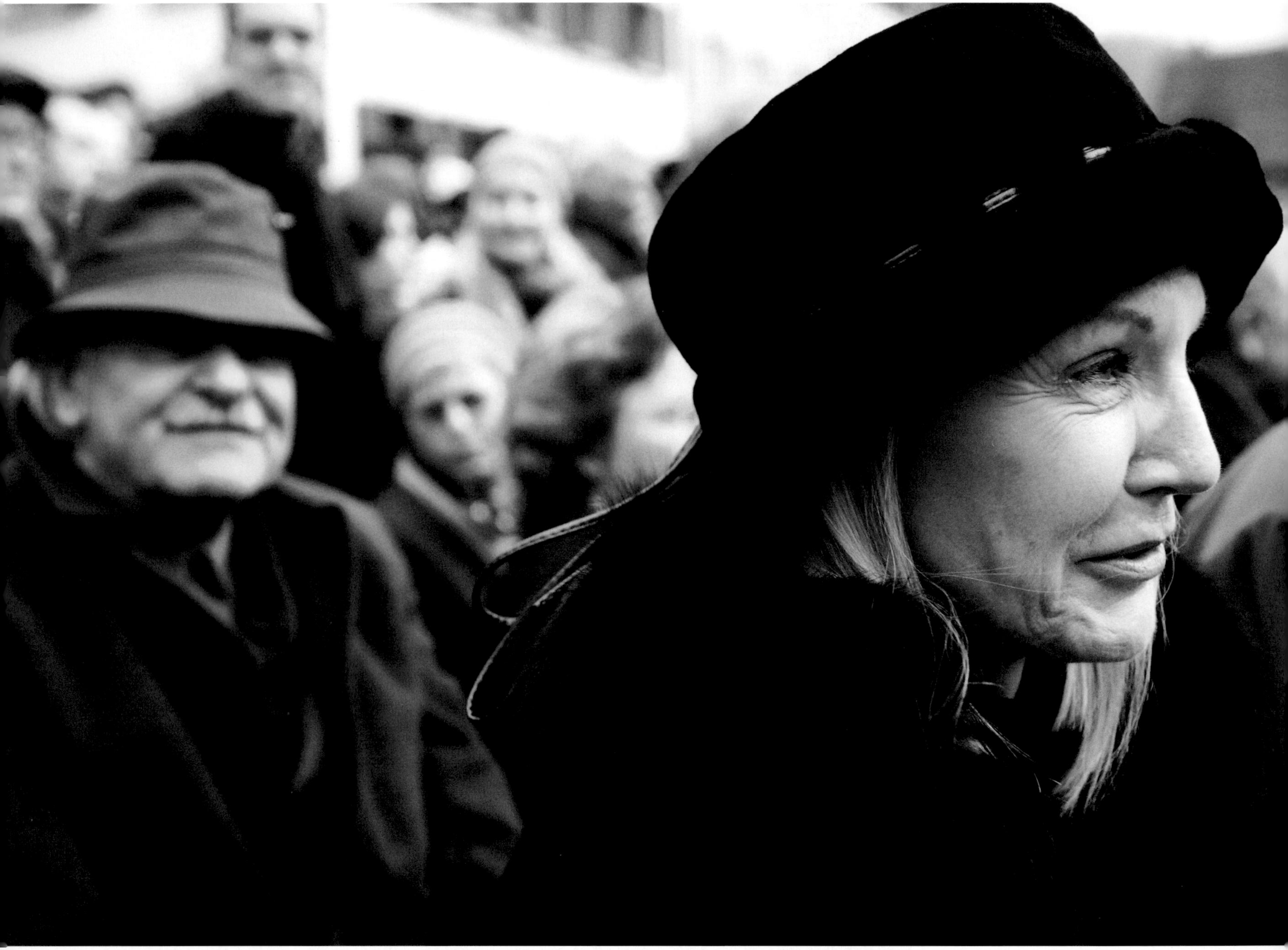

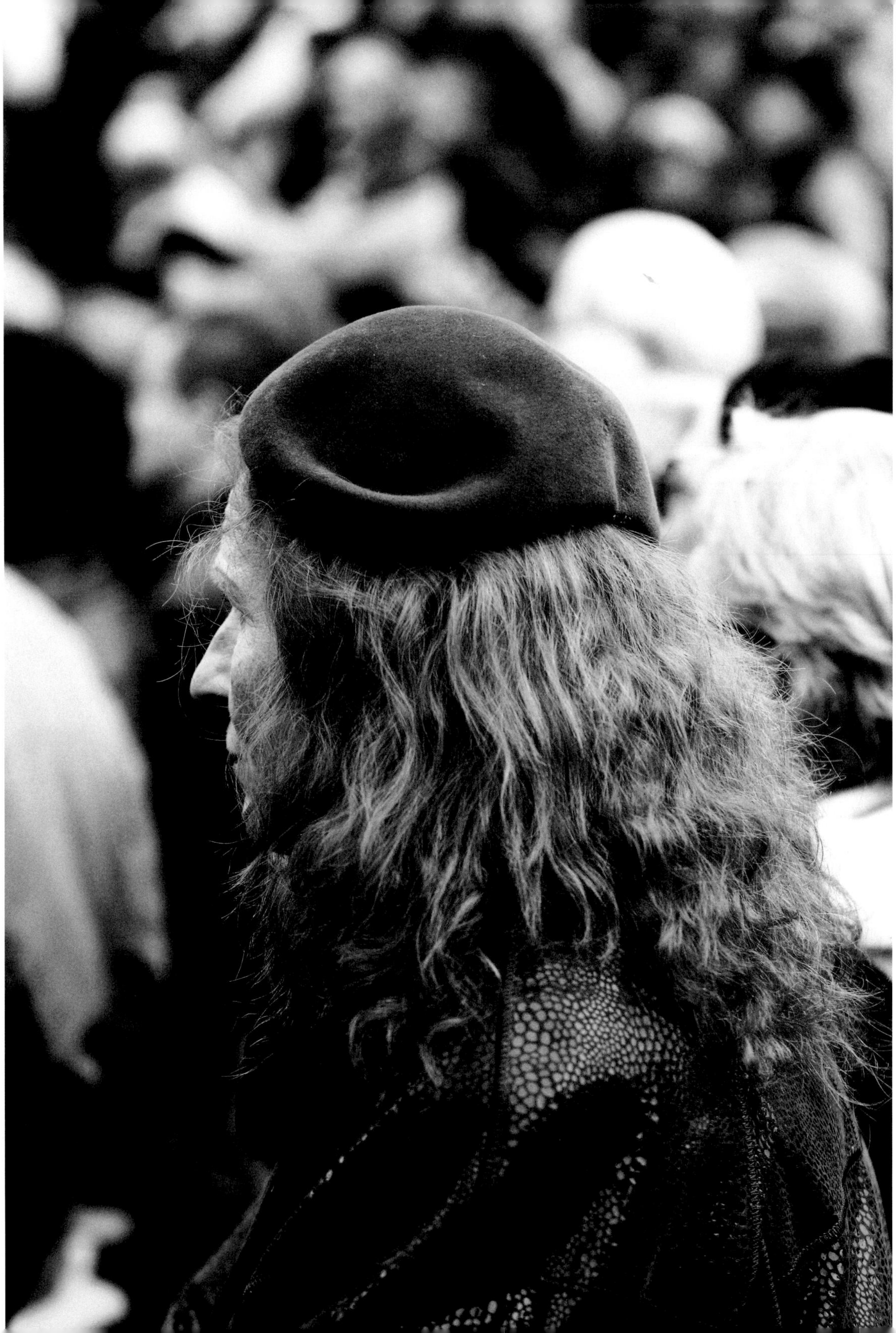

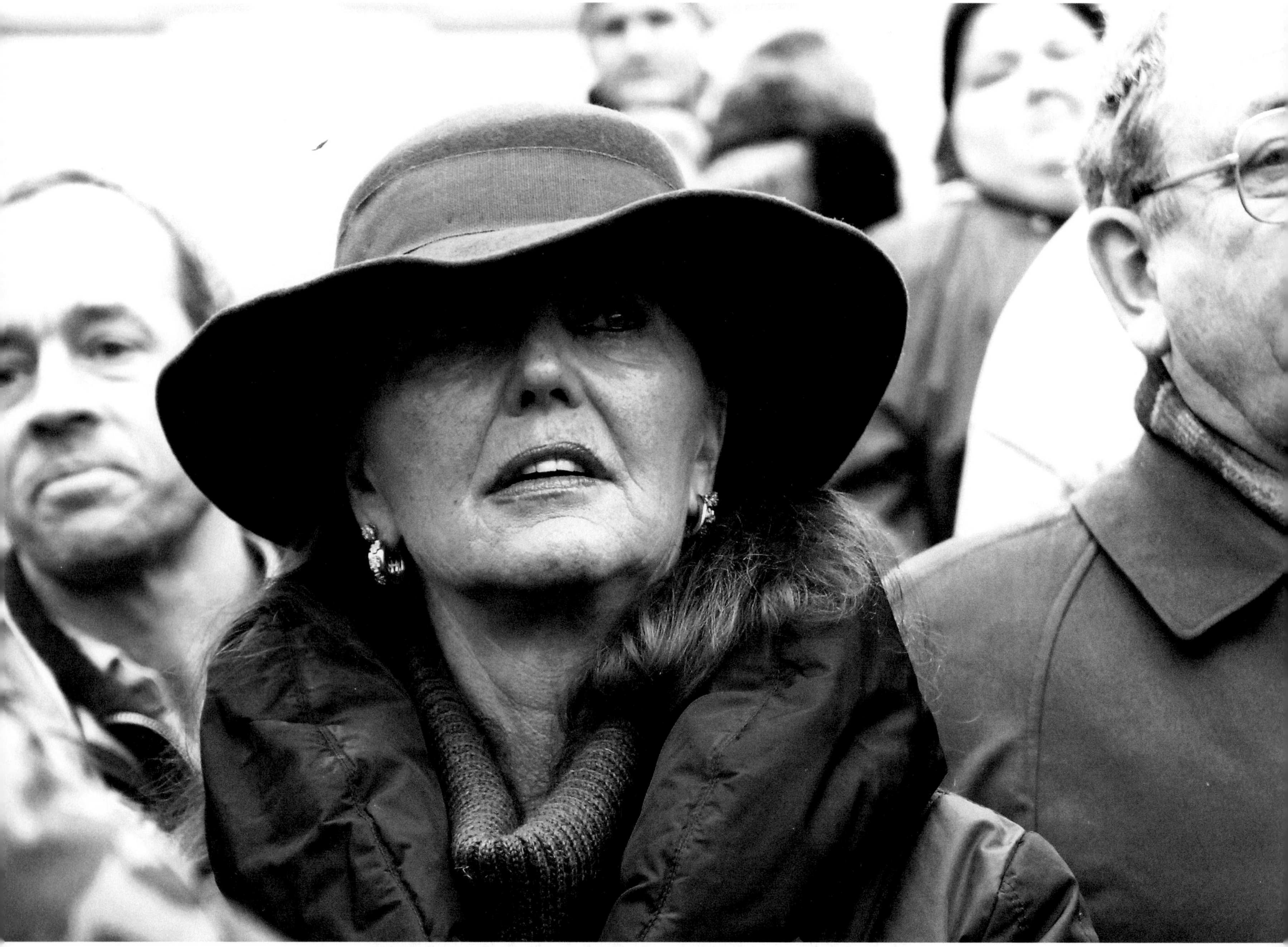

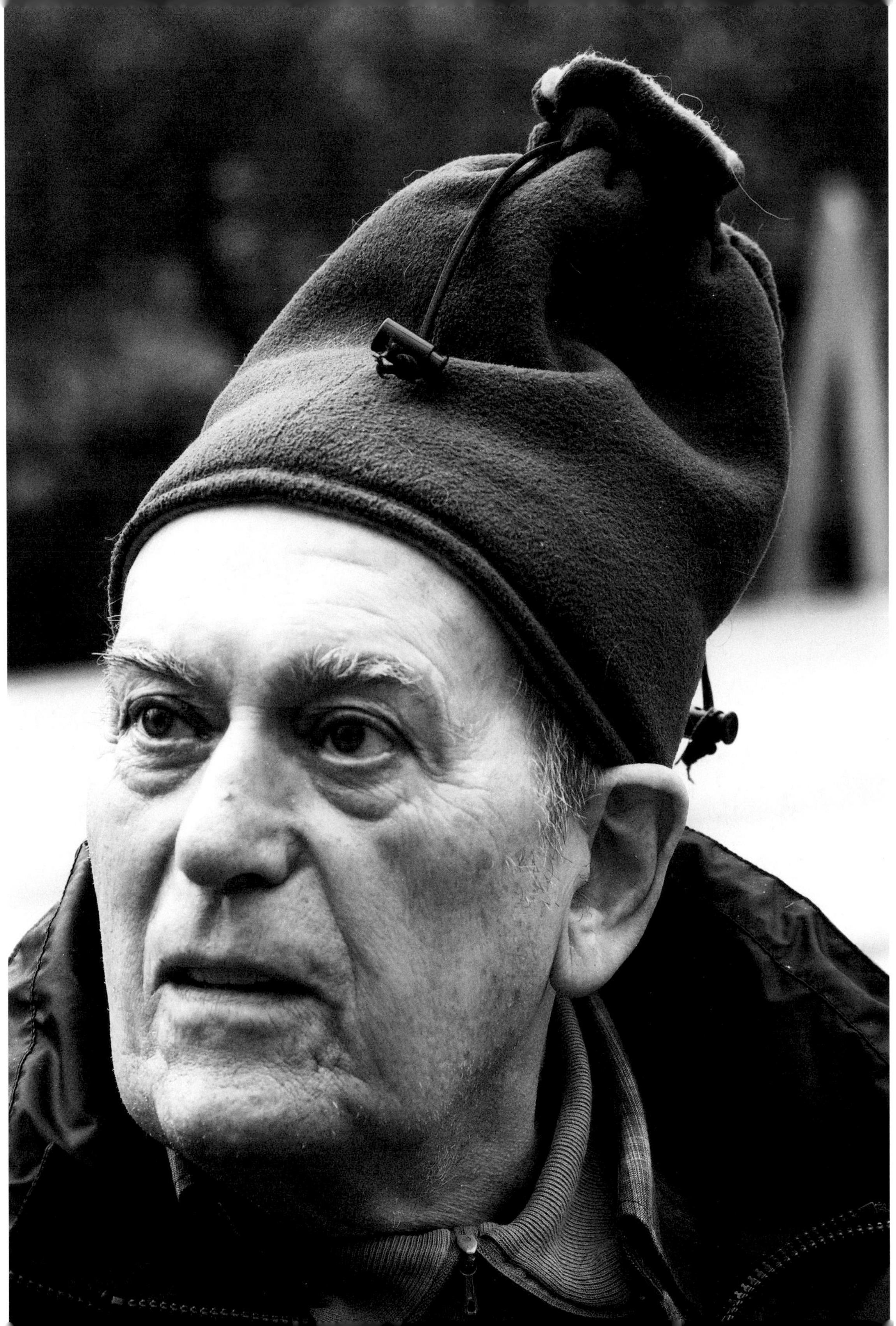

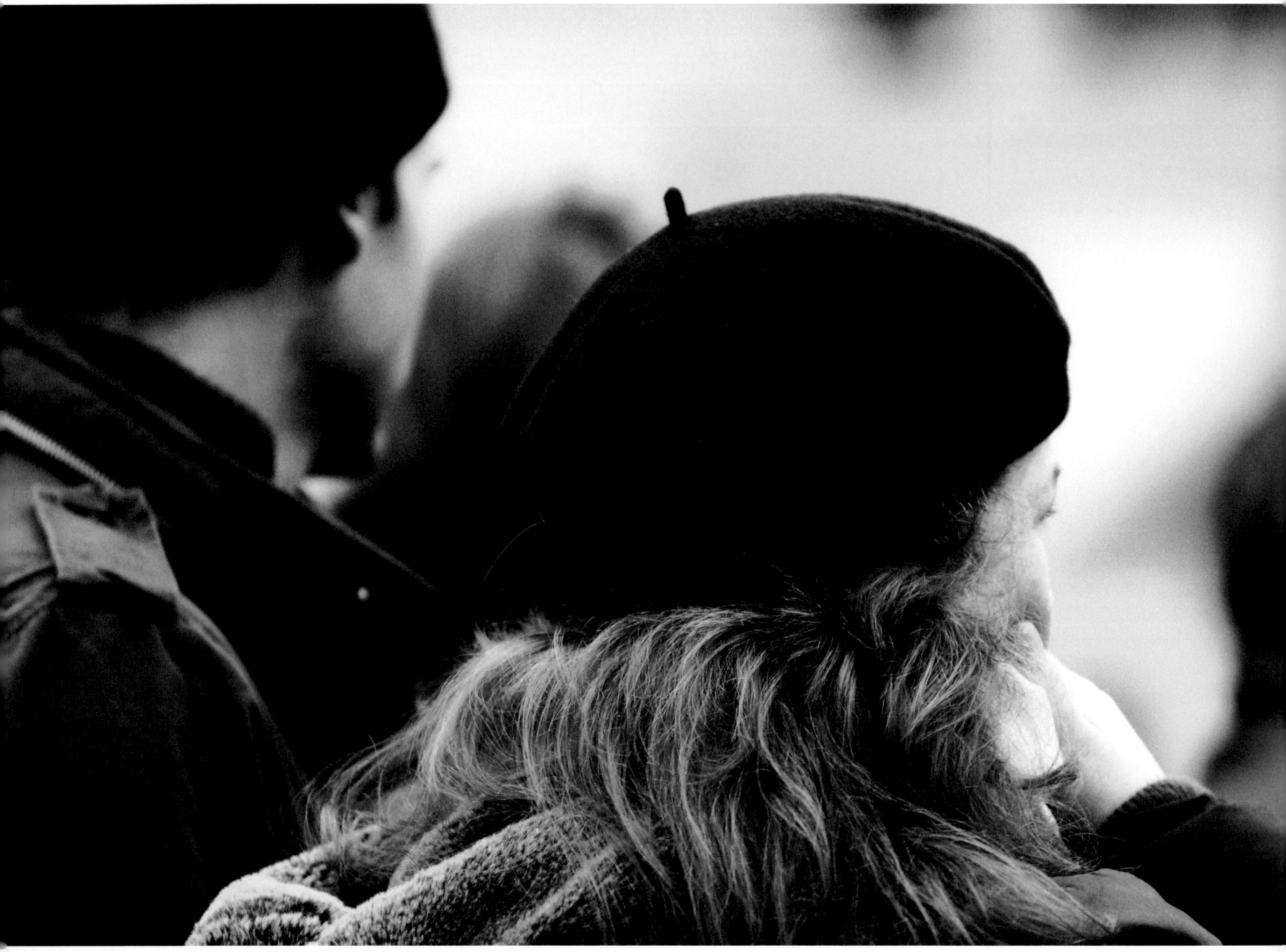

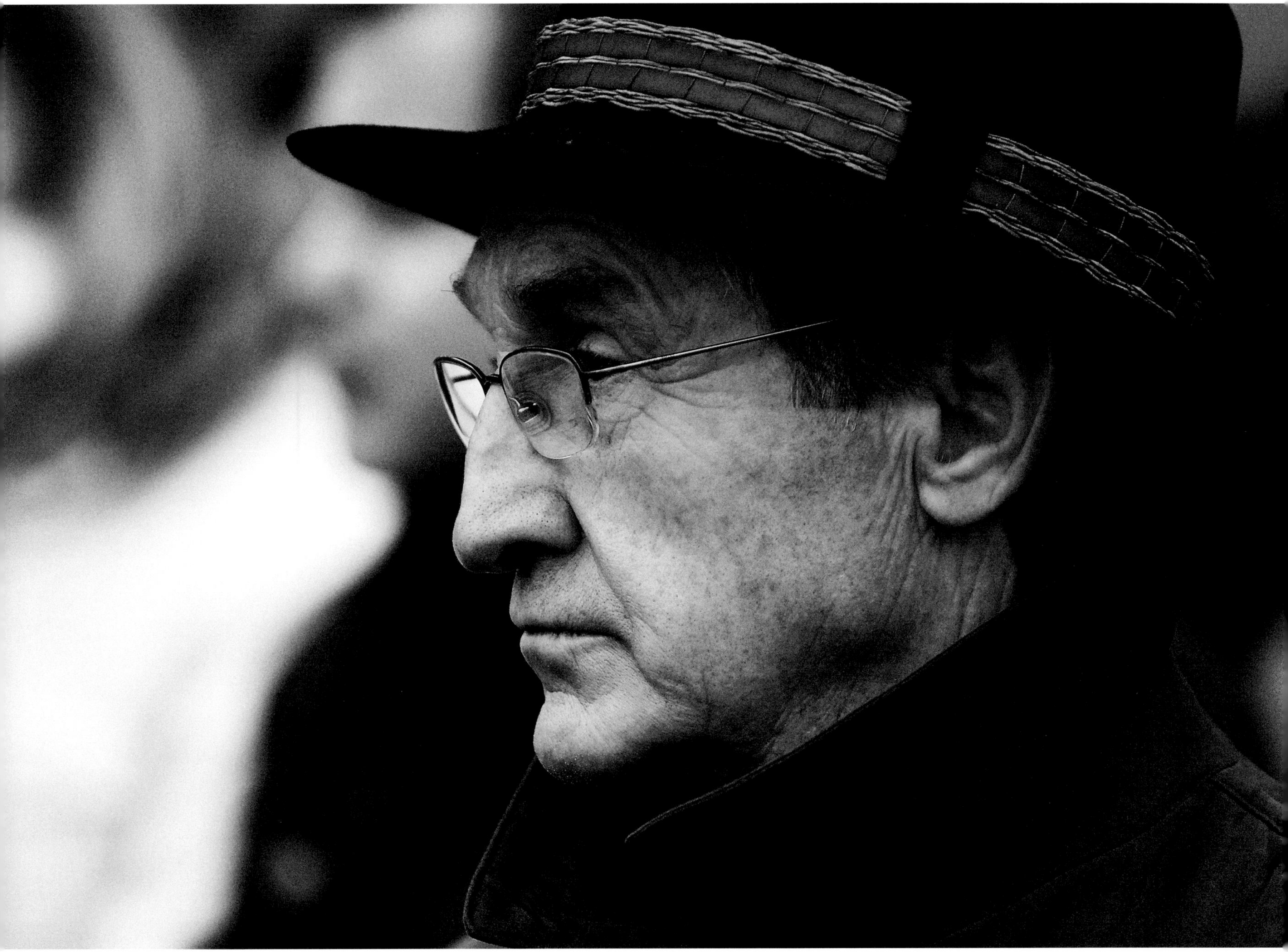

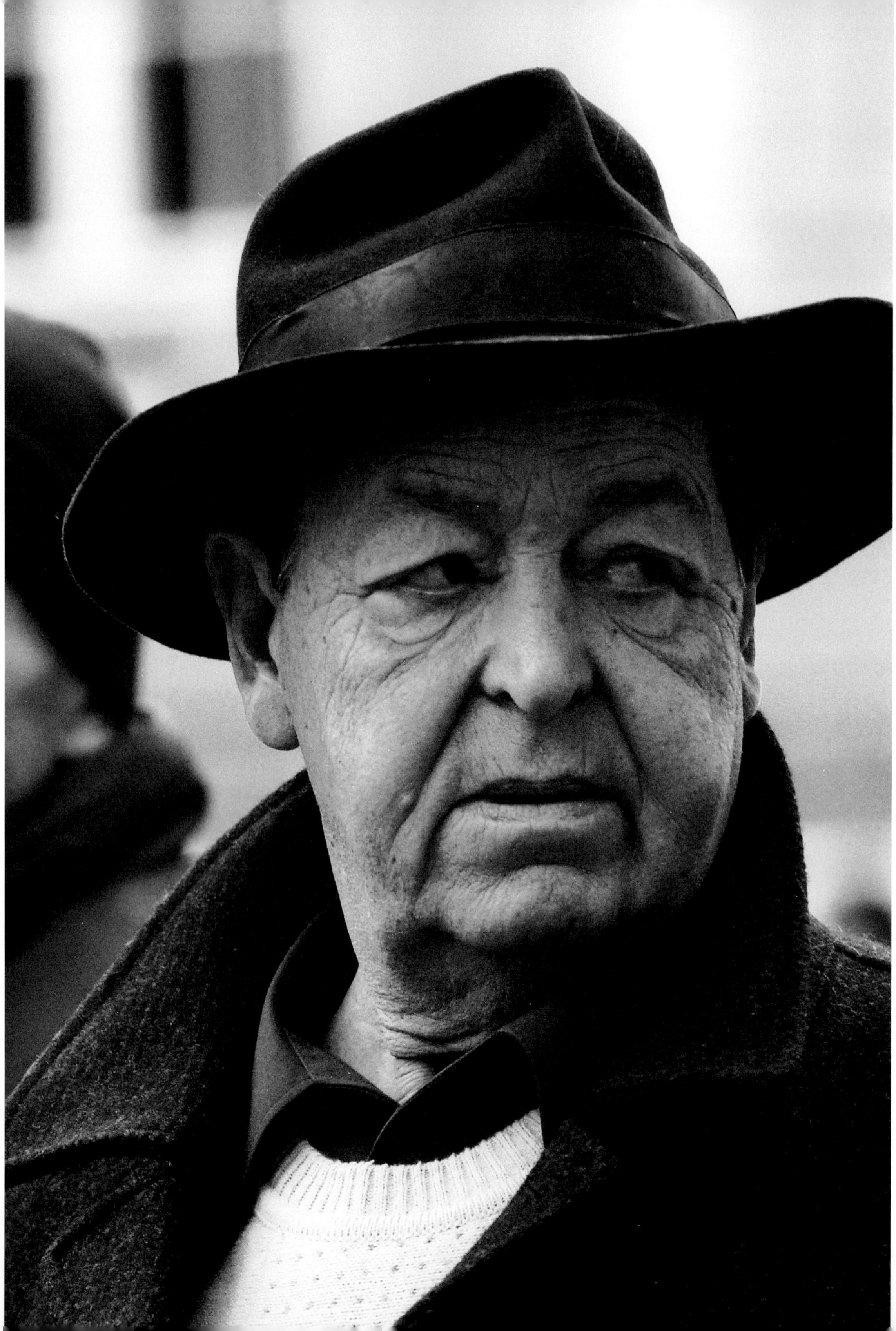

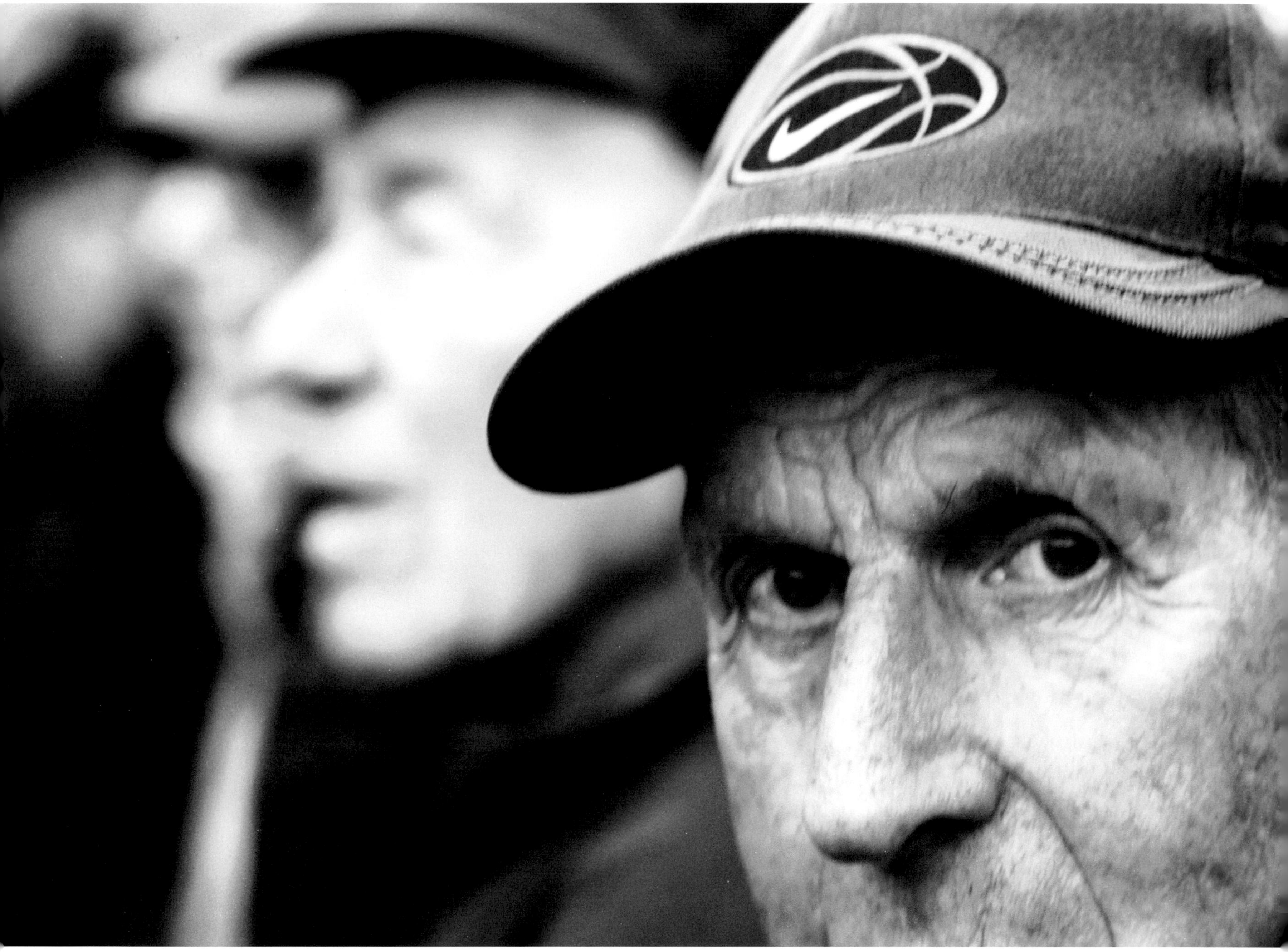

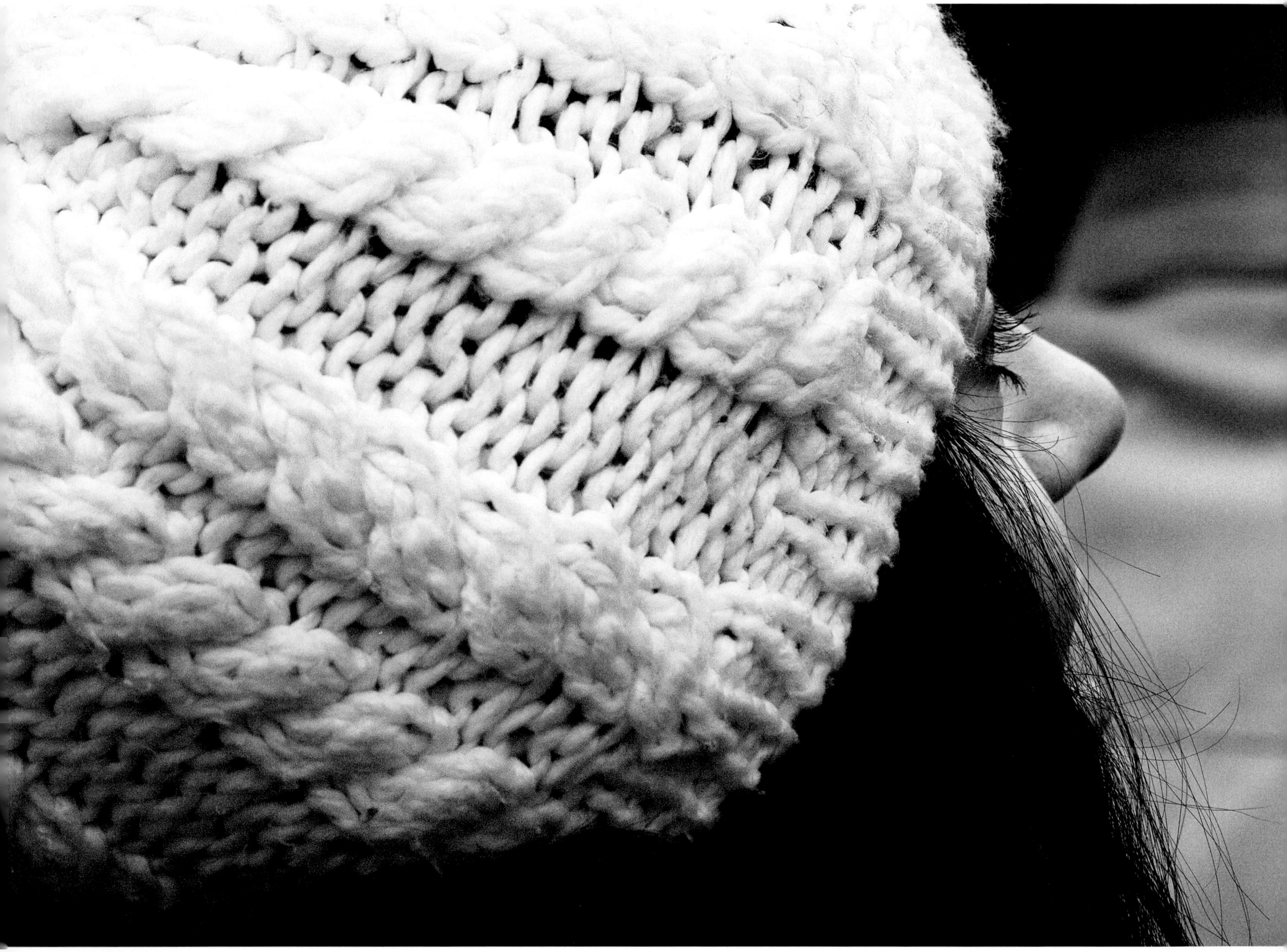

67

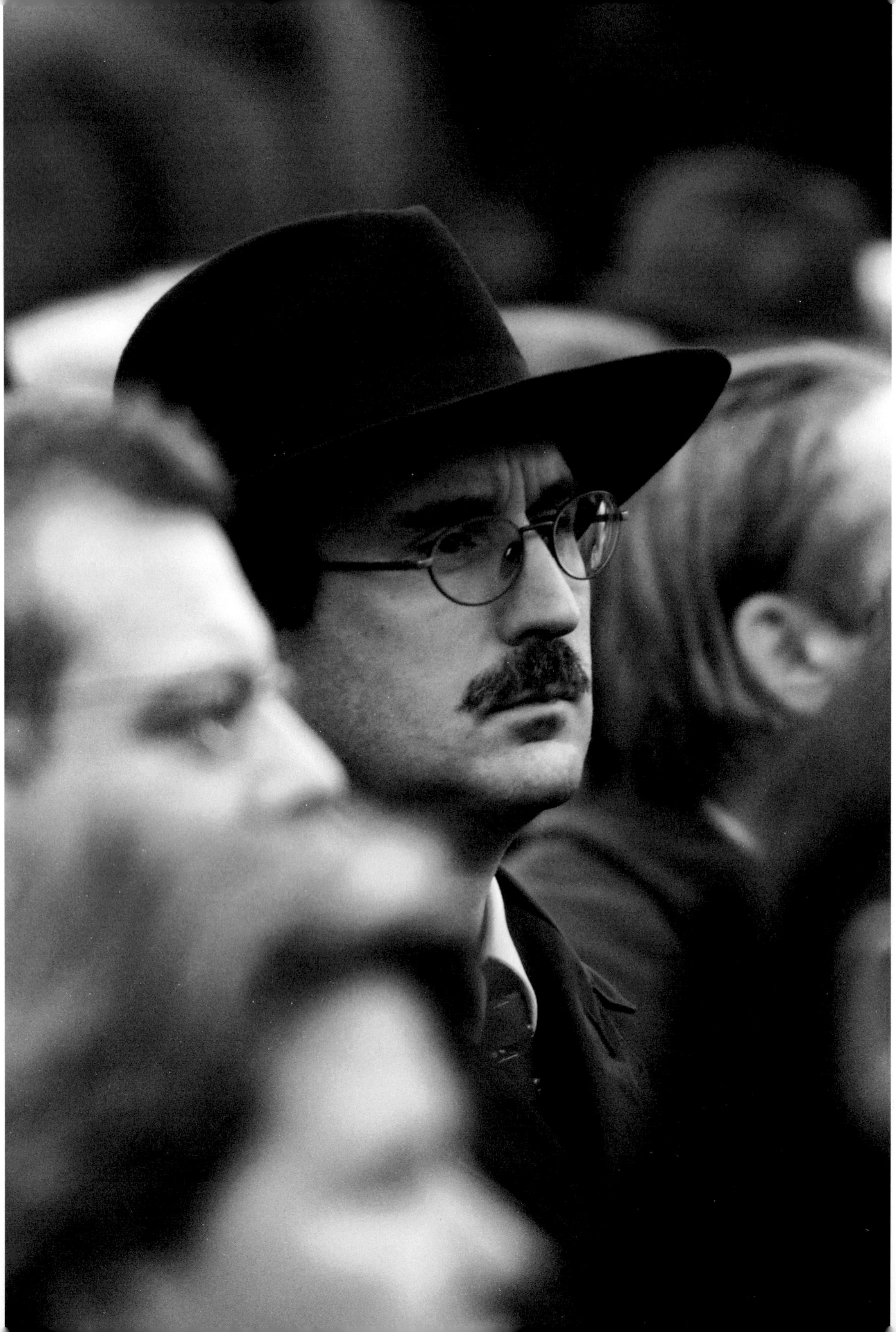

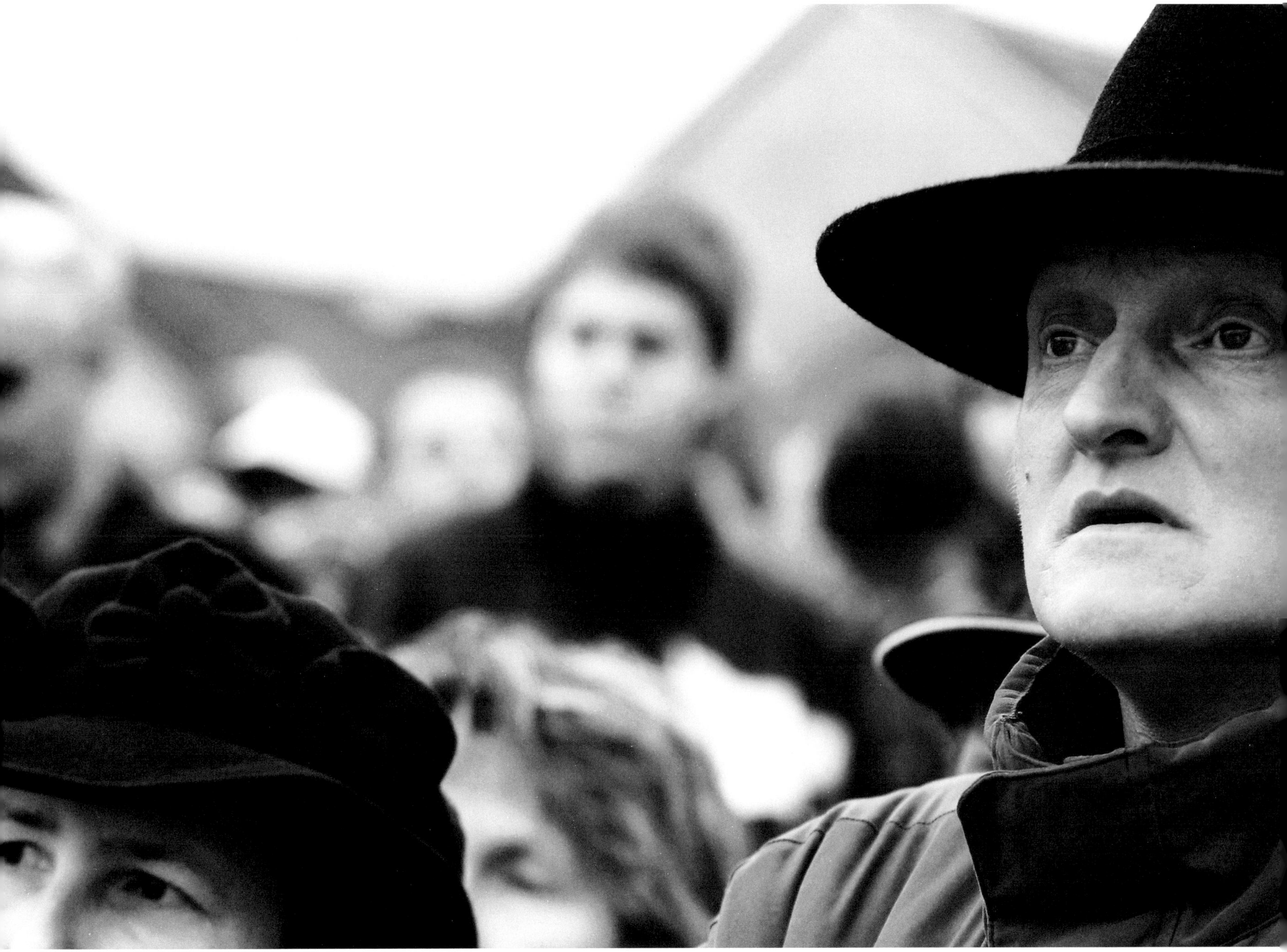

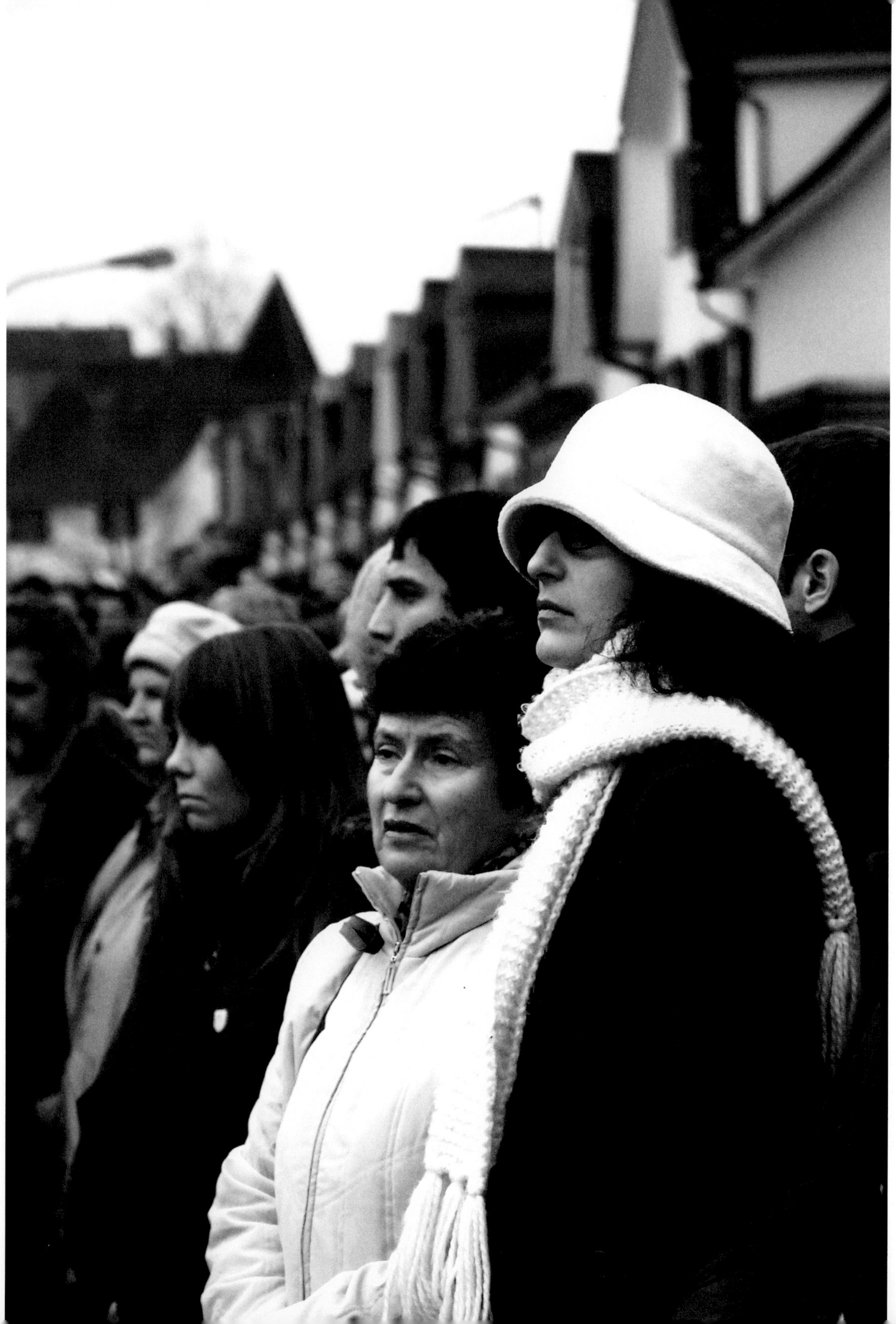

71

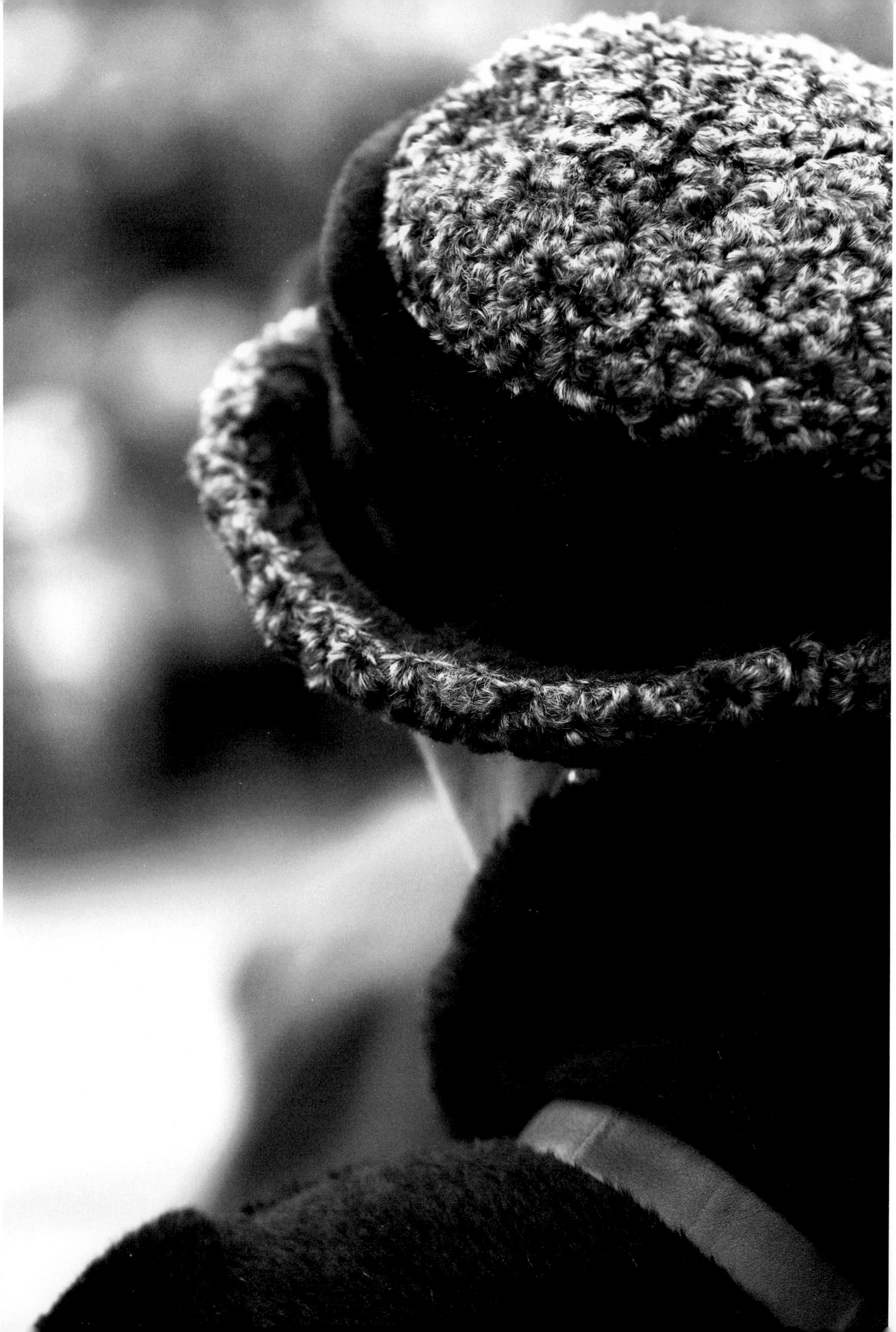

73

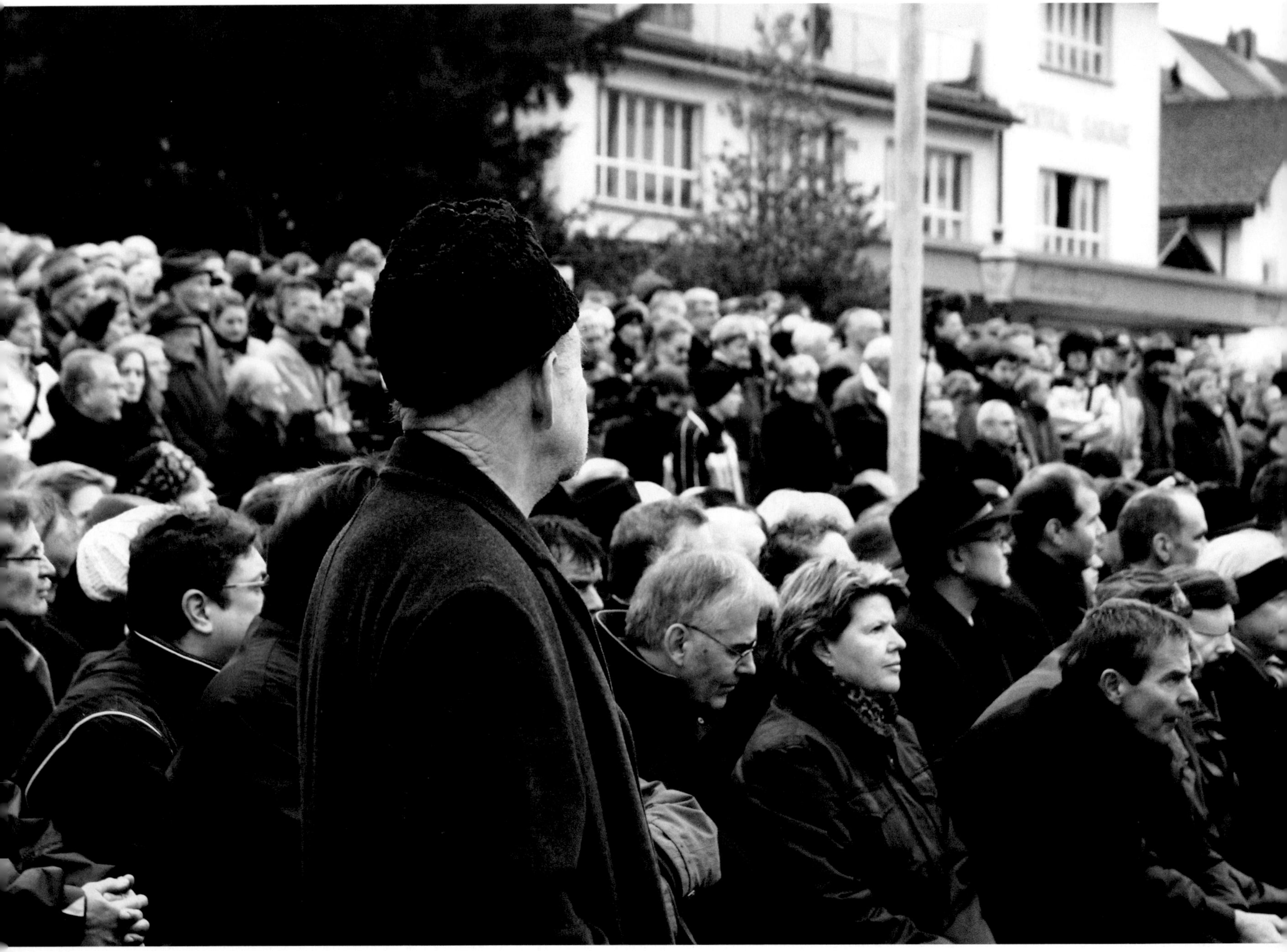

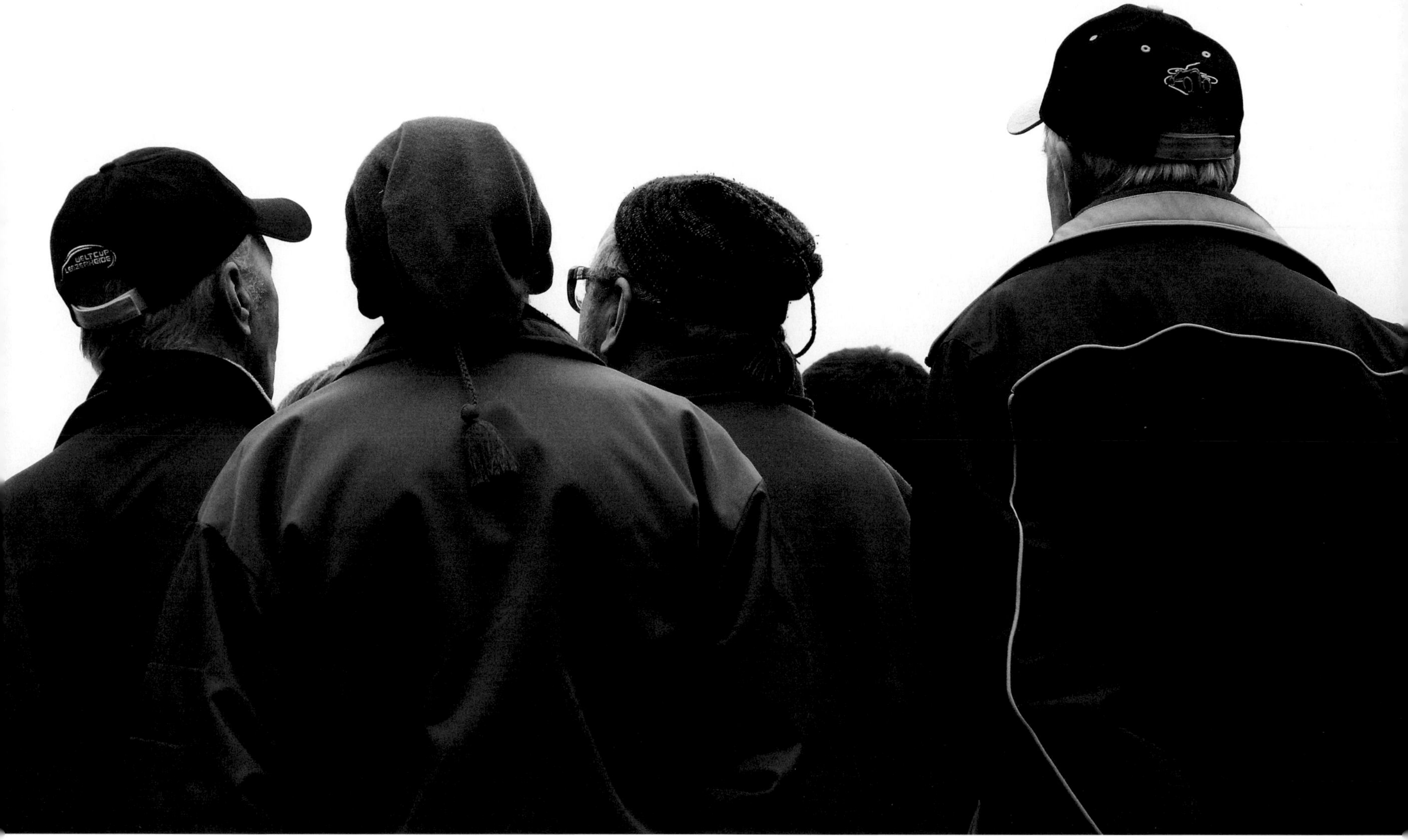

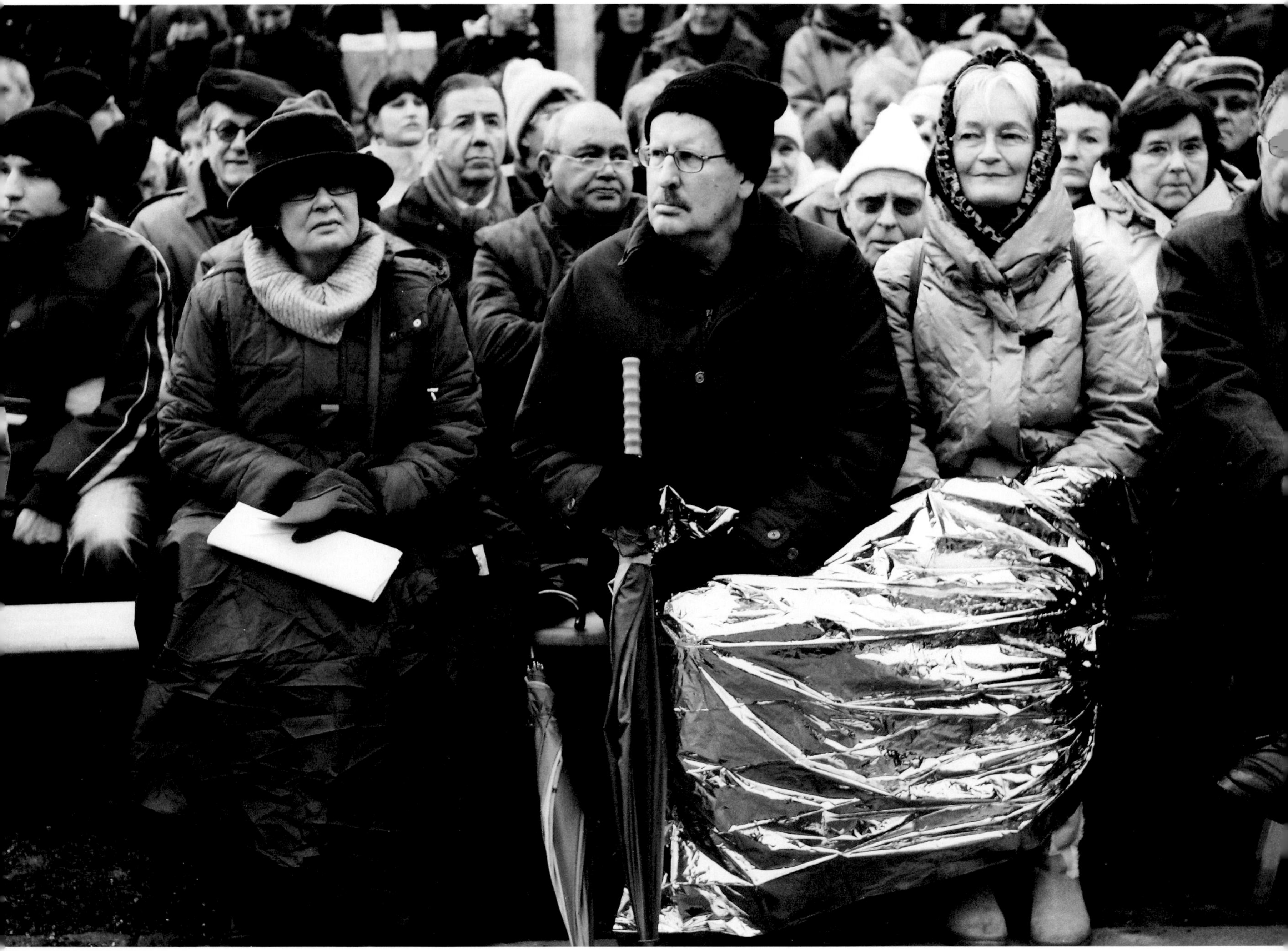

Gottfried Alpenstein ohne Hut

Ruedi Zogg

«Beim nächsten Halt steigen wir aus», spricht Gottfried Alpenstein in schwerem, sachlichem Ton zu Amalie. Ein Wochenende mit einer Hotelübernachtung ist für das Ehepaar Alpenstein wie eine Auslandreise mit komplizierter Reiseroute. Die Aufgaben sind aufgeteilt. Alles wurde gewissenhaft vorbereitet. Amalie hat zu Hause die Koffer gepackt, Gottfried den Fahrplan gelesen. «Amalie, hast du meinen Stetson eingepackt? In dieser Jahreszeit muss man sich hier auf jedes Wetter einstellen. Sturm, Regen, Schnee und Schweiss.» Die Frage ist überflüssig. Die beiden haben sich bei der Heirat bereits versprochen, dass Amalie die Koffer packt und Gottfried das Reisebüro spielt. «Habe ich schon jemals etwas vergessen?», erwidert Amalie in leicht beleidigtem Ton. «Nein, mein Herz. Ausgenommen einmal. Meinen Stetson. Und genau dann hat es in Strömen geregnet, und ich musste einen Schirm kaufen.»

Ohrenbetäubender Lärm der Schiffshupe lässt Gottfried zusammenfahren. Alpensteins belegen auf dem Oberdeck die Bank mit der schönsten Aussicht. Direkt neben dem Horn. Aus dem Lautsprecher tönt es: «Nächster Halt Ligerz, prochain arrêt Gléresse!» Die Fahrt von Biel bis hierher war unvergleichlich. Der Himmel blau, die Berge zum Anbeissen nahe und die Aussicht auf das Ufer des Bielersees mit den Rebbergen, den Winzerdörfchen und dem berühmten Kirchlein von Ligerz entsprach dem Kalenderbild zu Hause in der Küche. Mit dem einzigen Unterschied: das Bild zu Hause zeigt die Aussicht vom Kirchlein auf den See und auf die Sanktpetersinsel. Die Alpensteins hingegen sehen heute die Idylle aus einem anderen Blickwinkel – vom See hinauf in die Jurahänge.

Von Ligerz aus führt der Ausflug weiter auf den Chasseral, die erste Jurahöhe in der Romandie. Unser Ehepaar will von dort die Glarner Berge von weitem sehen. Gottfried ist ein Heimwehglarner. Er wurde in Ennenda geboren. Die Schulzeit verbrachte er in Glarus. Nach der Heirat ist er mit Amalie ins Bernbiet ausgewandert. An einen Ort, wo die Post sein Glarner Leibblatt nicht mehr am Erscheinungstag ausliefern kann.

«Amalie, auf dem Chasseral oben werde ich meinen Stetson sicher brauchen können. Dort windet es immer. Und wenn es heftig regnen sollte, ziehe ich einfach die Krempe bis über die Augen. Mein Stetson ist aus weichem Filz und wasserdicht. Ich kann ihn zusammenrollen und in die Jackentasche stecken. Wenn ich ihn wieder herausnehme, klopfe ich zweimal darauf, damit er in seine alte Form zurückspringt. Nicht wie früher bei den Pfadfindern. Die neu aufgenommenen Pfadis hatten einen Filz, noch hart und steif, ohne Flecken und schön braun – frisch gekauft im Laden von Jimmy Roths Vater. Bei den Altgedienten war der Filz nach langen Behandlungen im Wasserbad und an der Sonne weich und ausgewaschen hell. Sie konnten ihn zusammenrollen und unter die Achselpatten des Hemdes klemmen. Bei den Pfadis zählte für die Hierarchie nicht nur die Anzahl Streifen auf den Ärmeln. Wer den weichsten und verblichensten Filz vorweisen konnte, stand genau so oben auf der Leiter. Der Chäfer bei den Mädchen und bei den Buben der Giraff, der Caco, der Mops und der Neger gehörten zu meiner Zeit zu den begnadeten Pfadiführern. Sie hatten Streifen und weichen Filz. Hast du meinen Stetson sicher nicht vergessen?» Obwohl er nichts mehr hätte ändern können, öffnet Gottfried den Rucksack, um sich mit eigenen Augen zu überzeugen. Denn der Stetson ist aus seinem Leben nicht mehr wegzudenken. «Ach, diese neuartige Mode! Sie zieht sogar mich in ihr Fahrwasser», sagt er zu Amalie. «Alles muss Englisch sein. Früher war das im Glarnerland anders. Auf Englisch gab es nur das Café City und die Elmer-Girls. Mehr nicht. Wenn wir in Ligerz ankommen, müssen wir unter der Eisenbahn hindurch über die Strasse zur Talstation der Seilbahn. Dann fahren wir durch die Rebberge hinauf nach Prêles und nehmen das Postauto nach Nods. Das ist nur drei Dörfer weiter. Dort gibt es einen Sessellift auf den Chasseral. Das weiss ich noch vom letzten Mal, als ich im Welschlandjahr einmal hier war. Die Geschichte von den Pfadis, von einem Lied, das wir am Lagerfeuer sangen, erzähle ich dir später. Schau, Amalie, die Seilbahn ist mit ‹Vinifuni› angeschrieben. Das ist sicher ein Funi, das durch die Weinberge fährt. Oder wo Aperitif ausgeschenkt wird. Diese Welschen denken auch immer ans Trinken. In Braunwald gab es früher auch ein Funi. Für den Sport und ohne Wein.»

«Ich erinnere mich. Das war ein offener, viereckiger Holzkasten auf Kufen und mit Brettern als Bänke quer von einer Seite zur andern. Vorne sass einer am Steuer. In einem Schneekanal wurden im Winter damit die Skifahrer hochgezogen. In der Mitte begegnete man dem zweiten Schlitten, der am andern Ende des Seils angemacht war und herunterrutschte. Aber der richtigen Braundwaldbahn von Linthal hinauf würden wir doch nicht ‹Funi› sagen.» – «Amalie, hier sind wir im Welschen. Funi ist die Abkürzung für Funiculaire und das heisst Seilbahn. Komm, da steht sie schon bereit. Schau, wie modern. Sicher neu renoviert.»

Auf der Fahrt durch die Rebberge fragt Amalie: «Was wolltest du mir von den Pfadis erzählen?» – «Stimmt, das hätte ich fast vergessen. Oft gingen wir der Linth entlang am Mühlefuhr vorbei ins Uschenriet bis zum Martinsheim. Und manchmal schliefen wir dort. Am Abend sangen wir Lieder am Lagerfeuer. Ein Lied gab es mit vielen Strophen. Die erste Strophe sangen wir normal. In der nächsten Strophe wurden ein Wort oder zwei weggelassen und durch Handzeichen ersetzt. In der letzten Strophe gab es nur noch Handzeichen. Wie die Wilden fuchtelten wir mit den Händen herum. Wer in die Falle trampelte und ein Wort von sich gab, musste eine Strafaufgabe machen. Zum Beispiel die Kochkessel putzen. Die schlimmste Strafe für mich war, Holz suchen zu müssen.»

Gottfried führt ihr im Funi die dritte Strophe vor. Es stört niemanden. Sie sind die einzigen Fahrgäste. Er zeigt zuerst mit dem Zeigefinger auf seine Brust, dann klopft er mit der offenen Handfläche auf seinen Kopf. Dann kommen die gesungenen Worte «…der hat drei Ecken, drei Ecken hat….» Und das Spiel mit dem Zeigefinger gegen die Brust und der offenen Hand auf den Kopf wiederholt sich. «…und hätt' er nicht drei Ecken, so wär' es nicht…» Und wieder Zeigefinger an die Brust und offene Hand auf den Kopf.

Alpensteins fahren durch die Rebberge hinauf in den Wald, an hohen Felsen und an einer Alpweide vorbei bis zur Bergstation. «Gottfried, sind wir jetzt schon oben? Ich glaubte, wir seien noch nicht einmal in der Mitte, weil ich den andern Wagen nicht herunterfahren sah. Oder hast du etwas gesehen?» – «Nein, aber ich habe unten einen Prospekt gelesen. Es fährt nur noch ein Wagen, der am Seil hinaufgezogen und wieder heruntergelassen wird. Stell dir vor, wie viel Drahtseil da oben aufgewickelt werden muss. Ich kann mir eine so grosse Haspel kaum vorstellen. Das ist sicher mehr als ein Kilometer Drahtseil.» – «Wie auf der Spule meiner Nähmaschine.» – «Was ist das für ein Vergleich, Amalie! Fehlt nur noch, dass du aus dem Nähkistchen deinen Fingerhelm anstatt aus dem Kasten meinen Stetson eingepackt hast. Aber noch etwas habe ich auf der Tafel gelesen: Als diese Bahn gebaut wurde, stand man vor fast unüberwindlichen Problemen. Hast du die Felsen gesehen, an denen wir vorbei gefahren sind? Sie standen dem geraden Weg von Ligerz nach Prêles im Wege. Man hätte einen Tunnel bauen müssen.» – «Wie bei der Braunwaldbahn?» – «Ja, aber das hätte zu viel Geld gekostet. Und fast hätte man das Vorhaben fallen lassen und auf den Bau der Bahn verzichtet.» – «Und was hat man gemacht?» – «Sie haben eine geniale Lösung gefunden. Zum ersten Mal auf der Welt wurde hier eine Standseilbahn mit Kurven und geneigten Führungsrädern für das Zugseil gebaut. Man hat den Felsen umfahren – bis auf eine kleine Stelle, wo ein Einschnitt herausgebrochen wurde. Chapeau vor diesen Pionieren.»

Mit dem Postauto geht es weiter nach Nods, wo Gottfried als Junge mit dem Sessellift auf den Chasseral gefahren war. Beim Dorfausgang gegenüber der Talstation steigen sie aus. «Gottfried, siehst du das?» – «Ja, Amalie. Da stehen Stützen in der Landschaft ohne Seil.» – «Und wo es kein Seil gibt, können auch keine Sessel befestigt sein.» – «Wie Recht du hast, Amalie.» – «Nicht wahr, mein lieber Gottfried. Und wo es keine Sessel gibt, kann es auch keine Bahn geben und man kann nicht auf den Berg fahren, sondern man muss zu Fuss gehen.» – «Verdammt, die haben keinen Sessellift mehr. Alles weg und der Rest am Verrosten.» – «Kaufen wir uns da drüben in der Käserei ein Picknick und wandern?» – «Du spinnst.» – «Was denn sonst?» – «Wir gehen zur Post und schauen, ob ein Bus fährt.»

Doch auch die Post gibt es nicht mehr. In der nahe gelegenen Autowerkstätte fragen sie nach einem Telefonbuch. Der Besitzer führt sie ins Büro. «Du musst unter B wie ‹Bus› schauen, Gottfried. Nicht unter P wie ‹Postauto›. Wir sind im Welschen.» – «Was du nicht sagst. Herzlichen Dank», und er blättert zurück, ohne zu wissen, was er sucht. Amalie steht daneben und wartet.

«Schau Amalie, hier unter B gibt es 16 ‹Botterons›. Erinnerst du dich an René Botteron, den Fussballer aus Glarus, der 65-mal in der Nationalmannschaft mitspielen durfte und zusammen mit dem andern Glarner, dem Fritz Küenzli, in Zürich Karriere machte? Der ist sicher Bürger von hier. Und alle wollen später nach Zürich.»

«Avez-vous besoin d'aide?», fragt ein Mann. «Gottfried komm, da spricht jemand Französisch.» – «Ich kann auch Deutsch sprechen. Ich wohne in der Gegend hier, bin aber aus der deutschen Schweiz.» – «Ja, wir wollen mit der Seilbahn auf den Chasseral, aber die ist abgebrochen.» – «Schon seit vielen Jahren. Sie können mit mir fahren. Ich muss auf die andere Seite, nach St. Imier.» – «Was meinst du, Amalie?»

Und los geht es. Immer höher bis zur Waldgrenze. Dort fliegen ihre Blicke in die Weite der Landschaft. «Das da unten ist das Plateau de Diesse oder auf Deutsch der Tessenberg», sagt der Mann. Die drei Seen von Neuenburg, Biel und Murten glänzen in der Mittagssonne. Oben angekommen, bedanken sie sich beim Fahrer und setzen sich neben dem Bergrestaurant auf eine Wiese. Sie lassen sich vom Ausblick begeistern. Die Schweiz liegt ihnen zu Füssen. Wie ein dösender Leguan an der heissen Sonne. Der Alpenkranz gleicht dem Kamm auf seinem Rücken. Schön regelmässig gezackt.

«Amalie, als ich das letzte Mal hier war, konnte man die Berge gestochen scharf sehen. Weit vom Osten bis tief in den Westen. Mit dem Feldstecher sahen wir sogar den Säntis.» – «Und wo ist jetzt der Glärnisch?» – «Ja, eben, der Glärnisch und das Vrenelisgärtli mit seinem unverwechselbaren weissen Schneefeld. Man sollte sie von blossem Auge sehen.» – «Gottfried, wo?» – «Schau meinem Finger nach, so etwa in dieser Richtung müssten sie sein.»

Nichts zu sehen. Nur kahle Alpenkämme mit einzelnen Schneestreifen. Aber kein viereckiges Schneefeld zuoberst auf einem Berg. Eiger, Mönch und Jungfrau finden die beiden schnell. Auf den Berner Bergen liegt noch viel Schnee und ihre Form kennt man von Postkarten. Also muss der Glärnisch ziemlich weit links davon liegen.

«Komm Amalie, da oben sehe ich ein Panorama aufgestellt.» Sie steigen die wenigen Meter hoch zum Parkplatz und versuchen, sich beim Panorama schlau zu machen. «Fangen wir bei der Eigernordwand an. Die steht dort. Und klar, das muss der Rigi sein.» – «Die Rigi, heisst es, Gottfried.» – «Meinetwegen. Oder sogar das Rigi. Das ist mir jetzt egal. Ich will… Ah, schau dort! Jetzt habe ich die Glarner Alpen. Das ist der Glärnisch!» – «Wo?» – «Hör mir gut zu und schau den Horizont genau an. Siehst du dieses Schneefeld dort gleich oberhalb der Spitze vom zweiten Zaunpfosten da vorne neben der Kuh mit dem weissen Bauch?» – «Ich glaube schon.»

Und so geht es weiter, bis sie beim Glärnisch mit seiner unverwechselbaren Form landen. «Aber das Vrenelisgärtli finde ich nicht. Vielleicht haben es die Glarner den Elmern verkauft, die brauchen anscheinend mehr Skipisten.» – «Gottfried, sei jetzt nicht bösartig.» – «Ich habe dieses ganze Gestürm in den ‹Glarner Nachrichten› gelesen. Es heisst auf der Hut sein vor den Elmern.» – «Die Zeitung heisst seit Jahren ‹Südostschweiz›, Gottfried. Merk dir das endlich.» – «Meinetwegen. Soll sie heissen, wie sie will. Hauptsache, es gibt sie noch und ich bekomme sie täglich.» – «Ja, aber sie kommt erst am nächsten Tag bei uns in den Briefkasten.» – «Amalie, sie kommt mit der Nachmittagspost ins Dorf. Deshalb habe ich ein Postfach. Am Abend nach der Arbeit kann ich es leeren und habe die ‹Glarner Nachrichten› noch am gleichen Tag. Ich brauche nicht bis am andern Morgen auf den Pöstler zu warten.» – «Was habe ich gesagt? ‹Südostschweiz› heisst dein Leibblatt.» – «Und was habe ich gesagt? Es sei mir egal, wie sie heute heisst! Ich weiss wenigstens am gleichen Tag, was in Glarus läuft.» – «Und ich muss die Post selber zu Fuss holen, wenn du einmal nicht da bist.» – «Na und? Wenn ich da bin, hole ich dir dafür am Morgen früh vor der Arbeit die Post aus dem Postfach, damit du nicht bis am Mittag darauf warten musst, weil wir fast der letzte Haushalt auf der Runde des Pöstlers sind.» – «Darauf könnte ich verzichten!»

«Und übrigens erfahre ich jeweils viel mehr aus dieser Zeitung als nur Glarner Lokalgeschichten.» – «Was denn sonst zum Beispiel?» – «Zum Beispiel zuhinterst in der Zeitung auf der Boulevardseite. Also die Amerikaner haben letzthin ein Flugzeug mit siebenfacher Schallgeschwindigkeit fliegen lassen. Wozu soll das gut sein? Das war nur in den ‹Glarner Nachrichten› zu lesen.» – «Wozu?» – «Zum Beispiel für den Transport von grösseren Nutzlasten in den Weltraum oder vielleicht später einmal für den Passagierverkehr.» – «Dann ist mir aber der Sessellift lieber.» – «Aber mit dem, meine liebe Amalie, kommst du nicht bis nach Südamerika.» – «Heute wollte ich auf den Chasseral. Und da nützt die siebenfache Schallgeschwindigkeit überhaupt nichts. Übrigens stand in deiner ‹Südostschweiz› kein Wort über den gebürtigen Glarner Paul Wild, den Astronomen, der jetzt weltberühmt geworden ist. Anscheinend hat eine Raumsonde Staub von dem nach ihm benannten Kometen Wild-2 aufgefangen, an dem sie in nur 300 Kilometern Abstand vorbeigeflogen ist. Das stand nur im Berner ‹Bund›.» – «Liebe Amalie, lassen wir das. Dafür gab es im Kanton Glarus das erste Fabrikgesetz. Nicht im Kanton Bern. Und in der Zwischenzeit ist mir auch klar geworden, warum wir das Vrenelisgärtli nicht gefunden haben.»

«Gottfried, ich glaube dir immer alles. Stimmt es denn nicht, was du über die Elmer gesagt hast?» – «Wohl kaum. Aber ich erinnere mich, dass ich in den ‹Glarner Nachrichten› – wo denn sonst – jedenfalls sicher nicht im Berner ‹Bund›, ein Bild vom Vrenelisgärtli gesehen habe. Amalie. Schlimm! Alles weggeschmolzen!» – «Was, du meinst das Schneefeld?»

«Ja, das meine ich. Was denn sonst! Ich würde mich schämen, mit so einer Glatze zuoberst herumzulaufen. Du weisst, was ich anziehen würde?» – «Kann es mir denken. Die Frage ist, würdest du weichen oder harten Filz vorziehen? Aber eben, du hast ja noch Haare.»

«Lass das Spötteln, Amalie, meine geliebte Kronjuwele. Verwandle dich bitte nicht in eine stichelnde Hutnadel! Es ist so schon schlimm genug. Der ganze Firn geschmolzen. Über die Felswände in den Klöntalersee, von dort in den Löntsch und die Linth hintergeflossen und alles in den Zürichsee. Als ob die nicht schon genug Wasser hätten in Zürich!»

«Gönnst du das den Zürchern nicht, Gottfried?» – «Nein und nochmals Nein. Stell dir vor, wenn das so weiter geht. Dann schmilzt bald das ganze Glarnerland. Die Berge, die Leute, die Sprache, das Geld. Alles schmilzt und fliesst nach Zürich. Wie Küenzli und Botteron.»

«Gottfried, hör auf zu jammern. Siehst du, was dort davonfliegt?» – «Ja verdammt, das ist doch mein…» – «Ja, Gottfried Alpenstein, dein Hut.» – «Das gibt's nicht, das gibt's nicht! Spring ihm nach, Amalie!» – «Zu spät, Gottfried. Vielleicht fliegt auch er Richtung Zürich…»

Grüezi

Ziya Kara

Es war einer der schönsten Tage meines Lebens, der mich von Deutschland in die Schweiz geführt hatte. Bis dahin wusste ich nicht viel über die Schweiz. Aber mein Schicksal hat es so gewollt, dass ich heute in voller Gemütlichkeit, in Ruhe und in Frieden hier im Glarnerland lebe, worüber ich sehr glücklich bin.

Erlauben Sie mir bitte, dass ich auf das Ende der Siebzigerjahre zurückblicke und mir ein Bild von damals wie von heute mache. Anfangs Mai 1979, abfahrend vom Münchner Hauptbahnhof, nach einer vier bis fünf Stunden dauernden Zugfahrt, bin ich im Zürcher Hauptbahnhof angekommen. Für mich als Fremder in Zürich war alles ganz anders als in der Türkei, wo ich meine Kindheit verbracht hatte, oder wie in Deutschland, dort, wo ich erwachsen geworden bin. Das Land, die Stadt und die Leute, alles habe ich bewundert! Ohne einen langen Aufenthalt in Zürich musste ich nach Schwanden weiterfahren. Dort wohnten meine Landsleute, die ich damals überhaupt nicht kannte.

Anstatt in die Türkei zurückzukehren, wollte ich, ohne meine Identität zu verlieren, mein Glück in der Schweiz suchen, und so nahm ich die Reise ins Ungewisse auf mich.

Ich bin heute noch sehr dankbar, dass der Landsmann mich empfing. Mit seiner Hilfe habe ich in Leuggelbach eine Stelle gefunden und dort Wohnsitz genommen. Wie ich hier geblieben bin, das kann ich bis zum Ende meines Lebens nicht vergessen. Nach etwa einer Woche in der Schweiz wollte ich für immer in die Türkei zurückkehren. Es war an einem Samstagmorgen, es klingelte an der Türe beim Bekannten. Ein Kollege meines Bekannten kam, welcher ihn eingeladen hat, sein Kind vom Kindergarten abzuholen. Ich durfte auch mitfahren. Als wir zurückfuhren, sagte der Kollege von meinem Bekannten: «Ich weiss etwas!» Er bog ab und fuhr zu einer Fabrik. Er forderte mich auf, auszusteigen. Schon war ich oben im Büro. Obwohl es Samstag war, arbeiteten die Leute. Der Chef selber war auch dort. Das Glück war einmal auf meiner Seite. Es hat geklappt, und ich habe eine Stelle bekommen.

Somit ging ich in die Türkei, erledigte die Formalitäten und kehrte überglücklich wieder in die Schweiz zurück.

In die Schweiz zu kommen, war für mich eine gute Lehre. Ich habe die Möglichkeit gehabt, einen Vergleich zwischen der Türkei, Deutschland und der Schweiz machen zu können. Um Fehler zu vermeiden, habe ich nach dem Motto «Ich weiss, dass ich nichts weiss!» gelebt. In den ersten Tagen meines Daseins hier im Glarnerland hörte ich ein Wort, das ich bis anhin nicht kannte: «Grüezi.» Ich forschte nach und mir wurde erklärt, dass es «Grüss Gott» oder «Grüss dich» bedeutet. Ich wunderte mich, weil ich dieses Wort nur im Glarnerland hörte. Für mich war das ein Ereignis, den Hut abzunehmen. Aber schon damals wie heute nahmen viele Einheimische den Hut ab und zogen vom Glarnerland nach Zürich oder an andere Orte. Es hatte seine Gründe: Beruflich hatte das Glarnerland nicht viel zu bieten. Fabriken wie die Blumer in Schwanden und andere wurden geschlossen.

Genau während dieser Zeit bin ich den Einheimischen näher gekommen. Ich bemühte mich, diese von ganz nah kennen zu lernen. Ich habe sie bewundert und als sehr einfach empfunden. Sie wirkten auf mich sehr natürlich und hilfsbereiter als heute. Es hat sich im Kanton vieles verändert, spürbar geworden ist es mit den Wirtschaftsflüchtlingen aus fernen Ländern mit anderen Sitten und Gebräuchen, die hierher kamen. Sprachliche Verständigungsprobleme kommen hinzu.

Die Einheimischen versuchten, sich zurückzuziehen. Die nicht Einheimischen, die vorhatten, ihr Leben hier weiter zu leben, hatten sich nicht ernsthaft bemüht, sich den Einheimischen anzunähern, sich gegenseitig kennen zu lernen, ohne Vorurteile Meinungen auszutauschen. Dass das Wort «Grüezi» gesagt wird, hört man heute auch seltener als früher.

Wir dürfen nicht vergessen, dass wir in einem Land leben, als wäre es das Paradies. Da müssen wir uns die Frage stellen, was wir dafür tun. Warum sind die Einheimischen sogar manchmal mit Recht gegen die nicht Einheimischen gehässiger geworden? Es spielt überhaupt keine Rolle, woher wir kommen, welche Nationalität oder Religion wir haben. Selbst unter den Einheimischen ist es nicht einfach, sich zu verstehen, Zürich und Bern, Aarau und Genf, St. Gallen und Zug, Uri und Glarus usw. Diese haben teilweise gleiche Ideen und Meinungen. Zählt man die nicht Einheimischen noch dazu, wird das Verständnis schwieriger, aber nicht unmöglich. Wenn man will und sich einsetzt, macht man auch das Unmögliche möglich!

Während unserer Lebzeiten müssen wir unser Leben so gestalten, dass nach unserem Ableben die Hinterbliebenen nichts Schlechtes über uns zu sagen haben. Die Erinnerung an einen Verstorbenen soll immer schön und erfreulich sein. Dafür muss man sich einsetzen und etwas tun. Vor einer solchen Person nimmt man sicher den Hut ab!

Schlussendlich sind wir ja alle im selben Boot. Wir alle wissen auch, jeder Anfang hat ein Ende. Viel mehr dazu muss man nicht sagen und schreiben. Jeder muss es selber wissen! Genau an dieser Stelle wünsche ich mir, dass alles Schöne und Gute von damals wieder zurückkehrt, und dass wir alle, die im Kanton Wohnenden, ein gutes Beispiel sein können, damit die anderen vor uns den Hut abnehmen!

Der Menschen Zierrat ist der Hut
oder der Hut prägt die Persönlichkeit

Fridolin Hauser

Wann haben Sie zum letzten Mal einen Hutträger gesehen? Heute? Gestern? Kappenträger sieht man viele, aber Männer oder Frauen mit Hut?

Regierungsräte erscheinen an der Landsgemeinde und an der Näfelser Fahrt in Frack und Zylinder. Noch in den Vierzigerjahren des letzten Jahrhunderts trugen sogar Landräte und Kirchenräte Zylinder. Der Bräutigam kam im Zylinder oder Hochzeitshut, der später als «Sunntigshuet» diente. Geblieben sind Zylinder den Zauberkünstlern, die Kaninchen oder weisse Tauben daraus herausholen. Während einst auf Fotografien mit grossen Menschenmengen kaum ein entblösstes Männer- oder Frauenhaupt zu sehen war, sind heute Hüte weitgehend verschwunden oder haben sportlichen Schirmmützen Platz gemacht.

Sogar der Sant Fridli im Glarnerwappen trägt nunmehr vier Attribute: den Heiligenschein, den Wanderstab, das Buch und die umgehängte Tasche, letztere in modernen Darstellungen auch nicht mehr. Die frühere Kopfbedeckung fehlt. In der hutfreundlichen oder -üblichen Zeit meiner Kindheit hing im Schaufenster der Modistin von nebenan ein kleines Plakat: «Der Hut prägt Ihre Persönlichkeit!» Beides gibt es kaum mehr. Die Persönlichkeiten von heute profilieren sich kaum mehr. Wer sich allzu sehr exponiert, wird in der Öffentlichkeit entweder zum Star oder gnadenlos demontiert. Das französische «chapeauter» oder «kontrollieren», «Oberaufsicht führen», vielleicht auch «helfen» und «Vollmacht besitzen», das zweifellos auf «chapeau» als symbolisches Zeichen der Überordnung zurückgeht, ist als Funktion in neoliberaler Zeit spärlich geworden wie der Hut auch.

Ironisch sagen die Franzosen «faire porter le chapeau», «jemanden einen Hut tragen lassen», wenn sie einen Sündenbock mit Schuld beladen und für Misserfolge verantwortlich machen. Am «faire un chapeau», «einen Hut machen», dem eigentlichen Metier des Hutmachers, haftet ein anrüchiger Unterton, weil sie eine Handlung meint, die jemandem einen mehr oder weniger irreführenden Ruf verschafft. Denn «an einem Hut arbeiten» oder «travailler du chapeau» bedeutet, der Gemeinte sei mehr oder weniger verrückt. Möglich, dass daher das Prädikat «fou comme un chapelier» oder «verrückt wie ein Hutmacher» stammt. «Chapeau!» oder «Hut ab!» hingegen meinen «Alle Achtung!», «Bravo!» oder ein «neudeutsches», bewunderungsvolles «Super!» Ganz feierlich meint «recevoir le chapeau», «den Hut erhalten», wenn einer Kardinal wird.

In unserer Schriftspache bringt man «alles unter einen Hut» oder viele Meinungen auf eine Linie. Stimme ich Ihnen nicht zu, «können Sie sich das an den Hut stecken» oder ich sage Ihnen spontan, «davon habe ich nichts am Hut». Empörten «geht der Hut hoch». «Lüftet» jemand seinen Hut nicht, wenn es anständig wäre «den Hut zu ziehen», sagt man «er habe Spatzen unter dem Hut». Bekanntlich kommt man «mit dem Hute in der Hand durchs ganze Land». Was gar nicht neu ist, ist «ein alter Hut». Wer empört kündigt, «nimmt den Hut». Geht etwas zu weit, «geht es einem über die Hutschnur». Der Glarner, ist er einmal verärgert und unbeherrscht, sagt gar: «Chaasch mer i d'Chappe sch...!»

Dabei ist der Doktorhut die Krönung für die bestandenen Examen. Im fünften Jahrhundert wurden besonders eminente Personen mit einem quadratischen Nimbus-Hut ausgezeichnet. Möglich, dass daraus das «Mortarboard» (wörtlich: Mörtelbrett), dieser steife Deckel des Doktorhutes entstanden ist. Sehr modisch waren diese zur Zeit der Medici in Florenz. Heimkehrende Studenten brachten diese Tradition in ihre Heimat. Möglich auch, dass der Ursprung im «Pilleus», der Filzkappe des mittelalterlichen klerikalen Laienstandes, war, die so (erstmals 1131) in den Geschichtsbüchern auftauchte.

Diese Deutung hat offenbar vergessen, dass «pilleus» zur Zeit der Römer die Freiheitskappe aus Filz war. Liess der römische Familienvater einen seiner Sklaven frei, konnte dieser den «pilleus» tragen. Später trug Marianne, die französische «Helvetia» eine phrygische Mütze («bonnet rouge»), die ab 1791 als Freiheitssymbol mit blau-weisser Kokarde getragen wurde und zur «Jakobinermütze» wurde.

Noch im Mittelalter mussten Juden konische gelbe Hüte tragen, um sich von Christen zu unterscheiden. Um 1500 kam das Barett, ein flacher, eckiger oder runder Hut auf. Dieser wurde rund hundert Jahre später vom Barockhut mit grosser geschwungener Krempe verdrängt. Es folgte bis ins 18. Jahrhundert hinein der Zwei- und Dreispitz mit einer auf zwei oder drei Seiten hochgeschlagener Krempe. Noch während der Französischen Revolution legten die Herren Wert auf runde, breitkrempige Zylinderhüte aus Fell oder Filz. Frauen bevorzugten spitze Rundhüte. Während der Romantik und im Biedermeier trugen Männer hohe, steife Röhrenhüte, Frauen Schutenhüte mit Bändern und Blumen. Erst ab etwa 1840 kam der vornehme, überwiegend französische Klappzylinder auf (Chapeau claque) auf. Über Damenhutmode, die sich grösster Beliebtheit erfreute, liesse sich trefflich und mit Faszination ausholen. Die Eleganz des Hutes als modisches Accessoir wurde im Laufe der Zeit durch sportliche Noten weitgehend verdrängt.

Als kleine Parade seien einige Hutarten im Staccatostil erwähnt: Der Australierhut, der im Film «Crocodil Dundee» weltberühmt wurde. Der weisse «Stetson», der in keiner amerikanischen Filmserie fehlte. Der helle Panama-Strohhut. Die tellerartigen Strohhüte unserer Vorfahren in den goldenen Zwanzigerjahren. Der «Crushable», der vom Cowboy bis zum italienischen Borsalino aus strapazierfähigem Wollfilz reichen mag und auf den man sich angeblich daraufsetzen kann, ohne dass er Schaden leidet. Das Béret, die flache, kecke Universalkopfbedeckung für Frau und Mann. Die Melone, die durch «Schirm, Charme und Melone» telegen geworden war, getragen ursprünglich eher von Dienern, eroberte aber später auch die Herrschaften. Die bereits erwähnten Zylinder, Zwei- und Dreispitz. Der «Deerstalker», eigentlich Hut für Rotwildtreiber, fand einen prominenten Träger in Sherlock Holmes und nahm sogar den Namen dieses Detektivs an. «Bibi», die krempenlose, meist mit luftigem Netzchen versehene Damenkappe. Dekorativ und feminin – die «Capeline», als breitkrempiger, ausladender Accessoire-Damenhut. Die Schirmmütze, glarnerisch gemeinhin «Dächlichappe», die Oberturner ganz in Weiss an den Turnfesten trugen, heute mit sportlichem Styling ein Muss. Oder die gewöhnliche, oft gestrickte Mütze, im Volksmund von der «Züttelchappä» bis zur geschlossenen «Schnurechappe». Mitra ist die fischkopfförmige Kopfbedeckung von Papst, Kardinälen und Bischöfen. Tropenhelme, meist weiss, lösen Assoziationen mit britischen Kolonien in Afrika aus. Die klassische Reitermütze, verriemt und mit kleinem Schieber. Helme aller Art für Soldaten, Kletterer, Biker, Baustellenarbeiter… die Reihe der Kopfbedeckungen ist schier unendlich!

Kennen Sie aber den berühmtesten Glarner Hut? Er ist sprichwörtlich eingefangen: «Träit der Gläärnisch ä Huet, isch ds Wätter guät!»

Die Profession eines Hutmachers
Die Jugend des Hutmachers Johannes Tschudi (1693–1755)   Christoph H. Brunner

Im Sommer 1725 nahm Landesstatthalter Johann Peter Zwicki unter anderem «zwei Hüet» auf seine Reise nach Frauenfeld mit. Schon im Frühjahr zahlte er «Meister Hutmacher Johann Tschudi, Glarus, für das Huetfueter 4 Gulden», und dafür, «mein Huet zu accomodieren» – modisch(?) anzupassen, bequem zu machen – 15 Kreuzer. Zusätzlich gab er «für 1 geisshärenen Kappen der Frau» 3 Gulden 28 Kreuzer aus und «für 1 hoche Kappen der Frau, die sie anmachen lassen» 1 Gulden 20 Kreuzer. Im Herbst schuldete Zwicki dem Hutmacher «laut Conten» 7 Gulden 6 $\frac{3}{5}$ Kreuzer (womit der Meister 32 Fünfpfünder-Brote hätte kaufen können). – Hier nun ein bisher unbekannter Lebensabschnitt des Glarner Hutmachers auf dem langwierigen Weg zum Fernhändler, Baumwollkaufmann und Ratsherrn. Camerarius Johann Jacob Tschudi (1722–1784), sein Sohn, erzählt:

«Laut dem Taufregister erblickte Johannes Tschudi am 28. März 1693 in Glarus das Licht dieser Welt und wurde Tags darauf getauft. Seine lieben Eltern waren [Hafnermeister] Johann Christoff Tschudi und Frau Catharina Büelman, (die Tochter Johann Rudolf Büelmanns, seines Zeichens ‹Beck› und Zolleinnehmer bei der Kanderbrück nahe von Thun; die Taufzeugen waren der Berner Pfarrer Johann Erb – vertreten durch Camerarius Niklaus Wild, Meister Heinrich Schmid, Schulvogt und Richter Jakob Marti, Frau Catharina Weiss).»

Erziehung

«Der gütige Schöpfer hatte den jungen Menschen mit sehr schönen Leibes- und Gemütskräften reichlich versehen. Doch Johannes erhielt gar keine gute und sorgfältige Auferziehung, die da erforderlich ist, um gute Gaben auszubauen, zu vermehren und recht nützlich zu machen. Seine liebe Mutter interessierte sich für eine nützliche und erbauliche Unterweisung ungemein. Sie ermöglichte zu ihrer Lebzeit den Kindern vielerlei. Sie hatte von ihrem Herrn Vetter, Pfarrer Johannes Erb (1635–1701), aus der Stadt Bern gebürtig und Pfarrherr zu Oberberg [Oberburg], ein paar Stunden von Bern entfernt, die tröstliche Versicherung, er wolle ihr bei dieser guten Arbeit treulich die ‹Hülfshand› bieten. Aber die sorgfältige Mutter wurde den Kindern frühzeitig, nämlich 1700, durch den Tod entrissen. Der Vater gab sich mehr Mühe, seine Kinder durch emsige Handarbeit zu ernähren, als sie zu unterrichten.»

Stiefmutter

«Er verheiratete sich gar bald wieder und unterwarf seine Kinder einer Stiefmutter. Und da erfolgte das, was das Sprichwort sagt: ‹Mit der Stiefmutter bekommen Kinder sehr oft auch einen Stiefvater.› [...] Die, welche in die Lücken treten und die verlassenen Kinder besorgen sollen, haben wohl Namen und Titel, aber wunderselten das teuere, liebreiche, zärtliche, guttätige Vater- oder Mutterherz.

Es offenbarten sich aber in den blühenden Jugendjahren verschiedene recht merkwürdige Spuren und Proben einer weisen, mächtigen und gütigen Vorsorge Gottes über ihm. Ich will etliche derselben, die ich von ihm selbst gehört habe und die er mit erkenntlich dankbarem Herzen zu Gott erzählte, anzeigen.»

Schlafwandeln

«Er hatte in seinen jungen Jahren die Beschwerde an sich, dass er des Nachts im Schlaf aufstand, hin und her im Haus ging, und darüber dann und wann in Gefahr geriet. Die Grösste war diese: Er war einst unter Tag mit seinem Vater in Kupferschmied Weiss' ‹Höfli› mit Arbeit beschäftigt. Dem Knaben schwebte dies nachts im Schlafe vor: Er bildet sich ein, der Vater gebe ihm Ordre [Befehl], in das genannte ‹Höfli› zu gehen und daselbst ein Instrument zu holen. Er steht in völligem Schlaf aus dem Bett auf, springt durch das Kammerfenster zwei Etagen hoch auf die Gass hinunter, geht aus der ‹Abläsch›, von dem jetzigen Gerberhaus, woselbst ihre Wohnung war, zum ‹Höfli› des Kupferschmieds, mitten in der Nacht, fadennackt und bloss, durch den ‹Allmeind-Zaun› und die ‹Bolengüter› hinauf, und kommt von dort wieder zurück. Er klopft an die Haustür. Der Vater steht auf, fragt, wer klopfe. Der Sohn antwortet, er sei es, denn er habe ihn ja ins ‹Höfli› geschickt. Der Vater erschrickt, geht hinunter, findet die Haustür ordentlich verriegelt und schliesst daraus, Johannes sei ein Nachtwandler. Er redet den Knaben an und fragt, woher er komme. Er antwortet wie vorher. Darauf rauft er ihn empfindlich an den Haaren, züchtigt ihn, worüber dieser erst erwacht. Der Vater geht nach seiner Kammer und findet auch die dortige Tür verschlossen.

Bei dieser Begebenheit war es etwas Wunderbares, dass Johannes einesteils durch den Sprung zum Fenster hinaus keinen Schaden nahm, anderenteils durch die Züchtigung von den Beschwerden eines Nachtwandlers befreit wurde. Denn dieses war das letzte Mal.»

Notiz: Der Vater befreite den schlafwandelnden Sohn durch grobes Raufen der Haare und durch Züchtigung von seinen «Beschwerden.» Vater Tschudi war dennoch kein Rabenvater. Er wusste offenbar, dass gemäss den medizinischen Vorstellungen von damals die Regel galt: «Bös muss Bös vertreiben.» Das grosse Universallexikon der Zeit, der Zedler, nennt «Mondsucht» und «Nacht-Wandeln» 1739 eine Krankheit, deren «üble Phantasie und falsche Einbildung … wol bey Jungen mit Schlägen ect.» zu kurieren sei. Noch um 1767 wurde die körperliche Züchtigung («brav zu peitschen») gegen das «Nachtwandeln» in einem Medizinbuch empfohlen.

Schule

«Der junge Johannes genoss in seinen Jugendjahren in der deutschen Schule den nötigen heilsamen Unterricht beim sanftmütigen und fleissigen Herrn Praeceptor (Lehrer) Jacob Steinmüller. Seine übrige Zeit hindurch musste er dem Vater entweder im Geschäft oder im ‹Baurenwesen› Dienste leisten. Das aber dauerte nicht gar lang. Als er das [8]te Lebensjahr erfüllt hatte, kam er mit Rat und Bewilligung seines Vaters frühzeitig fort und in das Berner Gebiet.»

Pate

«Der Anlass hierzu war folgender: Johannes Erb war ein naher Anverwandter der Frau Cathrina Büelmännin. Wie nahe die Verwandtschaft war, kann [ich] nicht eigentlich sagen. Das aber weiss ich, dass er wegen seiner Gelehrsamkeit und Frömmigkeit sehr berühmt gewesen ist. Er beförderte verschiedene erbauliche Schriften zum Druck. […] Dieser wackere Lehrer hatte keine eigenen Kinder, aber ein zärtlich-liebreiches Herz gegen seine Blutsfreunde. Er liess vorzüglich gegen seine obgenannte, nach Glarus verheiratete Base und ihre Kinder allen guten Willen spüren. Dies gab den Eltern von Johannes Anlass, denselben ihrem neugeborenen Sohn nicht nur zum Taufzeugen zu bestimmen, sondern ihr Kind auf dessen Vornamen taufen zu lassen. Dieses Zutrauen nahm Herr Pfarrer Johannes Erb sehr gütig auf. Er gab dies den Eltern seines Taufpaten damit zu erkennen, dass er sich bereit erklärte, den Knaben, wenn er zu mehreren Jahren komme und die deutsche Schule passiert habe, zu sich in sein Haus zu nehmen, ihn in allen Treuen, ohne der Eltern Kosten, zu unterrichten und ihn zu einem Diener des göttlichen Worts zu machen. Ja, er war entschlossen, wenn sich der junge Mensch, wie er hoffe, gut anlasse, denselben an Kindes statt auf- und anzunehmen. Herr Pfarrer Erb blieb seiner Zusage eingedenk und schrieb dem Vater [offensichtlich nach dem Tod der Mutter 1700], er möchte ihm Johannes bei erster Gelegenheit zuführen. Die Verfertigung etwelcher Kleidung und unvermeidliche Hausgeschäfte verzögerten indessen die Abreise.»

Notiz: Pfarrer Johannes Erb, ein Wegbereiter der Pietisten, der mit den Puritanern sympathisierte, zeigt, wie sich Patenschaft und Nachbenennung auswirken konnten.

Fremde

«Im Sommer des Jahres [1701] endlich ging der Vater mit seinem Sohn Johannes ab. Sie langten zu Oberberg an und wollen bei ihrem lieben Vetter, Herrn Pfarrherr Erb, vorsprechen. Zu ihrer äussersten Bestürzung und Bekümmernis wurden sie aber inne, dass dieser, ihr teuerer und getreuer Freund, vor erst wenigen Tagen im Herrn verschieden war und vom himmlischen und ewigen Erb' Besitz genommen habe. Durch diesen unvermuteten Trauer- und Todesfall ward das schöne und löbliche Project, auf die Canzel hin zu studieren, zernichtet, denn der Vater sah sich ausser Stand, die darzu erforderlichen Kosten zu bestreiten. Beide gingen darum voller wehmütiger Betrübnis von Oberberg nach Thun zu ihrem damals noch lebenden Schwächer [Schwager] und Grossvater Johann Rudolf Büelman. Sie klagen dem das widrige Schicksal und holen seinen Rat ein. Er bezeugte sein inniglich Mitleiden darüber, und weilen er ein gutes Gemüth, auch genugsame Lebensmittel [Einkommen, Vermögen] hatte, entschloss er sich, seinen hoffnungsvollen Enkel bei sich zu behalten. Er gewann ihn in kurzer Zeit ungemein lieb, brauchte ihn zu seinen mannigfaltigen Hausgeschäften, vertraute ihm alles an, erfuhr aber auch seinen treuen Fleiss, den Gott mit glücklichem Fortgang seiner Unternehmung krönte. Für die Wohlfahrt seiner Seele wurde auch treulich gesorgt, und der junge Mensch dem Unterricht des treu-eifrigen Herrn Pfarrers Lupichi [Lupichius oder Wölflinger] in Thun anvertraut, der ihn hierin in allen Treuen anwies und einen guten Grund von Erkenntnis und Furcht Gottes in seine Seele einpflanzte. Johannes verblieb ungefähr vier Jahre in seines Grossvaters Haus.»

Berufswahl

«Da aber derselbe nach deren Ablauf [1705] das Zeitliche mit dem Ewigen verwechselte, wurde Johannes schlüssig, weil er [12] Jahre erreicht habe, so sei es an der Zeit, eine Profession (einen Beruf) zu erlernen. Johannes erwählte die Profession eines Hutmachers, ohne Zweifel mit Genehmhaltung seines Vaters und anderer Freunde, weil man glaubte, darbei sei gute Nahrung zu finden. Er trat seine Lehrjahre zu Bern bei einem Meister an [...]. Im Frühjahr 1717 kehrte er mit gutem Lob, seiner Profession wohl erfahren, einer treuen Arbeit gewohnt, und mit dem Vorsatz, sich in seinem lieben Vaterland niederzulassen und sich redlich darin zu nähren, zurück, nach einer Abwesenheit von zirka [16] Jahren.»

Notiz: Johannes Tschudi steht als Hutmacher für die «manufakturelle Handlung». Nach David S. Landes (Wohlstand und Armut, S. 197) wurden dadurch Erfahrungen und Kenntnisse angehäuft, die für die spätere industrielle Entwicklung ganz entscheidend waren. Gerade darin zeichnete sich das Land Glarus um 1700 aus: Manufakturen für Plattentische, Watte-, Mäzzen-, Ratinen-, Tee- und Zigerherstellung – nicht zu vergessen die Hüte –, das waren die wahren Garanten des Aufschwungs.

Die Frau mit dem Hut

Emil Zopfi

«Und treit der Schilt ä Huet, so wird s Wetter guet», pflegte mein Onkel Heiri aus Sool zu sagen. Es war Sommer, über dem Schilt schwebte eine Schönwetterwolke. Ich beschloss, am andern Morgen hinaufzusteigen. Wir hatten in Schwändi ein altes Haus gekauft und waren am Umbauen. Mit meinem Moped tuckerte ich nach Sool hinüber, wanderte auf den Schilt und genoss die Aussicht. Auf dem Rückweg kehrte ich in Schwanden im Café Wild ein, trank eine Tasse Kaffee und ass ein Apfelbeggeli. Damit könnte die Geschichte zu Ende sein.

Ein paar Wochen später fand sie jedoch eine merkwürdige Fortsetzung. Ich sass in Zürich am Schreibtisch, als das Telefon klingelte. «Poliziikomando Glaris…»

Das sind ja nicht die Anrufe, auf die man gewartet hat. Vielleicht haben wir ein Problem mit einer Bauvorschrift, dachte ich. «Ist Ihr Mann zu Hause?», fragte der Polizeibeamte. «Ich bin der Mann», sagte ich wie immer, wenn ich am Telefon wegen meiner hohen Stimme mit meiner Frau verwechselt werde. «Sie sind doch eine Frau. Ich höre das», beharrte der Beamte. Ich sagte meinen Namen, doch ich spürte, dass er mir nicht glaubte. «Um was geht es?», fragte ich, bekam jedoch keine Antwort. «Sie besitzen ein gelbes Moped, nicht wahr?» Aha! Alles klar!, dachte ich. «Ist es gestohlen worden?»

Der Polizist – ich nehme jedenfalls an, es war einer – überhörte meine Frage. «Sie waren vor drei Wochen mit ihrem Moped in Sool». Er nannte das Datum meiner Bergtour. Fahrverbot übertreten? Falsch parkiert? Ich hatte mein Moped hinter einem Lattenzaun neben dem Fahrweg abgestellt, vielleicht auf Privatgrund oder Tagwenboden. «Sie haben Ihr Moped hinter einem Zaun abgestellt», sagte der Mann am Draht, als habe er meine Gedanken erraten. «Am Dorfausgang, Richtung Schilt.» – «Ich bin auf den Schilt gewandert, es war ein schöner Tag. Sie kennen doch die Glarner Redensart: Und treit der Schilt ä Huet…» – «Und Sie? Haben Sie auch einen Hut getragen?», unterbrach er mich abrupt. «Leider nicht, obwohl es heiss war und ich mir den Nacken verbrannt habe. Aber ich trage nie einen Hut, ich besitze nichtmal einen.» – «Man hat bei Ihrem Moped eine Frau beobachtet. Sie trug einen blauen Rucksack und einen Strohhut.» – «Mein Rucksack ist blau», sagte ich. «Doch ich bin keine Frau und trage keine Strohhüte.» – «Sie geben aber zu, dass Sie in Sool gewesen sind an jenem Tag?» – «Ich gebe zu, dass ich von Schwändi nach Sool gefahren bin, das Moped hinter einem Zaun abgestellt habe, wahrscheinlich auf dem Boden des Tagwen Sool, wo mein Onkel Heiri viele Jahre lang Tagwenvogt war. Er hätte mir das sicher erlaubt. Etwa drei Stunden brauchte ich auf den Schilt, wenn ich mich recht erinnere, der Weg ist ziemlich steil. Um die Mittagszeit war ich auf dem Gipfel, und dann…» Wieder fiel er mir ins Wort: «…dann haben Sie im Café Wild in Schwanden einen Café Crème und ein Stück Apfelstrudel konsumiert.»

Big Brother im Glarnerland, dachte ich, fühlte Schweiss ausbrechen, als sei ich noch immer im Aufstieg auf den Schilt. «Alles stimmt. Aber einen Hut habe ich nicht getragen, bin auch keiner Frau mit einem Strohhut begegnet, und im Café Wild habe ich nicht Apfelstrudel, sondern ein Glarner Apfelbeggeli gegessen.»

Jetzt glaubte ich, bei dem Polizisten eine gewisse Unsicherheit zu bemerken – wenn es überhaupt einer war und nicht ein Witzbold, der sich einen Scherz erlaubte. Mehr zu sich selber als zu mir sagte er: «Sie sind doch eine Frau. Ich höre das an Ihrer Stimme.» Dann fuhr er im Verhörton weiter: «Geben Sie zu, Sie sind die Frau mit dem Hut!» Jetzt musste ich lachen, obwohl die Angelegenheit eigentlich nicht zum Lachen war. «Von mir aus können Sie denken, ich sei eine Frau. Aber einen Hut habe ich niemals getragen.»

Es folgte eine lange Pause, ich hörte Stimmen im Hintergrund. Der Beamte beriet sich offenbar mit einem Kollegen oder Vorgesetzten. Ich wurde ungeduldig: «Sagen Sie endlich, worum es eigentlich geht?», schrie ich ins Telefon, «was wollen Sie von mir?» – «Wenn Sie nicht die Frau sind, dann sind Sie der Mann», sagte er.

«Klingt logisch. Ja, ich gebe zu, ich bin der Mann.» – «Dann können Sie uns vielleicht sagen, wo die Frau geblieben ist?» – «Die Frau mit dem Hut? Ich bin keinem Menschen begegnet, ich schwöre es.» – «Könnten Sie das auch beweisen?»

Nun jagte mir ein Schauer über den Rücken. Der Beamte berichtete nämlich, man habe in einer Rüfe am Schilt einen blauen Rucksack gefunden. Wenn es nicht meiner sei, dann gehöre er der Frau. «Lag auch der Hut dabei?», fragte ich.

«Eben nicht. Das ist es ja...» – «Und die Frau?» «Von der fehlt jede Spur. Wir suchen sie.» – «Ich kann Ihnen leider nicht weiterhelfen.» – «Sie waren der Einzige, der ihr begegnet sein könnte. Vielleicht hat sie sich verlaufen, ist ausgerutscht, abgestürzt oder...»

Der Polizist beendete den Satz nicht, aber es war klar, was er andeuten wollte. Wir schwiegen eine Weile, dann fand ich die Worte: «Ich habe mich auf dem Schilt im Gipfelbuch eingeschrieben. Sie können das überprüfen.» Vielleicht hätte ich besser geschwiegen, denn sogleich wurde mir bewusst, dass ich mich mit dieser Aussage verdächtig machte. Eine Unterschrift in einem Gipfelbuch taugte als Alibi nichts. Der Beamte sagte nur noch: «Sie hören von uns.»

Ich hörte aber nie mehr etwas, obwohl ich noch wochenlang zusammenzuckte, wenn das Telefon klingelte, weil ich glaubte, es melde sich das «Poliziikomando Glaris», lade mich vor zum Verhör oder wolle mich gar in U-Haft nehmen. Mit der Zeit beruhigte ich mich, denn weder aus der Zeitung noch durch Gerüchte vernahm ich je etwas von einer abgestürzten oder ermordeten Frau am Schilt. Doch noch heute frage ich mich manchmal, wer die Frau mit Hut bei meinem Moped beobachtet und wer mich im Café Wild beim Kaffeetrinken gesehen und alles der Polizei gemeldet hat.

Im Frühling darauf räumten wir in unserem alten Haus in Schwändi den Dachstock aus, bevor wir ihn ausbauten. In einer Schachtel fanden wir einen Strohhut von der Art, wie sie früher flinke Frauen von Hand geflochten haben.

Mein heissgeliebter Filzhut

Fritz Kamm

Ach, wer hätte an so was gedacht? Da habe ich nun das Schreibzeug schon etliche Jahre auf die Seite gelegt, da kommt ein Schreiben aus dem Freulerpalast und trifft mich mitten ins Herz: Sie suchen Glarner Hutgeschichten!

Das bringt mich in Wallung, denn was niemand weiss, mein Herz hängt mit allen Fasern an meinem geliebten, zerdrückten, zerfaserten, mollig-weichen Filzhut. Ob ich will oder nicht, ich muss ihm die Ehre erweisen und sein Schicksal zu beschreiben versuchen.

Gekauft habe ich ihn auf dem Markt in Luino. Sein wunderschönes Grau, besonders aber die begeisternde Form des Hutes packten mich. Wie sass er nicht trotzig leicht auf meinem Kopfe. Es war meine geheime Sehnsucht, nicht gerade wie ein Senn oder Jäger auszusehen, aber auch mich von den Asphaltfiguren der Touristen zu unterscheiden, mich wenigstens halbwegs den Einheimischen anzugleichen.

Seine ausgeklügelte Verkaufstischform verliert er ja sehr schnell. Jeder Griff an den Hut verändert diese Schaufensterform und macht ihn urchiger. Es entstanden sehr schroffe Ecken oder auch tiefgründige, kleine, sonnige Ebenen, zackige Ecken, schwarze Tobel und Schluchten, ja man konnte ihn so trotzig formen, dass man glaubte, er sei das Matterhorn.

Haben Sie schon einmal im Leben das Glücksgefühl erlebt, wenn sie mit einem Filzhut auf dem Kopfe durch die Gegend schweifen?

Ich bin ein grosser Pilzler. Immer wenn ich den Kopf zu den Pilzhüten herabneigte, jauchzte der Hut auf meinem Kopf; wenn ich einen Berggipfel erreichte, warf ich ihn in die Luft und pries das glückliche Leben in der Wunderwelt der Schöpfung. Als auf einer Bergtour meine Tochter bergkrank wurde, setzte ich ihn ihr auf den Kopf, und siehe da, die heimatlichen Wurzeln stärkten sie, und wir gelangten glücklich und wohlbehalten ins Tal.

Als auf dem Walensee eine scharfe Bö mein Faltboot zum Kentern brachte und der Inhalt des Schiffes sich im Wasser tummelte, erblickte ich, wie mein Filzhut im blauschwarzen Wasser versank. Ich bin ein guter Schwimmer, tauchte und brachte den armseligen «flötschigen» Hut fest ans Herz gedrückt nach oben.

Ein zweites Mal war der Hut in grösster Gefahr. Unter dem gestauten Wohlensee lag damals eine kleine Insel inmitten der Aare. Auf solche Schlafplätze waren wir versessen. Das Zelt hatte knapp Platz, die Seitenheringe standen im Wasser.

Die Elektrizitätsgesellschaft liess den See immer in der Nacht auf Freitag absinken, die Insel stand dann jeweils ungefähr zwei Meter unter Wasser. Glücklicherweise vergass der Wärter diese Nacht das Absenken. Am nächsten Morgen kam ein Bauer mit seinem Waidling angerudert, er war höchst verwundert, dass wir noch da waren.

Wir waren glücklich über diesen Zufall. Wir stellten uns vor, wie wir uns aus dem «flötschigen» Schlafsack gestemmt hätten und wie wir uns in stockdunkler Nacht in dem im Fluss schwimmenden, von Wellen überschlagenen Zelt an die Lederriemen des Eingangsverschlusses gedrängt hätten. Und das Traurigste: Mein Hut wäre im Wassergewühl spurlos verschwunden. Ich schluckte dreimal leer. Als wir das alles überdachten, wurden wir ganz still und blickten uns tief in die Augen. Wir hatten tatsächlich grosses Glück gehabt.

Wenn man diesen Filzhut so abgöttisch liebt, überträgt diese Liebe sich auch auf den Hund, der diesen «Filz» als Pelz so stolz herumträgt. Besonders geniesse ich, wenn der Hund sich bei mir im gleichen Zimmer aufhält. Man ist nicht allein, man ist zu zweit. Ich lese, er denkt höchstwahrscheinlich nach oder träumt vielleicht von den Urzeiten, wo es noch keine so merkwürdigen zweibeinigen Wesen wie die Menschen gab. War er ein Wolf und hat sich kulturell so entwickelt, dass er nur noch gelegentlich beisst?

Wir sind verschiedene Wesen. Er hat seine hündischen Fähigkeiten, wir die menschlichen: Aber da ist letzthin etwas Seltenes passiert. Ich lag im Bett. Da kam auf leisen Sohlen der Filz an den Bettrand und drückte ganz zart seine Schnauze an meine Backe. Es war für mich ein grosses Erlebnis: Wir hatten für einen Augenblick die zweigeteilte Tier- und Menschenpsychologie vereint zur allumfassenden Schöpfung, die ja unbedingt eine Einheit darstellt. Da ja alle Tiere eine Seele haben – auch die Pflanzen – bedeutet dieser zarte Kuss, dass wir zwar verschiedene Wesen, aber doch eine grossartige einheitliche Schöpfung sind, eng zusammenhängen und uns nur die Liebe das Wahre sein kann.

Da hört man Stimmen gegen den Filzhut, die sagen, das «Gewamsel» des Filzgeflechtes, das den Blick in die höheren geistigen Gebiete verunmögliche, mache den Hutbesitzer dumpf, ja letzten Endes sogar dumm.

Da bäume ich mich auf. Denn die volle Wahrheit ist, dass ich die dunstige Filzdecke in glücklichen Augenblicken schon durchstossen habe und in die glasklaren philosophischen Welten vom Sein des Seienden vorgestossen bin. Welch ein Glück: Schwerelos bin ich von der vollkommenen Schöpfung umfangen. Natürlich nicht ständig, aus dem Untergrund wagt es das Gewissen immer wieder zu mucken.

Eine tiefe Angst bleibt. Wir Menschen sind sterblich, damit habe ich mich abgefunden. Mit der Ausnahme, was meinen Filzhut betrifft, der darf auf keinen Fall vor mir sterben: Er muss unsterblich sein. Da fangen die Probleme an. Er muss nicht nur nach mir sterben, er muss unsterblich sein. Ich wage dies Wort zu schreiben: Er muss EWIG sein. Wenn ich sterbe und ins Grab gelegt werde, darf man mir den Hut nicht auf den Kopf legen. Der Tod ist eine ernste Sache und erträgt nicht kleinste Anzeichen von Fasnacht. Und wenn ich mich kremieren lasse, was bleibt von meinem Hut? Ein armseliges Häufchen Asche.

Ich finde keine Lösung. Was muss ich tun? Ist niemand da, der mir helfen kann?

Der Lederhut verloren – gefunden – doch nicht vorhanden

Hans Jakob Streiff

Einmal mehr ist mein Briefkasten vollgestopft. Zwischen Prospekten, dicken, farbigen Katalogen, Rechnungen samt Einzahlungsscheinen und Aufrufen zu Spenden suche ich echte Briefe von Verwandten oder Freunden. Und siehe da – mein Suchen hat sich gelohnt. Ich finde wirklich erfreuliche Post, nämlich das schöne Detailprogramm für eine Schweizerreise mit befreundeten Ehepaaren.

Schliesslich weckt dann doch noch ein Katalog meine Aufmerksamkeit. Mit prächtigen, farbigen Bildern werden gediegene Dinge für den gepflegten Herrn angepriesen. Was kostet wohl ein solcher Katalog, der sicher häufig im Papierkorb landet, ist mein erster Gedanke. Dabei erinnere ich mich lebhaft an meine aufwendigen Bemühungen, für den Druck eines kleinen Heftes mit Bildern zum Thema «Bildung» Sponsoren zu finden!

Beim Blättern im bunten Katalog richtet sich mein Blick auf einen ganz besonderen Gegenstand. Es ist eine mehrfarbige Leder-Schirmmütze mit einem kecken Knopf, oben in der Mitte. Das wäre bestimmt etwas für die kommende Herbstreise mit unseren Freunden! Solche Mützen tragen doch alte englische Lords. Sie markieren nicht zuletzt einen Rest ehemaliger Würde. Kurz entschlossen bestelle ich ein Exemplar, meiner Kopfgrösse angemessen. Zu meiner grossen Freude trifft der Lederhut pünktlich, noch vor der Abreise, bei uns ein.

Stolz betreten meine Frau und ich mit Gepäck und Mütze in Glarus den Zug. Beim Bahnhof Thalwil werden wir von Freunden abgeholt. Aber oh Schreck – am schönen Gestade des Zürichsees fehlt die Mütze! Ich springe sofort zu einem Schalterbeamten und melde den Verlust meines seltenen und deshalb teuren Objektes. Die Ledermütze ist im Regionalzug Glarus – Ziegelbrücke liegen geblieben. Der Beamte macht ein ernsthaftes Gesicht, sucht ein grosses Formular und stellt viele Fragen: Name, Alter, Adresse, Beruf des Grossvaters (etwas übertrieben!), Zugsnummer, Kontaktmöglichkeiten, Details über den verlorenen Gegenstand. Nach einigen Minuten verlangt er 15 Franken und erklärt, dass der Heimbahnhof Glarus mir Mitteilung machen werde, sobald die Mütze dort eingetroffen sei. Und tatsächlich, nach etwa zehn Tagen trifft die frohe Botschaft bei uns ein. Beschwingt marschiere ich zum Bahnhof und erkundige mich nach meinem kostbaren Lederhut. Auch der Beamte in Glarus macht ein ernstes Gesicht, erkundigt sich noch einmal nach dem Aussehen des gesuchten Gegenstandes, und er will wissen, ob ich ein Generalabonnement, ein Halbtagsabonnement oder gar nichts besitze? Der Finderlohn betrage nämlich je nach «Besitzverhältnis» null Franken, fünf Franken oder sogar zehn Franken! Als Eigentümer eines Halbtagsabonnements bezahle ich schliesslich gerne fünf Franken und ergreife endlich mit Freude das verlorene, lederne Ding.

Etwa eine Woche später liegt in unserem Briefkasten Post von den SBB in Zürich. In einem netten Schreiben teilen mir die Bundesbahnen mit, dass sie im Besitze meiner Vermisstmeldung seien, dass die Mütze aber leider nicht gefunden werden konnte!

Diese wahre Geschichte ist eigentlich typisch für unser Zeitalter der Postmoderne. Die Computer und die Reglementierungen beherrschen den Alltag, und häufig weiss die Linke nicht, was die Rechte tut oder umgekehrt!

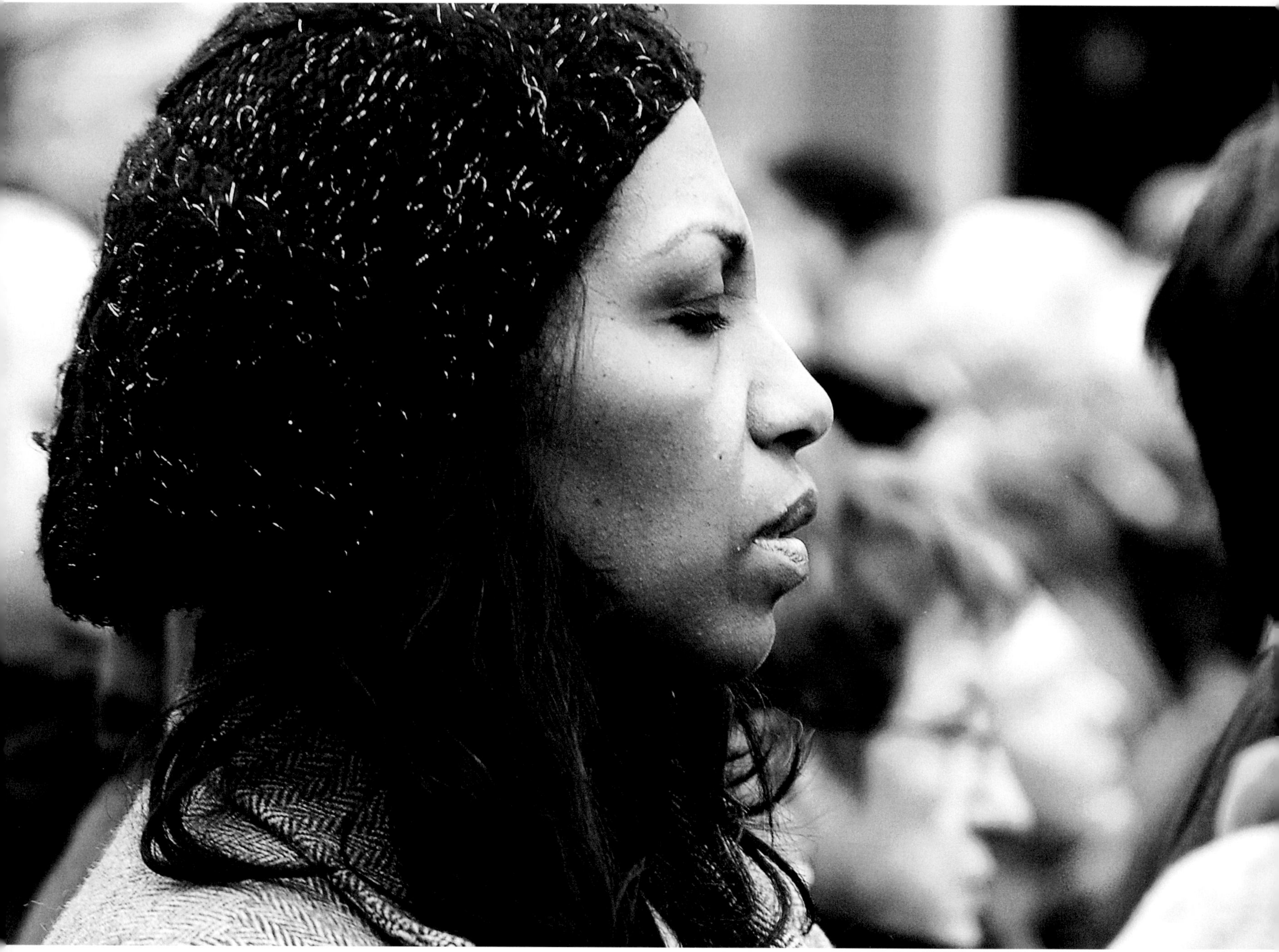

Berge
schillernde
Hüte

diese
Sehnsucht

nach
weissem
Klang

Die Verwegenheit
schwingt
ihren Hut

glühende Feder
fuchsrot
das Band

freifüssig
tanzt sie
über das Parkett
der Visionen

wirft
Frage-
Ausrufzeichen
in den Raum

Mit leiser
Geste dir
den Hut
in den Nacken schieben

deine Augen
im Takt
heller Frühlingsmusik
gaukelnde
Inseln im Meer

weit
ausgespannt
meine Segel

ich treib auf die
Blauinseln
zu

Hügel
wie Hüte
ans Wasser gestülpt

schwebend
die Fernblaurose

Welle
löst
das Salz
von der Wange

flüstert ihr Bleib
glitzert ihr
Geh

Die Zeit
trägt ihre
zornige
Mütze

ich sitze

sie geht
vor mir
ab und
auf

Das grosse Verlieren
wirft Karten in die Luft

zieh diese
greif jene
flüstert es

die Königin
zieh ich
die Königin

das grosse Verlieren
nah mir gegenüber
krönt mich
mit geübter Hand

setzt mir den
Loorbeerkranz auf

Den Nebelhut
schwer
im Gesicht
breit das Novemberschweigen

Riss
Wolkensprühen
Lichtklang
ein rarer

was er leuchtet ist
Farbwurf schon

schimmernd
durch die Wimpern
verborgener
Zeit

Heidy Dürst

Wächter der Wahrheit

Nicole Billeter

Herr H. langweilte sich. Durch die geschlossene Tür hörte er, wie die Nachrichtensprecherin von Radio Beromünster, das heute so neumodisch DRS 1 heisst, schon wieder über die Not in der Welt und von geheimnisvollen Zahlen der Börse sprach. Sie sagte jeweils ihren Namen an – «am Mikrofon Lisa Caprez» – aber Herr H. konnte ihn sich nie merken. Noch nicht einmal bis zur nächsten Stunde, wenn sie wieder berichtete. Er langweilte sich; bestimmt ging es Lisa C. ebenso, die ganze Stunde bis zur nächsten Nachricht.

Er langweilte sich, weil er selten zu tun hatte. Er behütete. Das war nicht weiter schwierig. Schliesslich war er ein Hut. Und ein feiner dazu. Ein vornehmer, aus allerfeinstem Filz gefertigt. Nach traditionellem Rezept gestaltet. Ein festes Hutband markierte seine Taille, seine Fütterung bestand aus galantem Satin. Er trotzte Regen und Schnee, nur vor dem Wind musste er sich in Acht nehmen. Wind war ihm nicht wohlgesonnen. Stets versuchte der, ihn mit sich zu nehmen. Der Wind war wie die Stimme der Nachrichtensprecherin, ein Hauch von Bestimmung.

Ah, aber da war noch mehr! So viel mehr! Herr H. hatte nämlich eine Aufgabe, eine eminent wichtige. Tiefsinnige, geheimnisvolle. Herrn H.s Pflicht war von enormer Weltbedeutung: er behütete einen Schatz.

Aber nein! Nicht diesen Schwachkopf, dessen Glatze er momentan vor Kälte schützte. Nein, dieser Kerl war genau so brillant, wie er clever war. Man sollte ja nicht schlecht über seinen Menschen urteilen, aber diese Person… Herr H. wusste, er hatte guten Grund, snobistisch zu sein. Wenn er jeweils mit seinem Underling in die «Goldene Gans» ging, beim Eingang auf das Hutgitter gelegt wurde und den mannhaft markigen Gesprächen am Stammtisch folgte, da konnte er nicht umhin zu erkennen, dass sein Snobismus unabwendbar war. Er war nicht schon immer ein Snob gewesen, keineswegs. In seiner überschwänglichen Jugend hatte er mit seinem damaligen Underling sogar an Demonstrationen teilgenommen. Da, hatte er fest in der Luft gewedelt, entschlossen von der linken Hand des Underlings gehalten. Da in diesen bewegten Ansammlungen, war er sich seiner Wichtigkeit durchaus bewusst gewesen, getragen von Wellen der Euphorie für eine Überzeugung. Es war nicht schwierig, sich dort als Wächter der Wahrheit zu sehen.

Denn das war er: Wächter der Wahrheit. Ein stolzer Titel … und Herrn H.s Underling dachte, er hätte ein Kleidungsstück erworben, damals, in dem vollgestopften Kramladen. Die Menschen waren einfach blind für Offensichtlichkeiten. Hätte Herr H. Augen gehabt, dann hätte er sie jetzt verdreht. Voller Verachtung. Oder die Nase, gerümpft. Aber natürlich besass er weder Augen noch Nase und Rümpfe waren nicht gut für den Filz, dies würde unvornehm aussehen. Zudem hätten sie den Underling dazu bringen können, Herrn H. wegzugeben. Das war nicht im Sinne seiner Aufgabe. Ausserdem: einen weiteren Aufenthalt im Brockenhaus hätte Herr H. nicht überstanden. An einem nackten Nagel, oberhalb knittriger Anzüge, die an Ellenbogen und Knien abgewetzt waren, und engen Jacken in schrillen Farben, zu hängen, war wirklich kein Vergnügen. Wenn man Pech hatte, traf es sich gar, dass man unter diese unsäglichen rot-weiss-blauen Mützen zu liegen kam, die so peinlich stolz waren auf ihre Logos von irgendwelchen Kreditanstalten, die längst schon mit weiteren Banken fusioniert hatten.

Wächter der Wahrheit … einmal hatte so ein Frechling ihn doch tatsächlich ausgelacht. Man stelle sich vor! «Welche Wahrheit hütest du denn?», hatte er gefragt und frech gegrinst. Nun, gegrinst hatte er nicht,

nicht direkt, aber er hätte, hätte er einen Mund gehabt. Natürlich hatte er auch nicht gelacht oder nach der zu behütenden Wahrheit gefragt. Aber Herr H. hatte es dem Béret angemerkt, dass es dies gerne getan hätte. Diese Franzosen! Sie sahen zwar immer chic aus, gingen nie aus der Mode und verliehen ihren Trägern aussergewöhnliches Flair. Trotzdem. Sie hatten einfach keinen Anstand.

Es war auch von völlig geringfügiger Bedeutung, dass Herr H. selbst keine Ahnung hatte, wie seine Aufgabe aussehen würde. Er glaubte daran. Und er war sicher, dass er die Wahrheit sofort erkennen würde.

Die Wahrheit... – Herr H. stellte sich vor, wie sie aussehen müsste. Bestimmt war sie weiss, jeder wusste, dass die Wahrheit rein war. Also weiss. Zart. Wenn sie nicht zierlich wäre, würde sie nicht beschützt werden müssen. Vielleicht ein edles Seidenband, das im Wind flatterte. Oder ein verspieltes Schleierchen, das neckisch über die kleine Krempe flog. Ja, ganz bestimmt. Ein anmutiges Fräulein, ein Hütchen, wie es nie ein süsseres gegeben hatte. Und er, stolzer Hut aus allerfeinstem Filz, er würde die Ehre haben, sie zu beschützen.

Gerade fiel Herr H. wieder in die Langeweile zurück – wann begannen eigentlich die nächsten Nachrichten? Ob es noch immer Krieg in Kamytschistan gab? –, da rüttelte es an den Schranktüren.

Ihn überkam mit Wucht die Erkenntnis, dass es passierte. Jenes, auf das Herr H. schon sein ganzes Leben lang gewartet hatte! Er wurde zum Wächter der Wahrheit. Ein Sturm knallte seine Kastentüren ungestüm auf und zerrte ihn aus seinem Hutgestell. Herr H. wurde hochgerissen, wirbelte herum, und sein Hutband zerknüllte sich am oberen Rand, seine Krempe sauste.

Herr H. konnte nur mitmachen, was ihm passierte. Die Reise zog ihn nach oben, in den Himmel, zu Wolken und Regen und Schnee. Hätte er gekonnt, so hätte er laut aufgelacht, freudig und aus voller Kehle.

Aber so flog der einsame Hut in klassischer Form, gefertigt aus feinstem Filz still in die Lüfte und schien dort in den Höhen zu verharren.

Ein Lichtstrahl fiel auf ihn und liess die ersten Schneeflocken auf seiner Krempe glitzern. Herr H. war zutiefst befriedigt. Endlich!, endlich war sie da: die Freiheit. Er konnte seine Bestimmung annehmen. Er würde Fräulein Wahrheit leiten und vor allem Schaden bewahren. Er strahlte – so hoffte er – ins Licht. Bestimmt gab es ein Protokoll, das eingehalten werden musste, die Wahrheit musste anerkannt werden: «Verzeihung, wenn ich so direkt frage: Seid Ihr die Wahrheit?» Es war ein gar erhebendes Gefühl, sprechen zu können. Das machte die Dinge schon ziemlich einfach. Dieses Wunder konnte nur der Wahrheit zu verdanken sein, sie mochte es offenbar, ausgesprochen zu werden.

Die Helligkeit jedoch blieb stumm. Herr H. räusperte sich, schliesslich war seine Stimme noch neu, daher wohl etwas verstaubt, unter Umständen hatte Fräulein Wahrheit ihn nicht gehört.

«Entschuldigung!», rief Herr H. deswegen etwas lauter. «Ich bin Euer Wächter.» Der Glanz schien abzuwarten; dann bewegte sich die kraftvolle Flamme und schien Herrn H. direkt anzusehen. Tiptop, jetzt hatte er ihre Aufmerksamkeit, es wurde Zeit, dass man sich richtig verstand. «Wenn ich meine Aufgabe richtig erledigen soll, möchte ich gerne eine Job Description.»

Herr H. war überaus stolz auf sein weltmännisches Verhalten. Diesen Ausdruck hatte er von seinem glatzköpfigen Underling aufgeschnappt; natürlich könnte man auch ‹Stellenbeschrieb› sagen, aber englisch klang das einfach so viel kultivierter. Vor seiner Krempe bebte die Lichtsäule etwas und die warme Klarheit wurde ein wenig gleissender. Ob er sie verärgert hatte? Aber es war doch nur richtig, dass er seinen Dienst so zuverlässig aufnahm, dagegen gab es ja wohl nichts einzuwenden.

«Fräulein Wahrheit, es wird mir eine Ehre sein, Euch zu behüten.» Das Licht glitzerte, schien zu überlegen. Das machte Herrn H. mutiger. Er fand, es sei an der Zeit, direkter zu werden. Etwas näher flatterte er an den Lichtschein heran, der sich ihm entzog und dann von hinten wieder aufleuchtete.

Herr H. liess sich nicht beirren, er würde sagen, was er zu sagen hatte: «Ich bin bereit, Euch immer und überall zu dienen und jeden Befehl ohne zu zögern auszuführen.»

Wieder flackerte die Helligkeit. Was Herr H. als Zustimmung aufzufassen begann; wacker fuhr er fort: «Für Euch gehe ich über Leichen, ich verspreche, sogar mein Leben für Euch zu lassen. Um Euch vor Unheil zu bewahren, werden wir ein paar Regeln aufstellen. Diese dienen Eurer Sicherheit. Vertraut mir.» Sehr professionell. Herr H. war ausserordentlich zufrieden, wie schnell er in seine Aufgabe fand, wie souverän er sich verhielt. Es war aber ja eigentlich kein Wunder, war er nicht auf die Welt gekommen wegen genau dieser Aufgabe? Da konnte er sie nur perfekt erledigen. Dies war in alle seine (allerfeinsten) Filzfasern gegeben.

«Als Erstes werdet Ihr nicht mehr ohne Begleitung aus dem … Haus gehen.» Hatten Wahrheiten Häuser? Herr H. wusste es nicht genau, schnell fuhr er fort: «Dann werden wir einen Plan aufstellen, wie Eurer Tagesablauf geregelt sein wird. Wir erstellen eine Bedrohungsanalyse – vielleicht müssen wir dies outsourcen, ist nicht mein Spezialgebiet. Sind jene identifiziert, die uns Böses wollen, erstellen wir einen Reaktionsplan. Bewaffnung wird unabdingbar sein, ebenso Alarmanlagen, gepanzerte Fahrzeuge, Rund-um-die-Uhr-Bewachung, Body Doubles, Abhörgeräte, abhörsichere Leitungen, die neueste IT-software, um ein Eindringen in unser System zu verhindern.»

Hervorragend! «Kurz: Ihr werdet keinen Schritt mehr alleine tun. Alle Entscheidungen über Euer Tun gehen zuerst über mich, ohne mein approval passiert nichts. So seid Ihr in vollkommener Sicherheit.»

Die Wahrheit strahlte glitzernd und glühend, zog einen erfrischenden Regenbogen über die nassen Wolken. Sie flackerte heftig, ein bebender Strom durchfuhr sie, und Herr H. erkannte schlagartig, dass sie … lachte! Sie lachte sich schief, kringelte sich, krümmte sich, lachte, lachte ihn aus. Entsetzt begriff Herr H., dass sie seinen Dienst nicht benötigte. Die Wahrheit wollte nicht beschützt werden. Sie setzte sich alleine durch.

Um ein echter Wächter der Wahrheit zu sein, würde es noch viel zu lernen geben. Und es gab nur eine Weise, dies zu tun: Ohne Voreingenommenheit liess sich Herr H. in die warme Lichtsäule fallen, sicher im Wissen, dass sie ihn auf Bahnen werfen würde, über die er keine Macht hatte. Aber sie würde es richten.

Sie war seine Wahrheit.

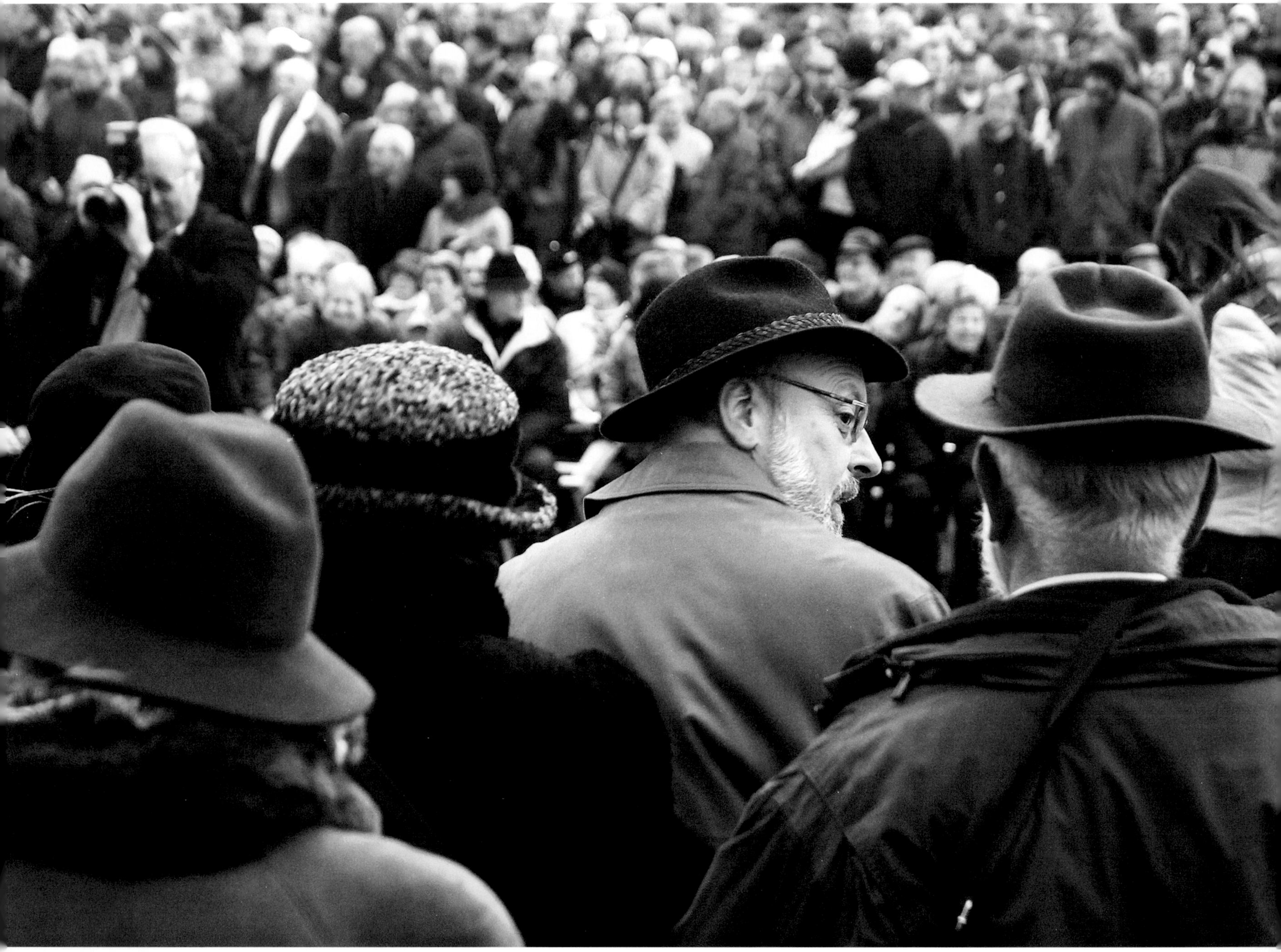

Die Hüte meines Vaters

Hans-Rudolf Müller-Nienstedt

Zumindest darin täuscht mich meine Erinnerung nicht: Vater war der Grösste. Fotos aus meiner Bubenzeit bestätigen mir, dass die steife Mütze mit dem glänzend schwarzen Lackschirm diese Grösse ebenso betonte wie seine untadelig gerade Haltung. Von der rechten hinteren Ecke aus überblickte er das Ganze. Für mich war er der Chef. An dieser Überzeugung änderte auch meine spätere Einsicht nichts, dass er genauso wie alle andern in der dunkelblau uniformierten Dorfmusik dem Taktstock des Dirigenten zu gehorchen hatte.

Das grösste der Gefühle war, ihm den Instrumentenkoffer nachtragen zu dürfen, zum Beispiel an der Näfelser Fahrt. Das erhob mich weit über die unzähligen Zuschauer und gewöhnlichen Prozessionsteilnehmer. Der Instrumentenkoffer zeichnete mich aus als Teil dieser mächtigen, wunderbaren Bewegung, die aus Fahnen und Standarten und Würdenträgern und eben der Harmoniemusik bestand. Dabei fühlte ich mich nicht wie irgendeiner unter all diesen vielen Jungen, die als Kofferträger, Ministranten, Pfadfinder oder in welcher Mission auch immer in diesem bunten Zug mitliefen. Nein, ich marschierte mit als Sohn meines Vaters. Und mein Vater war der Grösste.

Ich war schon älter, als ich meinen Vater in der Reihe der Landräte sah, jetzt im Frack oder Zweireiher, grau gestreifter Hose mit scharfer Bügelfalte, glänzenden schwarzen Schuhen, den Kopf bedeckt mit dem schwarzen, breitkrempigen Homburger. Er überragte immer noch die meisten der gemessen zum Landsgemeindeplatz schreitenden Räte. Was geändert hatte, war meine Wahrnehmung: Vor den Landräten schritt jetzt eine kleine Gruppe von Männern in Frack und Zylinder: Die Kantonsregierung – unübersehbar die Bedeutenderen.

Soweit mir bekannt ist, trug Vater nur einmal im Leben einen echten Zylinder: Bei der Hochzeit. Es gehörte sich wohl, dass das Hochzeitspaar sich wie Angehörige der feinen Gesellschaft kleidete. Vater im knielangen Frack mit weisser Lilie am Revers, blütenweissem Stehkragen und weissem Schlips, dazu den hohen, schwarz glänzenden Zylinder; Mutter im blendend weissen Rüschenkleid, das bis zu den ebenfalls weissen Schuhen hinunterfällt, den Kopf bedeckt mit einer perlenumrandeten Haube, an der hinten ein luftiger Schleier befestigt war. Ob sich Vater bewusst war, dass der feine Zylinder zu seiner Zeit der Hut der High Society war, der anzugehören er sich nicht anmassen wollte? Ob er deshalb auf fast allen Fotos barhäuptig zu sehen ist, seine Haare wie immer streng nach hinten gekämmt? Oder ob er aus Rücksicht auf die kleiner gewachsene Mutter den Hut in der Hand trug?

Wenn man den früheren Fotos Glauben schenken will, war Vater in jungen Jahren dem leichten Leben allerdings nicht abgeneigt, trug gern die Insignien der besseren Gesellschaft. Als vielleicht 20-Jährigen sieht man ihn in den Bergen mit steifem Strohhut ganz in französischem Chic wie Maurice Chevalier. Darüber hinaus hält er mit lässig erhobenem Arm einen Stock mit Silberknauf. Ein anderes Foto zeigt ihn mit keck aufgesetztem Stetson, wohl dem Modeaccessoir der Strebsamen und Innovativen der 30er-Jahre. Mutter stand ihm in dieser Zeit in Sachen Hüte in nichts nach. Es scheint, dass sie kaum eine der wohl mit rasanter Geschwindigkeit ändernden Hutmoden verpassen wollte. Vor wechselnden Hintergrundlandschaften posierte sie mit gewagten Topfhüten, ausladenden Ballonmützen, eng anliegendem Toque, gerundetem Cloche oder wie die Gangsterbraut Bonnie mit einer Mütze schräg am Kopf anliegend.

Für uns Kinder waren diese Fotos mit den Hut tragenden Eltern unausgesprochen eine Art Beleg dafür, dass unsere Familie etwas Besonderes war. Im Widerspruch damit stand aber das Regime der Sparsamkeit, das vor allem von der Mutter im Haus vertreten wurde. Jedes Kleid musste vom ältesten Jungen bis zum jüngsten, vom grössten Mädchen bis zum kleinsten durchgetragen werden, auch wenn die Ellbogen der Pullover und die Knie der Hosen schon mehrfach geflickt waren. In der Schule gehörten wir zu den ganz wenigen Kindern, die noch Ärmelstösse tragen mussten. Am beschämendsten war für mich eine schwarze Pelerine aus einem groben haarigen Stoff, die ich so schlimm fand, dass ich deswegen ganze Stunden zu Hause lesend auf dem Klo verbrachte, statt in den Schüler-Rosenkranz zu gehen. Geschichten von Jungen aus edlen Familien, die ihre Güter verloren hatten, konnten meine Fantasie ganz enorm beschäftigen. Meine Tagträume wurden ergänzt durch die Beobachtung, dass zwar die Uniformmütze der Harmoniemusik sichtbar auf der Hutablage in der Garderobe zu sehen war, der Homburger nach Gebrauch immer sorgfältig in eine Hutschachtel verschwand, der Zylinder aber ganz verschwunden blieb. Das Hochzeitsfoto meiner Eltern hing so wie eine Fata Morgana oder eben wie der Beweis für eine verlorene Zeit der Grösse an der Stubenwand.

Einen weiteren Hut gab es, der für besondere Gelegenheiten hervorgeholt wurde: Eine steife, schwarze Melone. Sie war wohl für bedeutsame Kirchgänge reserviert, wobei ich mich nur an eine Gelegenheit erinnern kann, bei der diese Melone zum Einsatz kam: Das Begräbnis meines Grossvaters. Noch viel stärker als die Erinnerung an meinen Vater in Trauerkleidung und Melone ist aber – ich muss es gestehen – meine Erinnerung an das erste ganze Kotelett meines Lebens, das ich beim Leichenschmaus im «Steinbock» verspeisen durfte.

Im Alltag lagen der Homburger und die Melone sorgfältig eingemottet in Hutschachteln auf dem Estrich, wie Zeugen einer vergangenen Pracht. Von der Hutablage neben der dunkelblauen Uniformmütze griff sich Vater einen dunkelblauen Filzhut, wenn er auf Kundenbesuch ging. Wenn ich mitfahren durfte, um Schachteln auszuliefern, war das jedes Mal ein Abenteuer. Ich liebte die Fahrten mit dem Lieferwagen, in dessen Fahrerkabine man sich wie hoch zu Ross durch die Strassen bewegte. In die Begegnung mit den Kunden schlich sich allerdings nicht selten ein irritierendes Gefühl ein. Zu Hause in der Familie und im Geschäft war Vater ja die unbestreitbar erste Autorität. Sein Wort galt einfach. Bei gewissen Kunden kam es mir nun plötzlich so vor, als werde Vater eher wie ein Dienstbote oder ein Bittgänger behandelt. Deshalb waren mir auch die Firmenrampe, wo die Schachteln abgeliefert wurden, und der Umgang mit Magazinern und Arbeitern viel lieber als das Warten vor einem Sekretariatstresen oder das Antichambrieren vor einem Direktorenzimmer.

Der dunkelblaue Filzhut mit der schmalen Krempe spielte wohl auch die Hauptrolle bei der folgenden Geschichte. Vater wurde zu einem Kunden gerufen, dessen Name bei mir heute noch den sauren Klang eines Nörglers hat. Eine Lieferung war nicht zu dessen Befriedigung abgeliefert worden. Die schwere Eichentür zum Chefbüro stand eine Handbreit offen, als Vater zur Entgegennahme der Rüge dort eintraf. Einer plötzlichen Eingebung folgend streckte Vater seinen Hut durch den Spalt und rief: «Dr Müller isch dä da. Dr Huet seit schu mal äxgüsi.»

Wie ein Sinnbild für die endgültige Entzauberung meines Vaters als «der grosse Mann» ist dieser dunkelblaue Filzhut mit seinem leicht schimmernden, eng anliegenden Band in meiner Erinnerung haften geblieben. Er sass ihm immer irgendwie zu klein auf dem

Kopf. Das lag wohl an dessen schmaler Krempe. Der zu klein scheinende Hut kam mir besonders bei den seltenen Besuchen meiner Eltern im Kollegium, wo ich eine gut katholische Maturitätsbildung zu geniessen hatte, lächerlich vor. Zusammen mit andern Schülern stand ich an einem der grossen, auf den Kollegiumseingang gerichteten Fenster in Erwartung meiner Eltern; sah sie mit dem Swissair-blauen und neben den bedeutenden Karossen anderer Eltern mickrig scheinenden VW Käfer vorfahren; fühlte die Rührung des lange Zeit von zu Hause weg wohnenden Jungen; und schämte mich meines Vaters mit dem zu kleinen Hut auf dem Kopf und dem schlecht sitzenden Anzug.

Seine Freizeit markierte mein Vater mit einer flachen, weissen Schirmmütze. Sicher verschwendete er keinen Gedanken an die besondere Geschichte dieses Kleidungsstückes, das sich als proletarisch-revolutionäres Gegenstück zu Zylinder und Trachtenhut im vorigen Jahrhundert entwickelt hatte. Wohl wird er in der Wochenschau Wehrformationen der KPD, der russischen Rotgardisten, der Schutzbündler in Österreich, der Arbeiterradfahrer, der Kommunistischen Internationale mit den unverwechselbaren Schirmmützen gesehen haben. Auch Bilder von Lenindenkmälern werden ihm begegnet sein, für die vier Posen vorgeschrieben sein sollen: aufrecht, gehend, nachdenklich – und mit Schirmmütze. Für Vater werden ganz andere Gründe als Sympathie zum Proletariat dazu geführt haben, dass die Schirmmütze ebenso zur ständigen Begleiterin seiner Freizeitbeschäftigungen wurde, wie der überhaupt zu seinem Leben gehörende Stumpen. Mit Schirmmütze und Stumpen ausgerüstet hantierte er im Bienenhaus mit den Waben. Mit Schirmmütze und Stumpen machte er sich auf den Weg zum Obersee, wo er seine liebsten Stunden verbrachte. Schirmmütze und Stumpen waren neben einem am Gürtel hängenden Korb und Stiefeln seine wichtigste Ausrüstung, wenn er in den Wald auf Pilzsuche ging. Auf unzähligen Fotos ist Vater mit Schirmmütze und Stumpen vor wechselnden Landschaften zu sehen, die er in den siebziger Jahren mit Mutter durchwanderte, nachdem er seine Leidenschaft für Wanderwochen entdeckt hatte.

Als ich mich entschloss, über die Hüte meines Vaters zu schreiben, meinte ich es mit solidem Material zu tun zu haben: Mit Filz, Wolle oder Stroh. Vielleicht auch mit Seide, Samt, Fell oder Leder. Immer mehr musste ich aber merken, dass mein Material viel weniger greifbar war, weil ich weitgehend auf mein Gedächtnis angewiesen war, wobei ich zur Korrektur oder als Ergänzung meines Gedächtnisses manchmal auf Fotos zurückgreifen, manchmal das Gespräch mit einem Geschwister zu Hilfe nehmen konnte. Mein Gedächtnis erwies sich als eigentliche Trickkiste. Meine Erinnerung förderte wie eine Taschenspielerin immer wieder unerwartete Dinge zu Tage. Mit der Zeit merkte ich, dass jeder Hut mich nicht nur mit bestimmten Rollen meines Vaters in Berührung brachte, sondern auch mit dem kleinen Hans, dem Schuljungen Hans, dem Jugendlichen Hans.

Die Schirmmütze meines Vaters und der Stumpen sind wohl am deutlichsten dem Studenten im Gedächtnis haften geblieben. Ich erinnere diese Mütze nicht weiss, sondern etwas schmuddelig, das Schweissband gelblich verfärbt, so wie es auch die Fingernägel meines Vaters waren. Auf den Fotos aus jener Zeit wurde aber eine blendend weisse Mütze festgehalten. In meiner Erinnerung sah ich meinen Vater mit seiner Mütze durch einen Filter verformt, und mein Gedächtnis gibt mir noch heute jene Details wieder, die meinen Vater irgendwie schmutzig machen, ihn herabwürdigen. Es war die Zeit, in der ich mit meinem Vater stritt, heftige Diskussionen führte, die jeweils mit einem «Du wirst auch noch vernünftig» endeten oder mit einem «Du willst wohl wieder die Welt verbessern». Mein

Bedürfnis muss gross gewesen sein, den grossen Mann meiner Bubenzeit zu demontieren, mich von ihm abzusetzen, um in der Studentenzeit meine wacklige Identität zu festigen. Dabei hat mir wohl auch meine erste selbst gewählte Kopfbedeckung geholfen: Ein schwarzblaues Beret, natürlich ergänzt durch eine Gauloise bleu.

Neben diesem Beret liegen sie jetzt – zwar nicht alle Hüte meines Vaters, aber zwei der bedeutsamsten: Der Homburger und die Melone. In den Jahren seit dem Tod meines Vaters haben sie auf meiner Hutablage Gesellschaft bekommen von Hüten, deren Geschichten vielleicht einmal einer meiner Söhne oder meine Tochter erzählen wird. Dass ich je einen Zylinderhut getragen hätte, werden sie nicht erzählen können. Der Zylinder meines Vaters war auch bei der Räumung meines Elternhauses in keiner geheimen Kammer oder versteckten Hutschachtel zu finden gewesen. Woher hatte ihn mein Vater? Wohin ist er geraten? Das ist wohl eine andere Geschichte.

Teilnehmerinnen und Teilnehmer der ausserordentlichen
Landsgemeinde vom 25. November 2007, aufgenommen
zwischen 10 und 13 Uhr in einem Zelt vor dem Ring.

Dorothea Bäbler, Mollis

Rita Meli, Linthal

Silvia Streiff, Ennenda

Louise Michel, Netstal

Kurt Baumgartner, Mollis

Bruno Oswald, Oberurnen

Mathias Güdel, Mollis

Petsch Marti, Matt

Julie Störi, Glarus

Christine Landolt-Rickenbach, Näfels

Franz Landolt, Näfels

Dino Müller, Ennenda

Fritz Rigendinger, Glarus

Hans Speck, Netstal

Monika Weber, Riedern

Gret Zweifel, Schwanden

Jürg Wachter, Näfels

Walter Feldmann, Netstal

Hans Lehnherr, Niederurnen

Walter Lacher, Netstal

Evelyne Müller-Harder, Näfels

Thomas Schätti, Schwanden

Margrith Stähli, Dietikon

Prisca Rast mit Sophia und Sebastian, Mollis

Monika Weber-Trümpy, Mollis

Daniel Steiger, St Peterzell

Paul Vogt, Glarus

Jean-Pierre Hauser, Näfels

Andreas Weber, Niederurnen

Der Schlapphut

Bernhard Brägger

Vor mir liegt ein vergilbtes Foto. «Klausenrennen 1929» ist mit spitzer Feder eingekritzelt. Hoch über der Strasse ein Band. «Start» steht drauf und «Scintilla», die führende Marke für Zündmagneten. Darunter eine Bretterbude für Zeitnehmer und ihre Uhren. Sie soll vor Nässe aber auch Hitze schützen. An einer Stange ist unübersehbar die Tafel genagelt: «Hausieren untersagt.» Rennwagen, hintereinander aufgereiht, warten auf ihre Startzeit und mit ihnen die Fahrer, die Mechaniker, Fotografen und Journalisten. Ein Mercedes, zwei Bugatti, ein Maserati und direkt an der Startlinie der Alfa Romeo. Am Steuer, ein Italiener, den Blick starr in die Ferne gerichtet. Nebelschwaden verhüllen die Startkurve. Ihren Charakter lässt sich nur erahnen: Zuerst scharf rechts, dann sofort links. Pflastersteine. Schleudergefahr! Schwach sind Umrisse einer Mauer erkennbar. Zuschauer umsäumen die ersten Meter der 21 Kilometer langen Strecke. Hunderte! Männer in modischer Sportkleidung mit Dächlikappe, Knickerbockers, Spazierstock, in Leder verpackte Motorradfahrer, Frauen mit «Bubikopf-Frisur». An der Startlinie steht ein Sportkommissär: gross, spindeldürr, in hellen Hosen, weissem Stehkragen, mit Gilet samt Uhrenkette und einem rabenschwarzen, fast bis zum Knie reichenden Gehrock. Ein Schlapphut verdeckt seine rechte Stirnhälfte, die linke wird selbstbewusst freigegeben. Als sei es gestern gewesen, kommen mir beim Anblick dieses hageren Herrn Verse in den Sinn. Hans Rhyn schrieb sie – wir Schüler mussten sie auswendig lernen:

«Einer hockt im Arvenastgezause,
Tief den Schlapphut mit der Raureifkrause,
Lauert, späht. Er duckt sich, springt mit weichen Tritten
Lautlos hinter Holz und Schlitten.»

Es ist das Gedicht vom Bäuerlein im verschneiten Winterwald, das hackt und schaufelt, Lärchenstämme bloss legt, sie auf einen Hornschlitten würgt und mit der gefährlichen Last zu Tale fahren will. Ein unbekannter Fremder mit Schlapphut packt die vor Kälte klebrig gewordene Bremskette. Vorn das Bäuerlein. Es zieht und zerrt und kommt kaum von der Stelle. Doch am Steilhang kommt die schwere Last ins Gleiten. Plötzlich stockt die Fahrt. Das Bäuerlein pfählt die Schenkel in den Grund, zieht, zerrt und reisst sich die Hände blutig. Hinten bremst der Unbekannte, krallt die Finger um die Kette, stemmt seine spindeldürren Beine in den Schnee.

«Jetzt – er lässt los. Ein Ruck. Die Kufe schreit auf.
Die Riesenlast kommt in Lauf, in Lauf.
Bäuerlein, halt auf!
Der Bremsring zerspringt. Von der Sehne geschnellt
Pfeilt der Schlitten, schwankt, stürzt – zerschellt.
Aufzischt und brandet der Schnee,
Erstickt Schrei und Weh.»

Ein Mechaniker startet den Acht-Zylindermotor des Alfa Romeos. Eine energische Drehung an der Kurbel genügt. Der Motor erwacht, zuerst widerwillig, stotternd, dann brummt er ruhig vor sich hin. Noch versperrt der Kommissär mit dem Schlapphut den Weg ins Ziel. Jetzt zählt er die letzten Sekunden. Noch zehn, noch neun. Der junge Italiener tritt das Gaspedal nieder, die acht Zylinder brüllen auf. Der ganze Wagen vibriert, zittert und mit ihm die Strasse, die Zuschauer. Ein Gasstoss löst den andern ab. Ein infernalisches Stakkato. Fünf, vier, drei, – der Fahrer rückt den ersten Gang ein – zwei, eins, los! Der Spindeldürre hält den Schlapphut fest, weicht einen Schritt zurück und gibt die Strecke frei. Die Kupplung packt zu. Wild drehen die Antriebsräder auf dem lockeren Schotter durch. Doch der Alfa Romeo kommt nicht von der Stelle. Es ist, wie ein Unsichtbarer dem wild gewordenen Grand

Prix-Rennwagen die Finger ins Heck krallt, die spindeldürren Beine in den Strassenstaub stemmt und ihm die Fahrt in den dichten Nebel verhindern will. Jetzt – er lässt los, ein Ruck und wie von der Sehne geschnellt, stürzt sich der Wagen wild schleudernd auf die Startgerade. Erschreckt weichen Zuschauer zurück. 200 PS hetzen den Alfa Romeo auf die Nebelwand zu. Schon wird er von ihr verschluckt. Zurück bleibt der süssliche Geruch von verbranntem Rizinusöl. Aus dem Nebel hallt das ohrenbetäubende Gekreische des Kompressors – vielfach verstärkt durch die Linthal einkesselnden Kalkwände. Die erste Kurve scheint gemeistert zu sein. Da reisst der Ton ab. Schlagartig. Für einen Moment herrscht Totenstille. Gelähmt starren die Zuschauer nach dem verschwundenen Rennwagen. Doch der Nebel gibt nichts preis. Nichts! Hat er Schrei und Weh erstickt? Da springen erste Zuschauer auf, rennen über die Strasse, wollen helfen, retten. Sie rufen nach Sanitätern, nach dem Arzt. Das Rennen wird gestoppt. Die Motoren verstummen. Eine Ambulanz rast los. Eine zweite. Und plötzlich sind sie da. Wie aus dem Nichts, die nach Sensationen geifernden Gaffer. Sie behindern die Retter, versperren ihnen den Weg.

Der spindeldürre Sportkommissär mit dem fast bis zum Knie reichenden Gehrock rückt seinen Schlapphut tief in die Stirne, duckt sich, späht nach links, nach rechts und verschwindet mit weichen Tritten lautlos in der Zuschauermenge.

Updating

Ivar Breitenmoser

Es ist in der Region überall anzutreffen. Es prangt zuvorderst und zuoberst. Es begrüsst die in das Tal Einreisenden. Es ziert die Fensterscheiben mancher Häuser. Es ist aufgedruckt auf Amtspapieren, Ansichtskarten und Prospekten. Es ist eingedruckt in Büchern. Nicht selten strahlt es von der Vorderseite eines Folianten. Als Logo ist es der Blickfang auf der Titelseite einer Zeitung. Es ist zur Stelle bei grösseren öffentlichen Anlässen. Unter ihm versammelt sich jährlich eine ganze Talschaft. Bei Umzügen, Prozessionen und Gedenkfeiern führt es den Zug an. Massen von Leuten schreiten hinter ihm her. Der es trägt, trägt es mit Stolz. Turner-, Sänger- und Schwingerfeste kommen nicht ohne es aus. Es überflaggt das Rathaus. Es wird manchmal auch über seine Grenzen hinausgetragen. Es lässt sich vom Internet downloaden. Es existiert seit Jahrhunderten. Es, keine Naturgewalt, aber nicht minder kräftig wie eine Naturgewalt. Es, auch nicht das Freudsche Es, dann schon eher ein Über-Ich. Es, das Wappen, das vom Kloster Säckingen seiner Talschaft (als Grundherr seinen Grundholden) vermacht wurde, das Wappen, das eine Talschaft seinen Nachkommen vermachte. Es – ein Vermächtnis. Beim Anblick nimmt es zwangsläufig Gestalt an, weil es eine Gestalt darstellt.

Da flatterte sie also, die dunkle Gestalt, als Fahne im Winde. Bei Föhnlage in voller Grösse. Das Symbol. Das Idol? Die Ikone. Das Vorbild? Wie oft hatte ich sie betrachtet, an Ort und Stelle, hatte zu ihr aufgesehen, hatte sie bewundert, aus der Froschperspektive. Lange ist's her. Viel Wasser ist seitdem das Einstromland hinuntergeflossen. Was ich mir dabei gedacht haben mag? Ich weiss es nicht mehr.

Und da war sie also wieder, die schwarze Gestalt, auf dem Bildschirm meines Laptops. In voller Grösse.

Stufe um Stufe hatte ich sie herangezoomt, als ich ihr im Verbund mit den anderen Kantonswappen wieder begegnete. Es war mehr als ein Déjà-vu, es war eine Wiederbegegnung aus der Ferne. Auch aus der Fremde?

Eigentlich recherchierte ich im Internet zu gesellschaftspolitischen Problemen und war dann plötzlich auf einer Seite mit den Kantonswappen gelandet. Die Wappen haben mich irgendwie sofort wieder in ihren Bann gezogen, darum wahrscheinlich auch der Begriff Banner. Ihre Farbigkeit, ihre Motivvielfalt, ihr Patchwork. Niemand ist gegen sie gewappnet. Sie zeigen ihre Wirkung. Sie ziehen einen an. Sie provozieren Gefühle. Sie stiften Identität.

Ich schaute mir jedes einzelne wieder einmal an, mein Blick blieb an jedem einzelnen für Momente hängen. Man kann sich in dieser Patchworkfamilie gut verlustieren. Wie viele waren es schon wieder? 26 oder 24? Ich hatte schon immer Mühe, die Anzahl der Kantone nicht mit der Anzahl der Buchstaben des Alphabets zu verwechseln. Also begann ich sie abzuzählen. Aber noch bevor ich sie alle abgezählt hatte, war meine Gewissheit wieder hergestellt. Natürlich 23 – die Halbkantone besitzen ja nicht zwei separate Wappen. Manchmal, dachte ich mir, braucht man für die gewöhnlichsten Sachen der Welt eine kleine Auszeit, um wieder Gewissheit zu erlangen.

Ich widmete mich weiter den Motiven und Farben der einzelnen Wappen. Am augenfälligsten waren jene mit den geometrischen Figuren und Farbfeldern. Horizontal, vertikal, diagonal. Zweigeteilt, dreigeteilt, dreieckig. Wenn man, dachte ich mir, die Farben der Felder einfach austauschte, würde es überhaupt jemand bemerken? Zum Beispiel beim Zürcher-Wappen: Blau oben und weiss unten – und – die Diagonale in die andere Richtung…

Dann fiel mein Blick auf die Wappentiere. Eine beträchtliche Anzahl, dachte ich. Und wieder stieg in mir eine amüsante Vorstellung hoch. Würde man, so stellte ich mir vor, in einer Nachtundnebelaktion in allen Berner-Wappen und Berner-Fahnen den Bären beispielsweise durch einen Iltis ersetzen, wie lange würde es wohl dauern, bis die Leute das bemerkten, bis die ersten irritierten Anrufe auf dem Stadtamt eingingen?

Unweigerlich zog es dann meinen Blick auf das Wappen mit der schwarzen Gestalt, dem «man in black», dem Fridolin, der Glarner-Ikone. Jetzt, wo alle Wappen so schön nebeneinander aufgereiht waren, fiel mir auf, was mir früher nicht bewusst war: ER war in diesem Flickenteppich von Geometrien, Tierdarstellungen, Sternen und Schlüsseln die einzige menschliche Gestalt! Eine Ausnahmeerscheinung unter den Wappen! Eine Einzigartigkeit. Geradezu eine Extravaganz. Was für ein Coup eigentlich, dachte ich mir, einen Menschen, und dazu noch einen bestimmten, als Wappeninhalt ins Bild zu setzen, IHN ins Fahnentuch zu weben, wo ER auf immer und ewig, unveränderbar, unaustauschbar, omnipräsent sein würde! IHN also den Nachfahren nachzureichen, IHN allen nachfolgenden Generationen vorzusetzen. Einen Menschen abzubilden, der über Jahrhunderte bestehen bliebe. Einen Menschen abbilden ist sowieso eine heikle Angelegenheit. Du sollst dir von Gott kein Bildnis machen, schoss es mir durch den Kopf. Gilt dieses Verdikt auch für Darstellungen von Menschen? Ein Mensch ist zunächst einmal, so simpel es tönt, ein Wesen mit menschlicher Gestalt, das sich Attribute zulegt, die ihn ausmachen, die ihn auch von anderen Exemplaren seiner Spezies unterscheiden: Outfit, Kleidungsstil, Haarstil, Auftreten. Attribute, die zeitgebunden sind, die seine Zeit verkörpern, die dem Zeitgeist unterliegen (auch wenn er noch so sehr gegen den Strom seiner Zeit anschwimmt). Und wir erfahren es am eigenen Leibe, wie schnell der Zeitgeist sich ändert. Auch ein Stern, scheinbar ewig, verblasst, vergeht. Und ein Komet verglüht sowieso schnell. Anders bei IHM, bei Fridolin? ER ist unvergänglich. ER muss eingeschlagen haben wie ein Komet. Hat SEIN Einschlag den Talboden des Landes Glarus gebildet?

Da haben es sich die anderen Kantone mit ihren Farbfeldern und Tiersymbolen aber leicht gemacht, dachte ich mir. Diese sind unverfänglich, unverbindlich, austauschbar. Der Löwe zum Beispiel, wozu kann er schon nicht benutzt werden! Auch die ZSC-Lions tragen ihn auf ihrem Banner. Kämpfen müssen schliesslich alle. Oder der Bär! Wer möchte nicht schon bärenstark sein? Aber ist er wirklich einmal da, ist der Teufel los, alle sind in Schrecken und Angst.

Der Fridolin also, in voller Grösse auf meinem Bildschirm, Jahre später, also jetzt, genauer ins Auge gefasst von einem, der das Tal vor etlichen Jahren verliess. Die Pixel wirkten geradezu wie die textilen Maschen einer Fahne. In ihrer Mitte stehend, auf rotem Hintergrund, ER, dem Betrachter zugewandt. Einfach bekleidet mit einer schwarzen Kutte, in Sandalen, in der rechten Hand den Wanderstab, in der linken die Bibel, ans Herz gedrückt. Auf Kopfhöhe drei konzentrische Kreise: Das Gesichtsfeld, der Kopfhaar-Bart-Kranz und der lichtgelbe Nimbus. Eine Lichtgestalt, dachte ich, der Heiligenschein als Zeichen der Hommage, die ihm die Talschaft entgegenbrachte.

So genau hatte ich den Fridolin noch nie betrachtet. Etwas aber irritierte mich. Kürzlich hatte ich eine Ansichtskarte von einer Bergwanderergruppe bekommen, da war auch der Fridolin drauf, aber irgendwie anders. Ich begab mich zum Kühlschrank, an dessen Tür die Karte angebracht war. Wirklich, ich hatte mich nicht geirrt. Es gab einen Unterschied, es gab sogar zwei Unterschiede: Der Brotsack und der steife Hirtenhut. Es zirkulierte also nicht nur ein Fridolin, offenbar gab es ihn in verschiedenen Versionen. Meine Neugierde war nun von neuem geweckt. Ich schritt zum Büchergestell und hievte den Folianten aus dem Regal, auf dessen Buchumschlag ER gross abgebildet war – wieder eine andere Version: Der Brotsack andersherum geschultert und das Kopfhaar bedeckt mit einer faltigen Mütze, wie wir sie von Zwingliabbildungen kennen. Ich schlug den Buchdeckel um und las: Ältestes Glarner Landesbanner aus der Spätgotik, vermutlich 1388 in der Schlacht bei Näfels mitgetragen, ausgestellt im Freulerpalast, dem Museum des Landes Glarus. Welches aber war nun der richtige Fridolin?

Was soll's!, beendete ich meine Recherchen, darauf kommt es nun wirklich nicht an. «You can leave your hat on», summte es in mir los, und für Augenblicke tauchten meine Gedanken ab in diesen schönen Song und schwemmten mich weg in andere Gefilde.

Dann holte ER mich wieder zurück, der irische Zugewanderte im sechsten Jahrhundert, der die Heiden zum Christentum bekehrt hatte, der das in einem Erbschaftsstreit zerrissene Tal geeint haben soll, der Einiger, der Bekehrer, der Missionar, der Glaubensbringer, ER, mit einer message, ER, mit einer festen Überzeugung, ER, der Tatkräftige. Alles tempi passati? Und was nun? Was heute? Muss sich die einstige Textilavantgarde ein neues Emblem in ihr Tuch weben? Oder wollen wir DICH behalten, wie DU uns gewoben wurdest? Wir schauten uns an, eye to eye, face to face, ER zuversichtlich wie immer, ich ratlos.

Ich weiss nicht, wie lange ich wie ein erratischer Block verharrte. Meine Gedanken purzelten kopfüber, doch langsam verzog sich der Nebel aus der Talsenke.

Lieber Fridolin, lieber Du bleibst im Wappen und auf der Fahne als jene, die sich ins Bild drängen wollen. Alle die Führer und Verführer, die Restrukturierer und Parolendrescher, die Heilsbringer und Wahrheitsverkünder. Zu oft wurden wir hinters Licht geführt und betrogen, zu oft sind wir ihnen auf den Leim gekrochen, zu oft gab es ein böses Erwachen, wann immer sie wie Pilze aus dem Talboden schossen.

Lieber Fridolin, wir werden Dich nicht absetzen, wir werden Dich nicht austauschen, wir werden Dich nicht vom Sockel stürzen. Du bleibst, wo Du bist, mit oder ohne Hut, was Du warst und wofür Du in den Wappenstand erhoben wurdest: Die übergrosse, dunkle Gestalt in unseren Köpfen. Und wenn ich einen Hut aufhätte, ich würde ihn ziehen vor den Neuen, die es so uneigennützig meinen wie Du.

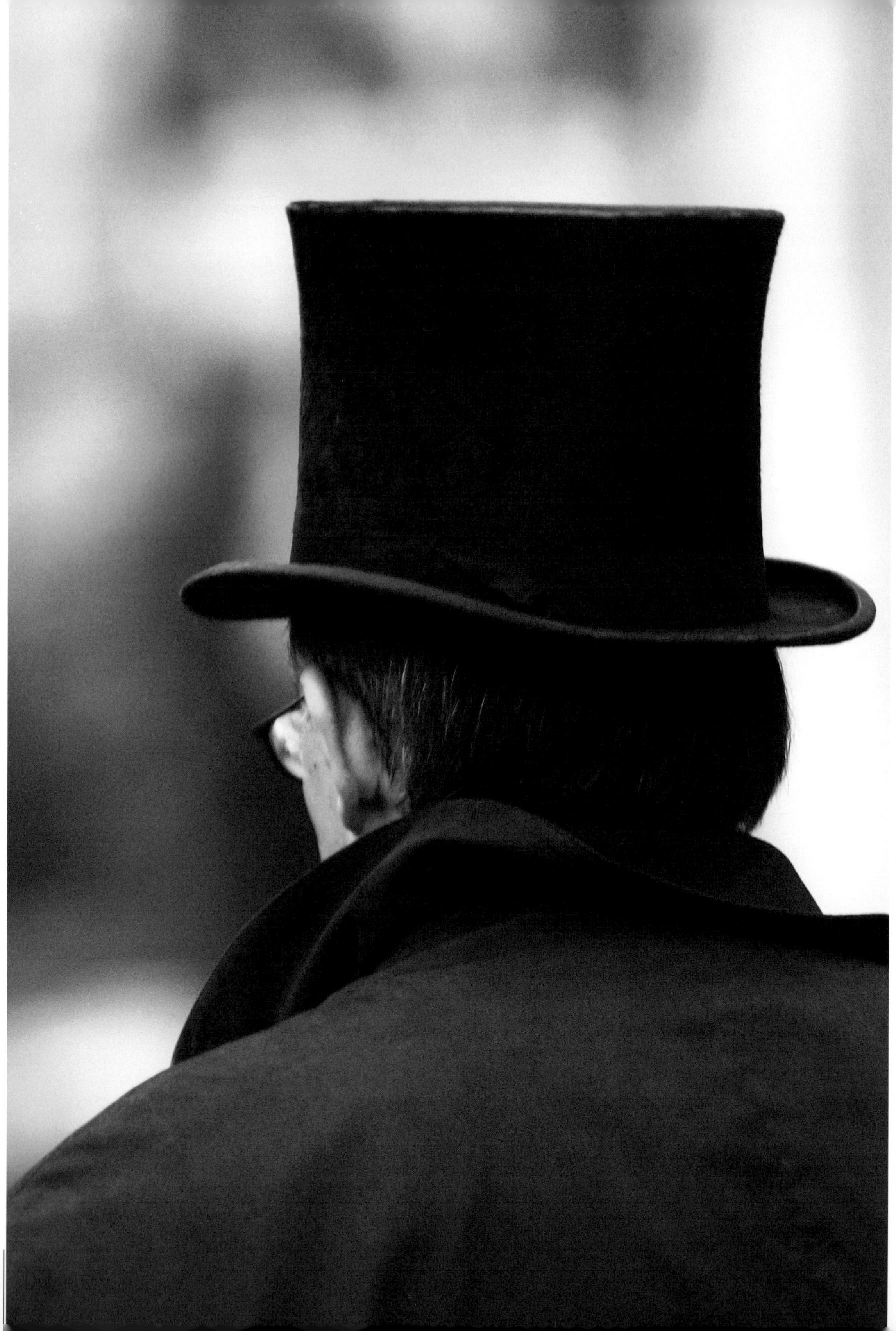

Dracheschnaps under em Huet

Ein Hörspiel von Roger Rhyner, Beni Landolt und Bruno Schwitter

Dekoration:
Hut auf altem Stuhl (Hut stammt aus dem Freulerpalast um 1650), Kerzenbeleuchtung

Erzähler: Geniessen Sie eine Zeitreise in die Mitte des 17. Jahrhunderts. Sie sitzen im Rittersaal des Freulerpalasts. Hier wird das Festmahl serviert.
Oberst Kaspar Freuler liess den Palast als Offizier der Fremdenlegion in Frankreichs Diensten in den Jahren 1648 bis 1654 erbauen. Man munkelt, Freuler habe eine Affäre mit der französischen Königin und habe nun ein geheimes Liebesnest in Näfels. Der Französische Sonnenkönig, Louis XIV, hatte natürlich keine Ahnung von Freulers Plänen. Drehen wir nun das Rad der Zeit zurück, zum 22. Oktober 1654.

Geräusche Zeitreise

Erzähler: Damals hiess der 22. Oktober der 22. des Weinmonats. Es ist der Namenstag von Cordula. Und in dem von Kerzen beleuchteten Rittersaal des Freulerpalasts wird der Besuch der Adligen Cordula von Steinhausen mit einem grossen Festmahl gefeiert.

Besteck-Geräusche, Stimmengewirr

Erzähler: Widmen wir uns nun dem Hausmeister des Freulerpalasts, Aegidius Elmer (Ägiidi). Dieser hat nämlich heimlich seinen Freund Meinrad Sutter (Meiri), Apotheker aus dem Freiamt, in den Rittersaal geschmuggelt.

Meiri ist unsterblich in Cordula von Steinhausen verliebt, und er möchte die Chance nutzen, wenn seine Angebetete schon einmal «im Lande» ist, sie persönlich kennen zu lernen.

Es wirken mit:
Aegidius (Ägiidi) Elmer, Hausmeister des Freulerpalasts
Meinrad (Meiri) Sutter, Apotheker aus dem Freiamt
Hanskaspar Pfäfflin, Zürcher Koch im Freulerpalast
die Adelige Cordula von Steinhausen
und Pfarrer Georg von Arb

Die Personen dieser Geschichte sind frei erfunden. Die geschichtlichen, sozialen und kulinarischen Aspekte treffen jedoch auf die damalige Zeit zu.

Stimmengewirr, Wein wird eingeschenkt

Ägiidi: «Chumm, legg etz dinä Huet uf der Schtuel daa und hogg a Tisch häne.»
Meiri: «Jaa.»
Ägiidi: «Häsch d Händ dusse gwäsche, sust chämmer Lämpe über!»
Meiri: «Jaa.»
Ägiidi: «Und verschtegg dini Händ nüd under em Tisch; das isch uuaaschtändig!»
Meiri: «Jaa. Hoffentli gchännt mi da niemert!»
Ägiidi: «Muesch halt ufe Schnabel hogge und rueig sii! Die törffed nüd gmergge, as duu nüd daa törftisch sii…»
Meiri: «Jaa. Ich mues nur no schnäll öppis verschteckä.»
Ägiidi: «Was tuesch dänn etz da fürnigs Gütterli under dinä Huet?»

Meiri:	«Das isch es ganz schpeziells Zaubermittel! Das han ich immer under mim Huet, wänn ich…»
Ägiidi:	*(neugierig)* «Waas fürnigs Zaubermittel dä, hä? Häsch wider öppis Schpeziells zäme prauet?»
Meiri:	«Das verzell der schpööter. Wo isch jetz die Cordula? Ich wett si äntli gsee!»

Zittermusik im Hintergrund

Meiri:	«Ich hasse Zittere-Musig!»
Ägiidi:	«Pssst! Gaats nuch! Bis etz schtill! Du törftisch ja hütt Aabed gaar nüd daa sii! Ich ha di nur da inä-gschmugglet, as du dinä heiss gliebte Häärzchäfer Cordula ämaal vu naach chaasch gsee. Wänns dich daa verwütschet, chämmer beed draa! Dorum chänntisch wenigschtens ä miir z lieb ächlei rueig sii! – *(brüllt)* oder isch das z viil verlangt!?»

Zittermusik und Stimmengewirr verstummt. Stille.

Meiri:	*(spricht durch seine geschlossenen Lippen):* «Säg öppis… Säääg öppis…»
Ägiidi:	«Aaa… Wunderbaar… Da chunnt der Choch!»
Alle:	«Aaa…»
Meiri:	«Ouu… Das isch knapp gsii… – Waas! Daas isch de Choch?! Dee käni. Das isch de Brüeder vom Martin Pfäfflin.»
Ägiidi:	«Weer zum Tüüfel isch dä der Maartin Pfäfflin?»
Meiri:	«Hä jaa… De Maartin Pfäfflin vo Irtinge!»
Ägidi:	«Der känn ich nüüd.»
Meiri:	«Hä sicher! De Martin Pfäfflin isch de eerschti Braumeischter gsii, wo vor driissg Jaar, 1624, z Züri hät welle Pier mache. Aber de Raat häts im dänn leider verbotte!»
Ägiidi:	«Und – was isch Pier?»
Meiri:	«Ja säg, vo wo chunnsch dänn duu? Bisch no nie amene Hoochziits-Schüüsse gsii? Dete schänkets amigs Pier uus! Das isch sones bitters Gebräu.»
Ägiidi:	«Äää… Das isch daas, wo alli dervuu säged, mä chämi dervuu sone gwaltige Palaari über?»
Meiri:	«Genau… Und säg ämaal… Gable händer daa im Schlitz au no keini?»
Ägiidi:	«Nei, das gits bi üüs nuch nüüd. Mir händ nu Mässer und Holzlöffel!»
Meiri:	«Ä Italiääner hät mer letschti en Gable praacht. Die ässed döte nur no mit dene. Aber d Chile verbüütet d Gable, will nur d Finger würdig siged, d Gaabe vom Schöpfer z berüere!»
Ägiidi:	«Sone Seich…»
Koch:	«Guete Aabed mini Daame und Herre. Min Name isch Hanskaschpaar Pfäfflin…»
Meiri:	«Gseesch jetz! Es isch der Brüeder vum Pier-Braumeischter! Hoffentli erkännt mi der nööd!»
Koch:	«… Ich bin de Choch vom Freulerpalascht. Mir serviered ine hütt Aabig: en Briemscht, das isch en fein röötlichi Milch vo de frisch kalberete Chue, fein uufkochet und gschnitte, dänn en zaarte Schwiins-Chopf, saftig braatnes Schaafshirni, Änte mit Ingwer und en Schpezialitäät us miim Züripiet: en feini Ochse-Hirni-Wuurscht!»
Ägiidi:	«Wuää… Dänn hetti schu lieber ächlei Drachezunge oder Drachehäärz anschtatt Ochsehirni!»
Meiri:	«Was weisch dänn duu scho vo Drache…»

Ägiidi:	«Ä huuffe! Aber as Apiteegger weisch duu sicher, as deer wo ä Drachezunge isst, dernaa jedes Schtriitgschprääch gwünnt. Und weer es Drachehäärz ässe tuet, deer verschtaat dernaa sogaar d Spraach vu dä Vögel!»
Meiri:	«Und du glaubsch würggli da draa?»
Ägiidi:	«Ja duu verchaufsch ja dere Chabis i diinere Apiteegg!»
Meiri:	«Han ich dir scho verzellt, dass ich mini Drachechnoche vo eim usem Schwänditaal überchume?»
Ägiidi:	«Usem Näfleser Schwänditaal! Eerli?»
Meiri:	«Jaa. Der alt Maa vo det obe hät duezmaal zueglueget, wo de heiligi Georg döt en gewaltige Drache erschlage hät! Es isch ja hütt no en Tafele mit emne Ritter und emne Drache döt obe!»
Koch:	«Dänn hämmer jungi Rebhüener, feini Lerche und saftig braateni Tuube. Und natüürli gits au hütt en zaarte Wolfsbraate. Derzue serviere mer ine Hirse- und Geerschtemues, Eier, Boone, Selleri und Bire à Discretion. Und als Überraschig vom Taag hämmer ganz schpeziell für sii: Thee, wo eerscht sit 1638 regelmäässig us Holland importiert wiird!»
Meiri:	«Duu, wo isch eigentli d Cordula?»
Ägiidi:	*(äfft ihn nach):* «Woo isch d Crodula… Woo isch d Crodula… Häsch eigentli nüüt anders im Chopf as dini Cordula?! – Und höör uuf Nase grüble!»
Meiri:	«Det isch si… Det isch si… Ich han si gsee… Ich han si gsee!»
Ägiidi:	«Pssst… Wetsch dass mä dich enteggt? Du bisch da gaar nüd iiglade! Diä werfet dich use und miich au!»
Meiri:	*(verträumt)* «Si hoggt näbem Pfarrer. Nei, das glaub ich nööd! Das isch doch de Pfarrer von Arb. Der Satansbraate! De hätt en huuffe Schulde bi miir! Wänn ich deer emal elei verwütsche, dänn dänn…»
Ägiidi:	«Was häsch dä gäge Pfarrer von Arb?»
Meiri:	«Der chauft bi miir amigs heimlich Drachechnoche, dee Schwiihund! – Aber zalt hät er no nie!»
Ägiidi:	«Pssst… Wiesoo Schwiihund? Was macht mä dä mit Drachechnöche?»
Meiri:	«Mer tuet Schnaps über d Drachechnoche lääre und jede Taag es Gläsli dervoo trinke. Das isch es Bombegschäft! Mit dem bin ich riich woorde! Han ich dir das no nie verzellt?»
Ägiidi:	«Und was bewürggt der Dracheschnaps?»
Meiri:	«Dank dem schpringt sogaar en laame Ochs uf d Chue. Wännt weisch was i meine. Ha ha…»
Ägiidi:	«Jäää… Säg ämaal… Häsch dänn öppe i dem Gütterli under dim Huet sernige Dracheschnaps? Isch der für miich? As Gschängg, gäll?»
Meiri:	«Vilicht… Zeerscht wotti jetzt aber d Cordula gsee! Ich han mir übrigens en Trick überleit, wie ich si chönnti zunere Hoochziit überlischte.»
Ägiidi:	«Waas häsch? Aber sust gaats der nuch guet?»
Meiri:	«Bi ois im Freiamt gits en alte Bruuch: Wänn en Puurscht amene Meitli es Schtugg Broot oder au nume en Bire zuewirft und ire dänn seit: ‹Ich gib ders uf d Eer›, und wänn das Meitli dänn dervoo ässe tuet, dänn gilt daas bi ois als rechtsgültigs Eheverschpräche! Drum nimm ich jetzt de

	Öpfel daa vom Tisch und wirf ne de Cordula zue!»
Ägiidi:	«Bisch waansinnig?!»

Stimmengewirr verstummt kurz

Cordula:	«Herr Pfarrer. Deer Herr det voorne luegt immer zu miir hindere! Känned si dee?»
Pfarrer:	«Wele? Nei… Der Zürcher dete meined si? Nei der känn ich nööd!»
Cordula:	«S isch no en Adrette. – Wesoo wüsset si, dass es en Zürcher isch, wänn si in nöd känned?»
Pfarrer:	«Jaaa… Das gseet mä doch… Der hät… Oder… Der isch… Eidüütig… Nur schu d Chleider won er aa hät, lueged si emaal! Und überhaupt! Hooch gschätzti Cordula, si wüssed wie gfäärlich Beziige und vor allem Trennige hüttzutags sind! Ich ha gad letscht Wuche wider es verhüraatets Paar, wo sich trennt hät, iz Chefig gschiggt! Si wüssed ja was fürnigi Schtraaf die überchänd?!»
Cordula:	*(gelangweilt):* «Jaa, ich weiss… De beide müend foif Tääg lang i einere Zälle, mit eim Stuel, eim Täller und eim Bett uuschoo mitenand. Aber wüssed si, Herr Pfarrer, ich dänke das isch Züügs vo geschter! Au dass chliini Chind, wo nonig ufem Feld mithelfet bim Schaffe, müend am Tisch schtoo und nöd törffed sitze, daas isch doch alles alte Quatsch. Würs ine also öppis uusmache, wänn si mich dem Herr det wüürdet vorschtelle?»
Pfarrer:	«Iich! Nei! Iich nüüd! Nei nei… Iich has nüd äso guet mit de Zürcher. Und etz chunnt dä doch gad ds Ässe!»
Cordula:	«Ach, Herr Pfarrer… Miir z lieb… Sind si doch so guet!»

Stimmengewirr

Koch:	«Wettet die Herre au echli feins Ochsehirni?»
Ägiidi:	*(schluckt leer)* «Nei tangge.»
Koch:	«Und sii? Vilicht d Auge vum Schwiinschopf?»
Meiri:	«Ääm… Vilicht schpööter…»
Koch:	«Wie si wünschet. Und suscht gits dänn als Dessert no en ‹Crème de Roses›.»
Ägiidi:	«Was isch dä daas?»
Koch:	«Für die Crème bruucht mer d Blüetebletter vo hundert Roose! Die tuet mer dänn fiin hacke und git zwei Eigelb und so viil wiisses Meel derzue, bis es en Nudelteig git. Dänn im Bachofe gelb bache und zum ne Pulver vermale. Daadervoo nimmt mer dänn jewiils es paar Löffel und macht das mit Milch und Zucker waarm; et voila!»
Meiri:	«Roose sind doch d Blueme vo de Liebi? Momoll, dänn näämt ich echli vo dere Crème.»
Koch:	«Ääm säged si… Känn ich si nöd vo irgendwoo? Ires Gsicht chunnt mir bekannt voor. Si sind doch de…»
Ägiidi:	«Nei, daas isch uumügli! Das isch würggli eifach gaar nüd mügli! Das isch uf jede Fall öppert ganz andersch, as si meined. Ganz sicher!»
Meiri:	*(verstellt seine Stimme):* «Jaa! De Ägiidi hät rächt. Mich känned si nööd… Ganz sicher nööd!»
Alle:	«Prost Cordula! – Lang lebe Cordula!»
Ägiidi:	*(flüstert)* «Chumm mir gönd gu aaschtoosse,

	sust flüügt dini Tarnig uuf! – Prost Cordu…»
Meiri:	*(brüllt)* «Prost Cordula, du Schönste aller Schönen, du Traube im Herbstwind…»
Ägiidi:	«Meiri… Meiri… Isch ja guet Meiri… Der Choch hät dich us dä Auge verlore. Chaasch uufhööre.»
Meiri:	«Prost Cordula, du holde Knospe der Frühlingszwiebel…»
Ägiidi:	«Meiri! Was quaslisch da fürne Chabis?!»
Meiri:	«Du erfrischendste aller Pflaumenblüten…»
Ägiidi:	«Meiri…! Es langet! Meiri!»
Meiri:	«Si hät mich kört! Si lueget da häne! Si schtaat uuf… – Ägiidi! Ich glaube, si chunnt zäme mit em Pfarrer da häne!»
Ägiidi:	«Weer?»
Meiri:	«Mini Cordula – und de laami Ochs!»
Ägiidi:	«Nei…! Wäme dich daa verwütscht, chunntsch vier Tääg a Pranger!»
Meiri:	«Huere Siech…! Vier Taag! Das häsch mer nöd gseit… Chumm mir hauets…»
Koch:	«Mini Herre, törff ich si chuurz underbreche. Mir isch jetzt in Sinn choo, woheer ich si kenne. Sind si nöd de Apoteeker usem Freiamt, deer wo so Dracheschnaps verchauft? – *(flüstert)* Si wüssed doch, dass isch der Schnaps, wo mim Liebesläbe wider noie Wind chönnti iihuuche… – Han ich jetzt grad gseit: ‹Miim Liebesläbe?› Also ich meine natüürli allgemein, nöd uf miich persöönlich bezoge… Alsoo, hettet si eventuell es bitzli vo dem Dracheschnaps debii, wo si mir chönntet verchaufe?»
Ägiidi:	«Und überhaupt. Miir isch schlächt… Ich mues ä de frisch Luft.»
Meiri:	«Waart uf miich! Ich chume ä mit.»
Pfarrer:	«Liebi Herre, wo wänd si au hii? Törff ich ine öppert voorschtelle. Das isch d Cordula vu Schteinhausen. Mir fiiret hüt ire Namenstaag!»
Meiri:	«Ääm… Redet si mit üüs beedne, Herr Pfarrer von Arb?»
Cordula:	«Herr Pfarrer, ich ha gmeint, si kenned enand nööd!»
Pfarrer:	«Ää, si meined deer Herr daa. Ääm… Nei… Deer känn ich nüüd.»
Meiri:	«Aber Herr Pfarrer… Si schuldet mir doch no en huuffe Gält… Wäg dene Drachechnoche! Oder händ si das vergässe?»
Ägiidi:	«Nei Meiri…! Machs nüüd…! Höör uuf…!»
Cordula:	«Waas für Chnoche?»
Pfarrer:	«Tumms Züüg… Ää, jaa es gaat um so Drachechnoche, so heidnische Aberglaube, wo der Herr under d Lüüt bringt!»
Meiri:	«… und wo seer viil kauft wiird, gälled si, Herr Pfarrer!»
Ägiidi:	«Ich schtäärbe! Ich glaube, ich schtäärbe… Ich chume kä Luft me über… Ich…»
Cordula:	«Und für waas bruucht me Drachechnoche?»
Meiri:	«Jaaaa… Mä chaa zum Biischpiil Schnaps drüber lääre und daas dänn tringge. Ich ha immer es Gütterli dervo i mim Huet verschteggt. Und sii, Herr Pfarrer, händ doch au immer es Gütterli dervoo im Sagg, oder?!»
Ägiidi:	«Ich glaube es brännt… Gschmögged iir das nüüd… Es brännt!»
Meiri:	«Jetz höör emal uuf, Ägiidi!»
Cordula:	«Waas? De Herr Pfarrer hät immer es Gütterli Dracheschnaps im Sagg?! Ja dänn wämmer emal luege…»
Pfarrer:	«Nei… Cordula! Langet si nöd i mini Täsche! Neii!»
Cordula:	«Würggli. Da häts es Gütterli.»

Korkzapfen-Geräusch

Cordula: «Hmm… Schmögge tuets fein…»
Meiri: «Ich glaube, jetzt wäär de richtigi Ziitpunkt, zum de Cordula min Öpfel zue z werfe. Dänn wird si ganz beschtimmt mini Frau!»
Alle: «Neii! Cordula! Nüd tringge! Nöd tringge! Neii!»

Geräusche Zeitreise

Erzähler: Was in dieser Nacht weiter geschah – ob Cordula wirklich Drachenschnaps getrunken oder Meiris Apfel gefangen hat –, da scheiden sich die Geister. Alte Überlieferungen erzählen von einer Viel-Kinder-Ehe von Meiri und Cordula. Eine andere Sage berichtet, wie Ägiidi und Meiri am Pranger landeten, und böse Zungen behaupten sogar, Ägiidi und Meiri seien ins Kloster eingetreten! Was damals auch immer geschah: Vieles hat bis heute überlebt, zum Beispiel die Tafel mit dem Drachentöter, ganz am Ende der Strasse im Schwändital. Und auch der Freulerpalast hat überlebt, und er zieht auch im Alter von über 350 Jahren noch die Menschen in seinen Bann. Und er birgt noch immer Geheimnisse, wie zum Beispiel die Geschichte vom alten Hut. Könnte dieser Hut sprechen, so vermöchte er uns viele Stunden lang mit unglaublich spannenden, tragischen und romantischen Geschichten zu unterhalten. Und wer weiss: Vielleicht steckt unter ihm immer noch das Gütterli mit dem Drachenschnaps? Und wenn nicht unter ihm, dann vielleicht unter einem anderen Hut im Freulerpalast.

Und somit steckt auch in dieser Geschichte: Alles unter einem Hut!

Slalom! oder: Zu jedem Topf gehört ein Deckel

Verena Speich

Immer, wenn ich meinen Hut vom Garderobedasein erlöse und den Strohblonden jenem Körperteil aufsetze, der ihm ein artgerechtes Dasein gewährt, ist auf meinem Kopf die Phase der Anarchie ausgebrochen. Ab einer gewissen Haarlänge stellt sie sich ein, unabänderlich, hartnäckig und hochgradig therapieresistent. Bei jedem Betreten eines Coiffeursalons meldet sich nämlich meine nicht definierbare Abneigung gegen Schere, Kamm und piekende Lockenwickler. Vor allem heisses Föhngebläse oder das Ausharren unter der Trockenhaube erfahre ich als unfreundlichen Akt. Deshalb schiebe ich den Gang zum Haardompteur zuverlässig und möglichst langzeitig vor mir her und behelfe mich mit häuslicher Selbstversorgung. Die Coiffeurzunft möge mir verzeihen. Es ist nicht persönlich gemeint. Auch ist es nicht deren Versagen, dass noch keine virtuelle Behandlung erfunden wurde, die es möglich macht, Frisurwunsch samt pflegenden Zusatztreatments im Computer einzugeben und das Geordnete in Sekundenschnelle online zu empfangen, frei Haus, frei Kopf. Mein entschlossener Griff zum Hut ist also weder als Drang zu einem heute eh nicht mehr eindeutig zuordenbaren Statussymbol zu werten, noch möchte ich das Syndrom als pure Eitelkeit interpretiert sehen. Nein. Es handelt sich schlicht und ergreifend um Drückebergertum, ausgelöst durch bärenstarke Unlust. Deshalb also verschwinden meine Haare im Notfall unter dem Topf, sind gezähmt, gehalten und brauchen sich auch nicht mehr um die urbanen Frisurgepflogenheiten an Zürichs Bahnhofstrasse oder anderswo zu kümmern.

Nun ist aber bekannt, dass ein Hut nicht nur unwilliges Haar zähmt, sondern auch als unmissverständliches Zeichen von Zugehörigkeit zu einer Gruppe gilt. So wirkt er auch als visueller Identifikator und verhilft in unserem Menschenchrüsimüsi wenigstens punktuell zu etwas Ordnung, dies nach dem Motto: Zu jedem Topf gehört ein Deckel. Nebst Pfadfinderhüten, englischer Melone, Jägerhut, Kochmütze oder Kaminfegerzylinder gibt es auch die Gepflogenheit, dass jüdische Frauen dazu angehalten sind, sich ihr Kopfhaar mit einem Hut zu bedecken. Warum letzterer in seiner Form oft glockenförmig mit gerundeter Krempe auftritt, weiss ich nicht. Es kann Zufall sein oder sich in Anlehnung an den Judenhut von anno dazumal tradiert haben. Als waschechte Glarner Protestantin gehöre ich zwar nicht jener Glaubenskategorie an. Mein Strohblonder aber könnte durchaus unerkannt konvertieren, er der Glockenförmige mit gerundeter Krempe. Unlängst war ich mit ihm in meinem Zürcher Wohnquartier unterwegs, kam am jüdischen Kulturzentrum vorbei, im Visier immer die nahe Tramstation und die Unruhe, der Siebner könnte mich versetzen. Mein unprofessionell gehandhabtes Zeitmanagement verlangte, die 300 Meter im Eiltempo zu absolvieren, um mir mögliche Peinlichkeiten wegen Zuspätkommens zu ersparen. Wer platzt schon gern als letzte in eine Sitzungsrunde. Ich jedenfalls nicht. Sand in mein Laufgetriebe erhielt ich dann noch durch Fussgänger der gemässigten Geschwindigkeitskategorie, die mich zu einer eigentlichen Slalomeinlage zwangen. An der Trottoirecke, die in den Zebrastreifen mündet, welcher Passanten und Fussgängerinnen ein einigermassen gesichertes Überqueren der verkehrsreichen General Wille-Strasse erlaubt, streckten drei modisch gekleidete, mit Hut und eleganter Tasche bewehrte Damen im Gespräch ihre Köpfe zusammen. Mein gehetztes Auftauchen muss dann ihre Aufmerksamkeit absorbiert haben, denn wie auf Kommando drehten alle ihre Köpfe in meine Richtung. Sie trafen aber keine

Anstalten, die Strasse zu überqueren. Nein, sie verfolgten weiter die Qual meines Endspurts, interessiert und leicht amüsiert, wie mir schien. Und da die drei Ladies einem Verkehrsteiler gleich den unmittelbaren weiteren Verlauf meiner Rennstrecke bestimmten, setzte ich leicht irritiert über so viel Verharrungsvermögen erneut zu einer Schleife an. «Slalom!» ertönte es unvermittelt. Und dann nochmals: «Slalom!» Abrupt hielt ich inne. Meine anfängliche Irritation schlug augenblicklich in Entrüstung um. Da wurzelten diese drei Spurthindernisse doch an exponierter Stelle und monierten lauthals meine verzweifelte Slalomtechnik! «Was?», keuchte ich. «Wie bitte?» – «Shalom!», strahlte mich Nummer eins an. Nummer zwei und drei nickten mir freundlich zu und setzten dann ihr Gespräch fort, als ob nichts gewesen wäre. «Aha! Shalom!», erwiderte ich verwirrt, weil mir unter dem Drang der Zeit nichts Originelleres einfallen wollte.

Auf den letzten Drücker erreichte ich Station und Siebnertram, noch reichlich verwirrt und atemlos. Aber: Der Laufeinsatz hatte sich wenigstens gelohnt.

Mein Strohgelber, Glockenförmiger mit gerundeter Krempe und ich genossen dann die Fahrt in Zürichs Stadtherz. Nur meine Gedanken haben den Siebner verpasst. Die sind noch längere Zeit bei den drei Damen zurückgeblieben. Für einen Moment hat mich meine Kopfbedeckung doch offenbar glaubhaft zu einer Jüdin umgestylt. Ich habe es ja immer gewusst: Hüte machen Leute!

Die letzte Glarner Hutmacherin

Melanie Brunner-Müller

«Mein Beruf war mir mein Ein und Alles.» So schliesst Ruth Fischli-Müller die Erzählung über ihre berufliche Tätigkeit, die sie 28 Jahre lang ausgeübt hatte. Während diesen Jahren stand der Hut im Mittelpunkt ihres Lebens – alles drehte sich um den Hut und seine Trägerinnen und Träger. Und dies, obwohl Ruth Fischlis Berufswunsch eigentlich ein anderer war.

Geboren im Jahre 1921 in Näfels wollte sie Damenschneiderin werden und ihre Lehre bei der Tante im Atelier absolvieren. Doch ihr Traum wurde zerstört, als ihr Onkel verunfallte und die Tante das Atelier aufgeben musste. Die Alternative, in Chur eine Lehre als Damenschneiderin aufzunehmen, kam in den Krisenjahren kurz vor Ausbruch des Zweiten Weltkrieges nicht in Frage. So führte sie schlussendlich nach Abschluss der Sekundarschule dem Doktor Blumer in Niederurnen den Haushalt, musste aber wegen akuter gesundheitlicher Probleme die Stelle vorzeitig aufgeben.

Eines Tages im November suchte Ruths Mutter das Fräulein Schilter auf, um sich bei ihr einen Hut zu kaufen. Sie kam mit der Nachricht zurück, dass Ruth bei ihr im Januar schnuppern gehen könne. «Was ist eine Modistin?», fragte sich Ruth, die eher widerwillig auf das Angebot einstieg, sich aber vornahm, «gu luege» zu gehen. So begann Ruth ihre Lehre als Modistin im Januar 1937, besuchte die Berufsschule in Näfels und entdeckte bald ihre Freude an der vielseitigen und kreativen Herstellung von Hüten. Die Handarbeit sagte ihr sehr zu, und schnell wusste Ruth, wie mit den verschiedenen Hutarten, Dekorationen und Formen umzugehen war.

Im Frühling 1939 legte sie in Glarus die schriftliche und die praktische Abschlussprüfung mit Erfolg ab. Für die praktische Prüfung entwarf sie einen Biedermeierhut, der zu dieser Zeit gross in Mode war: Ein eleganter Damenhut mit einer grossen Krempe, welcher vor der Sonne schützt, und einem farbigen Band aus Seide war ihr Meisterstück. Aus Ruth Fischlis Erzählungen gewinnt man den Eindruck, es wäre gestern gewesen. Sie wirft mit Fachausdrücken um sich, als sie erklärt, wie sie in Handarbeit die Hüte herstellte. Als Grundlage diente eine Kopfform aus Holz, über welche der sogenannte Stumpen gestülpt wurde. Der Stumpen, den man fertig einkaufte und aus welchem der Hut entstehen sollte, war für die Sommerhüte generell aus Stroh und für die Winterhüte aus Filz gefertigt. Der Rand wurde mit einem kleinen Bügeleisen geformt und mit Hilfe eines Drahtes gefestigt. Die Appretur, eine Flüssigkeit, gab dem Hut den nötigen Halt. Damit der Hut einen schönen Glanz erhielt, wurde er mit einem farblosen oder je nachdem auch einem farbigen Lack angepinselt. Der anschliessenden Dekoration des Hutes waren keine Grenzen gesetzt: Bänder aus Seide, Samt und Grograin, einem Baumwollband in allen Farben bis zu zwanzig Zentimeter breit, wurden verwendet, Federn und Tüll, Broschen und Nadeln, gedörrte Früchte im Herbst und Blümchen im Frühling. Die Freude am Dekorieren erkennt man noch heute am Strahlen von Ruth Fischlis Augen.

Nach der Lehre zog sie zu einer Familie in die Nähe von Lausanne, die ein Hutatelier betrieb. Mehr tätig als Haushalthilfe denn als Modistin gab sie nach vier Wochen die Stelle wieder auf, weil sie nicht ihren Vorstellungen entsprach. Sie kehrte nach Hause zurück, wo ihre Eltern «gchiibed händ», aber ihre alte Lehrmeisterin, Fräulein Schilter, fand sofort eine neue Anstellung für Ruth. In Wil bei St. Gallen absolvierte sie ihre Ausbildung als Modistin bei einer altledigen Meisterin, die ein wunderbares Geschäft mit drei grossen Schaufenstern besass. Verzierte Ruth einmal einen

Hut nicht nach der Vorstellung ihrer Meisterin, zehrte diese alle Stecknadeln heraus und verstreute sie im ganzen Atelier. Nach Feierabend musste Ruth in mühsamer Arbeit diese Stecknadeln wieder einsammeln. Unter solchen Umständen hielt es Ruth bei dieser Meisterin nicht länger als bis zum Abschluss der Saison und somit ihrer Ausbildung aus, und so kehrte sie Ende Juli wieder ins Glarnerland zurück.

Bereits Mitte August 1939 trat sie ihre neue Stelle als Arbeiterin im Geschäft von Frau Burri in Derendingen bei Solothurn an. Als sie am 15. August am Bahnhof von Solothurn ohne Erfolg nach ihrer neuen Meisterin Ausschau hielt, kamen die ersten Zweifel. Doch als Mädchen vom Lande wusste sich Ruth zu helfen und fand das Geschäft von Frau Burri auf eigene Faust. Frau Burri war es nirgends recht, dass Ruth nicht abgeholt wurde; meinte sie doch, dass sie viel später ankommen würde. Frau Burris Geschäft gefiel Ruth auf Anhieb, und schliesslich sollte sie zwei Jahre in Derendingen bleiben. Kurz nach Antritt ihrer neuen Stelle brach anfangs September 1939 der Krieg aus, und die Mobilmachung wurde ausgerufen. Frau Burri konnte Ruth nicht mehr beschäftigen und schickte sie nach zwei Wochen nach Hause. Die Züge verkehrten nicht mehr nach Fahrplan, und sie waren überfüllt mit Soldaten, welche ihren Dienst antraten. Spät abends traf Ruth in Näfels ein, auch ihr Vater war inzwischen eingerückt. Nach drei Wochen kam das erlösende Telefon von Frau Burri, dass sie wieder genug Arbeit für Ruth hätte.

Ab und zu durfte Ruth ihre Meisterin zum Einkaufen des Materials nach Bern begleiten. Sie liebte die Stadt und beschloss, ihre nächste Stelle in Bern zu suchen. In einem Atelier mit vierzehn Angestellten, Lehrtöchtern, Arbeiterinnen und der Frau Directrice, Frau Zeier, die alle um einen grossen Tisch sassen und arbeiteten, konnte sie einen halben Tag probeweise arbeiten. Bereits am Mittag rief sie die Frau Directrice ins Büro und teilte ihr mit, dass sie am Nachmittag frei hätte und am nächsten Tag gleich beginnen könne. Ruth prüfte am Nachmittag noch eine zweite Stelle in Bern bei zwei alten Damen, entschloss sich jedoch für das Atelier mit den vielen Angestellten, was ihr lebendiger und interessanter erschien. Ihr Anfangslohn in Bern betrug 190 Franken im Monat; als sie nach zwei Jahren aufhörte, erhielt sie 200 Franken. Sechs Tage die Woche wurde gearbeitet – Ruth war meistens zuerst im Geschäft anzutreffen, morgens um halb acht, sie unterbrach ihre Arbeit für eine kurze Mittagspause um zwölf Uhr und arbeitete nachher weiter bis nach sieben Uhr abends. Nicht selten nahm sie ein angefangenes Hutmodell für den letzten Schliff auch noch mit nach Hause.

In Bern ging vor allem noble Kundschaft im Laden ein und aus. Immer öfter rief die Frau Directrice Ruth nach vorne hinter die Theke, wenn sie selber mit dem Beraten und Verkaufen nicht nachkam. Ruth hatte Gefallen am Kontakt mit den Kunden, vor allem mit den Herren aus den Gesandtschaften, welche wussten, was sie wollten und nicht um den Preis feilschten. Zu dieser Zeit war der italienische Herrenhut Borsalino in Mode, welcher einen leicht hochgestellten Rand besass. Diese Hüte wurden nicht selber hergestellt, sondern eingekauft, wobei nur ein gewisses Kontingent davon in wenigen Geschäften in der Schweiz verkauft werden konnte.

Als das Hutatelier von Frau Lonke in Glarus im Sommer 1943 eine Stelle ausgeschrieben hatte, war es für Ruth an der Zeit, in ihre Heimat zurückzukehren. Die Kundschaft in Glarus unterschied sich natürlich von derjenigen aus der Hauptstadt der Schweiz. Vor allem gingen die Leute auf dem Land nicht die ganze Woche behutet aus dem Haus. Nur am Sonntag für den Kirchgang war das Tragen eines Hutes ein Obligatorium. Besonders wichtig war, dass kein Hut, der ausgeführt wurde, gleich war wie derjenige eines zweiten Hutträgers, denn das war schlichtweg eine Katastrophe. An eine Anekdote erinnert sich Ruth Fischli noch genau. Dies war zu der Zeit, als sie sich anfangs September 1945 längst in Näfels an der Büntgasse, im Hause ihres Mannes, selbstständig gemacht hatte. In ihrem Sortiment befand sich ein kleiner runder Damenhut, der rings um den Rand mit rosaroten Blümchen verziert war. Eine Kundin war derart begeistert von diesem Hut, dass sie ihn haben wollte, doch nicht mit rosaroten, sondern mit himmelblauen Blümchen. Ruth erklärte ihr, dass sie gerne einen zweiten Hut für sie anfertigen würde, aber dass sie den bereits hergestellten Hut auch noch verkaufen müsse. Die Kundin erklärte sich damit einverstanden. Bald darauf betrat eine andere Kundin, auch aus Näfels, ihr Geschäft und war ebenso entzückt über den Hut mit den Blümchen, so dass sie ihn auch kaufen wollte. Ruth wies sie darauf hin, dass sie das gleiche Modell in einer anderen Farbe einer Dame aus Näfels verkauft hätte, was diese Kundin nicht weiter kümmerte. Als sich die beiden Damen mit dem gleichen Hut auf dem Kopf prompt über den Weg liefen, war die erste Kundin derart wütend, dass Ruth nach diesem Zusammentreffen üble Beschimpfungen über sich ergehen lassen musste.

Nach zehn Jahren an der Büntgasse wechselte Ruth Fischli ihren Standort in Näfels und zog in das Geschäft von Schirmflicker und Messerschmied Ferrari an die Beuge. Dass sie dort ein Schaufenster zur Ausstellung ihrer Hüte zur Verfügung hatte, erwies sich als entscheidender Vorteil, obwohl so das Hüten ihrer Kinder, die 1948 und 1951 zur Welt kamen, schwieriger wurde. Um die Doppelbelastung als Geschäftsfrau, Hausfrau und Mutter besser zu meistern, standen ihr zum Glück immer die Schwiegermutter und die Schwägerin zur Seite, und auch ihr Gatte unterstützte sie tatkräftig, wenn sie mit ihrer Arbeit nicht mehr nachkam.

Gerne erinnert sich Ruth Fischli an ihre Stammkundschaft, die vom ganzen Glarnerland bis weit hinten von Linthal zu ihr nach Näfels kam. Sie hätte «alle Wiiber» gehabt, pflegt Ruth Fischli zu sagen, die vermögenden, die gerne um den Preis feilschten, ohne es nötig zu haben, aber auch die Arbeiterfrauen, die sich ab und zu einen Hut leisteten und denen Ruth liebend gern ein paar Franken Preisnachlass gab. Sie war glücklich, wenn sie solchen Kundinnen eine Freude machen konnte, und hörte im Nachhinein oft das Geschwätz der nobleren Damen, warum sich jetzt gerade diese Arbeiterfrau einen solch schönen Hut leisten konnte! Besonders gern bediente sie Kundinnen, welche ein ausgesprochenes Hutgesicht gehabt hätten und denen praktisch jeder Hut auf Anhieb ins Gesicht stand. Doch es gab auch Situationen, in denen sie die Kundinnen zu überreden versuchte, einen anderen Hut zu erwerben, als den favorisierten, da es auch vorkam, dass ein Hut überhaupt nicht zum Gesicht ihrer Trägerin passte.

Dass sie ihrer ehemaligen Arbeitgeberin in Glarus die eine oder andere Kundin wegschnappte, gehörte zum Business. Doch das Geschäft war hart. Die Damenhüte fertigte Ruth in Handarbeit an und verlangte je nach Modell 20 bis 44 Franken. Herrenhüte besorgte sie nur auf Wunsch, welche sie von ihrem Lieferanten in Zürich einkaufte. Ihr Geschäft war sechs Tage in der Woche geöffnet, und am Samstag wurde bis nach sechs Uhr abends gearbeitet.

Mit der Zeit verdrängte das Aufkommen des Autos immer mehr das Tragen von Hüten, weil ein Hut im Auto mit Dach eher als Störfaktor angesehen wurde. Im Jahre 1965 schloss Ruth ihr Atelier endgültig, aber nicht, weil das Geschäft schlecht lief, sondern weil ihr

Mann ein Malergeschäft eröffnete und ihre Unterstützung in dessen Administration und der Verpflegung der Mitarbeiter gefragt war. Die Geschäftsaufgabe war für Ruth Fischli nicht einfach, denn die Herstellung von Hüten, die Selbstständigkeit und der Kontakt mit den Kundinnen und Kunden lagen ihr sehr am Herzen.

Dass Ruth Fischli ihr Geschäft jederzeit wieder aufnehmen würde, glaubt man ihr aufs Wort. Stolz, aber nicht ohne Wehmut präsentiert sie das kostbare Porzellanschild, welches ihren ersten Laden – noch zu ledigen Zeiten – an der Büntgasse schmückte. «Hut-Atelier – Ruth Müller» steht dort in grossen Lettern geschrieben, geschmückt mit einem eleganten Biedermeierhut mit grosser Krempe und Stoffband – genau wie das Modell ihrer Abschlussprüfung im Jahre 1939.

Der strapazierte Hut

Franz Walter

Sicher ist sich sicher…, dachte der Hobby-Gärtner und verbrannte mit einer allzu gut gemeinten Dosis Dünger seinen stolzen Rasen, während sich der Feierabend-Koch mit derselben Überzeugung kurzerhand die Suppe versalzte.

Der altgediente Strohhut schüttelt resigniert den Kopf, lässt die Krempe hängen und spielt verloren an der Hutmasche. Wie konnte es auch nur so weit kommen! Er versteht die Menschen je länger desto weniger. Sie scheinen von allen guten Geistern verlassen zu sein. Während sie dem unbegrenzten Wachstum huldigen, zerstören sie munter ihre Lebensgrundlage. Seine Aufgabe, alles unter seinen Hut zu bringen, wird von Jahr zu Jahr unlösbarer. Da kann er noch so auf der Hut sein. Täglich quält ihn die bange Frage: Wie lange halte ich das noch aus? Sein chronisch überdehntes Hutband schmerzt. Anfänglich halfen Salben, dann schluckte er Tabletten. Jetzt zeigt auch eine erhöhte Dosis kaum mehr Wirkung. Die tägliche Überbeanspruchung geht im Alter nicht spurlos an ihm vorbei.

Es ist immer das Gleiche. In Boom-Zeiten wiederholt sich das Phänomen mit sturer Hartnäckigkeit. Er hört es am Biertisch, auf der Strasse, im Familienkreis, überall: So kann es nicht weitergehen, sagen die Menschen, und alle gehen trotzdem so weiter. Sie müssen verhext sein. Immer schneller, immer höher, immer bequemer, immer sicherer. Dies ganz besonders: immer sicherer. Und je mehr sie sich absichern, desto unsicherer wirken sie. Nicht nur der Hobby-Gärtner und der Feierabend-Koch tragen diesbezüglich einen nassen Hut. Nein, viele Menschen. Vor allem aber Wirtschaftskapitäne, Regierungshäupter und Finanzjongleure. Ihre Hüte triefen vor Nässe. Luxuriöser, ausgefallener, perfekter, rentabler, lautet ihre Losung trotz bedrohlichem Anstieg des Meeresspiegels. Und immer zaubern sie neue Bedürfnisse aus dem Hut.

Kein Problem, beruhigen sie, Fortschritt und Klimaerwärmung bringen wir locker unter einen Hut. Wenn wir schon die Macht haben, das Klima aufzuheizen, werden wir die globale Klimaanlage doch wohl auch wieder herunter drehen können! Dem altgedienten Hut allerdings geht das über die Hutkrempe. Seine schmerzhaften Zerrungen und Überdehnungen sind kaum mehr auszuhalten. Die traurige Unförmigkeit ist demütigend.

Während Experten immer eindringlicher vor zunehmendem CO_2-Ausstoss und fortschreitender Umweltzerstörung warnen, und Wissenschaftler lauthals predigen, es könne so nicht weiter gehen, gibt die Menschheit der Schöpfung weiterhin permanent eins auf den Hut.

Noch perfektere Autobahnen und noch pompösere Sport- und Einkaufstempel entstehen, denn sie müssen auch extremstem Ansturm und exklusivsten Wünschen standhalten. Stauseen sollen aufgestockt werden und weitere Kühltürme gen Himmel wachsen, denn die Menschen hangen an der Energie, wie der Patient am Tropf. Sie multiplizieren ihre Mobilität um ein Vielfaches, um Reiselust und Inselträume zu befriedigen, pressen Arbeiterinnen und Arbeiter aus wie Zitronen, um Gewinne und Dividenden zu maximieren, und die Shareholders lachen sich ins Fäustchen. Sie füttern Fernsehgeräte mit unzähligen Kanälen und ihre Köpfe mit DVDs, Handys, Notebooks und Internet und ziehen vor ihnen unterwürfig den Hut. Da geht ihm, dem altgedienten Strohhut, der Hut hoch.

Zugegeben, sie opfern nicht Stiergöttern, nein, das nicht. Dafür aber Jaguaren und Mustangs und mit ihnen ihre Lebensgrundlage und sich selber auf den

Altären des Fortschritts, des Wohlstands, der Macht und der Sicherheit. Dabei geraten sie mehr und mehr in Panik. Jawohl, schier unglaublich, in blanke Panik. Der altgediente Strohhut greift sich kopfschüttelnd an den Kniff.

Die Angst geht um unter den Menschen. Entwickelt sich zum Grundgefühl der bedauernswerten Kreaturen. Die Mächtigen fürchten sich vor Terror und die Ohnmächtigen vor Willkür. Die Reichen vor einem Börsencrash und die Armen vor dem täglichen Versagen. Und alle machen sich Sorgen über die Verwilderung der Jugend, die zunehmende Gewalt und die Zukunft überhaupt. So kann es nicht weiter gehen, sagen sie, und alle gehen trotzdem so weiter. Fast alle. Ein paar Exoten haben mit Oberflächlichkeiten nichts am Hut. Sie haben Angst vor der grassierenden Gleichgültigkeit und werfen den Hut in den Ring. Chapeau! Ein kleiner Lichtblick.

Dafür nützen andere unter ihnen die Situation umso schamloser aus. Sie wissen: Mit Angst gewinnt man Wahlen, mit ihr schlägt man Profit, lassen sich Arbeitnehmer disziplinieren, Gesetze durchbringen, Kriege legitimieren. Wer glaubhaft Ängste schüren kann, beherrscht die Welt, aber auch die Gefühle der Menschen!

Derweil wuchern Sicherheitszäune, wirkliche und geistige, vervielfachen sich Sicherheitsvorschriften und gedeihen Policen gegen alles Mögliche und Unmögliche. Und je mehr die Menschen sich absichern, desto unsicherer fühlen sie sich. «Du kannst dir deine Ratschläge an den Hut stecken!», verhöhnen sie den bedauernswerten Hut und gehen erst recht so weiter.

Der altgediente Strohhut seufzt. Es ist zum Verzweifeln. Tränen der Enttäuschung kollern ihm übers dürre Geflecht. Warum tun die Menschen ihm das an?

Seine Möglichkeiten sind ausgeschöpft. Er bringt beim besten Willen nicht mehr alles unter seinen spröden Hut. Da hilft alles Dehnen, Spreizen, Zerren und Murksen nichts mehr. Der Wahnsinn läuft aus dem Ruder. Die Spatzen pfeifen es längst von der Krempe: Der Hut brennt!

Dabei wurde er seinerzeit in allerbester Qualität gefertigt. Mit edlem Stroh geflochten, gezwirnt und gewoben. Heute vermag sein schütteres, ausgefranstes Stroh kaum mehr das Nötigste zu schützen und zu decken. Zeig mir deinen Hut, und ich sage dir, wer du bist! Die Menschheit müsste sich schämen. In seinem Zustand ist mit ihm, dem geschundenen Strohhut, kein Blumentopf zu gewinnen. Ach, die gute alte Zeit!

Und dann, unerwartet, obschon längst befürchtet, platzt ihm eines Tages die Hutschnur. Die Himmel reissen auf und das Ozonloch droht. Die heruntergekommene Erde schüttelt sich in Fieberanfällen. Die Wälder kränkeln. Riesige Wellen überfluten weite Küstenstreifen und ganze Völkerstämme setzen sich in Bewegung. Die Gewaltspirale dreht durch. Die Börsenkurse spielen verrückt. Die Sozialausgaben steigen in schwindelerregende Höhen und bisher unermüdliche Mahner nehmen resigniert den Hut. Und alle schütteln ungläubig den Kopf, suchen krampfhaft nach Erklärungen und klagen, so könne es endgültig nicht mehr weitergehen, und gehen trotzdem so weiter.

Sie tauschen ihre schwächlichen Autos gegen schwere Offroaders ein, kaufen bündelweise Schutzmasken, verbieten ihren Kindern bei schönstem Sommerwetter das Spielen im Freien, lassen sich gegen serbelnde Lebensfreude impfen und wuchernde Verlustängste therapieren und greifen entschlossen zu Deodorant und Mundwasser, möglichst oft und nicht zu knapp, denn… Sicher ist sicher!

Im Strohhuet z Chilche
Die Lebensgeschichte des Neu Glarners Josua Wild

Susanne Peter-Kubli

Seine Lebensgeschichte verfasste Josua Wild um 1871. 1935 übertrugen seine jüngste Tochter, Maria Kundert-Wild, und eine Enkelin den Text ins Englische.

Josua Wild wurde 1813 in Schwanden geboren. Sein Vater Hilarius (1789–1823), eigentlich Metzger, wurde seiner Kenntnisse wegen oft auch als Vieharzt herbeigezogen. Josuas Mutter, Katharina Wild-Fluri (1791–1832) war Schneiderin. Mit ihrer Arbeit verdiente sie, so Josua, so viel, dass immer ein wenig Geld im Hause war.

Zu seinen frühesten Erinnerungen gehörte ein Neufundländer, den die Wilds als Haustier hielten. Es war das Jahr 1816, ein Jahr geprägt durch Kälte, Missernten, Hungersnot und eine grosse Teuerung. «Viele Leute starben des Hungers oder magerten bis zum Skelett ab. Ich erinnere mich noch genau an unseren grossen Neufundländer oder Metzgerhund, wie er genannt wurde. Ein entfernter Verwandter, der in Frankreich Dienst tat, kam eines Tages mit seiner Frau und Kind und bat, ihm den Hund abzutreten, damit die Familie etwas Fleisch zu essen hätte. Mutter und ich brachten den Hund nach Schwanden, wo diese Leute lebten. Der Mann wollte mit dem Hund noch seinen Spass haben, bevor er ihn tötete. Er nahm ihn bei den Vorderpfoten und marschierte mit ihm in der Stube umher. Aber der Hund wurde dieses Spieles bald leid und sprang mit einem Satz aus dem Fenster – nach Hause. Als meine Mutter und ich nach Hause kamen, stürmte der Hund freudig auf uns zu. Der Mann kam ein zweites Mal und bat um den Hund, doch diesmal spielte er nicht mehr mit ihm, sondern tötete ihn unverzüglich.»

Dem Verlust des vierbeinigen Spielgefährten folgte 1823 der weitaus folgenschwerere des Vaters, der an Auszehrung (Lungentuberkulose) starb. «An diesem Tag hatte ich Holz gesammelt und trug einen grossen Haufen auf meinem Rücken, als ich zu einer Brücke kam. Hier warf ich die Last zu Boden und wollte eine Weile ausruhen, als mir jemand auf die Schulter klopfte und mitteilte, mein Vater sei soeben gestorben. Dies war ein grosser Schock für mich. Als ich nach Hause kam, lag er auf dem Boden. Seine zwei Brüder halfen, ihn für die Beerdigung anzuziehen, aber hatten kein tröstendes Wort für mich. Alles, was sie sagten, war: ‹Nun bleibst du als armer Knabe zurück.› Diese hageren Männer hielt man für reich, aber sie waren kalt und herzlos. Sie hatten meinen Vater verstossen, weil er in eine ärmliche Familie hinein geheiratet hatte. Auch um meine Mutter kümmerten sie sich nicht.»

In zweiter Ehe verheiratete sich Katharina Wild mit Johann Jakob Ott aus Nidfurn. Hilarius Wild und Jakob Ott waren befreundet gewesen und letzterer zeigte grosses Interesse am Veterinärwesen und wirkte wie Wild später als Vieharzt. Josua war über diesen Stiefvater wenig erfreut. «Ich erinnere mich gut an eine Wanderung mit meinem Vater und Ott. Ich schlief zwischen den beiden und hätte es mir niemals träumen lassen, dass Ott eines Tages mein Stiefvater werden würde. Es war sehr hart, ihn Vater zu nennen, und ich wäre dabei beinahe erstickt. Der Grund dafür war wahrscheinlich, dass er mich nie auf eine Wanderung mitnehmen sollte.» Das Verhältnis sollte sich in späteren Jahren allmählich verbessern.

Josua Wilds Mutter Katharina starb 1832 im Alter von lediglich 42 Jahren. Wie zuvor ihr erster Gatte hatte auch sie an Auszehrung gelitten, eine während des 19. Jahrhunderts häufig genannte Todesursache.

Josua, der bei einem aus Russland zurückgekehrten Privatlehrer einige Jahre die Schulbank gedrückt hatte, musste nun mit Weben – einer Arbeit, die er ausgesprochen hasste – zum Unterhalt beitragen. Um gelegentlich dem düsteren Webkeller zu entkommen, sammelte er Alpenkräuter, die er weiter verkaufte. Später war er in einer Fabrik beschäftigt.

«In der Fabrik, in der ich arbeitete, wurde einmal in einer Tombola eine Uhr verlost. Ich bettelte bei meiner Mutter, bis sie nachgab und ich ein Los kaufen konnte. Vier Nummern waren Glücksnummern und ich gewann etwas Geld. Meine Mutter überredete mich, damit eine Ziege zu kaufen. Ich erwarb ein schönes Tier, das ich den Winter über gut fütterte, und ich hatte grosse Freude an dieser Ziege. Im Sommer wurde sie auf die Alp gebracht und ich sah sie nie wieder. Meine Mutter tröstete mich und versprach mir meines Vaters Uhr, welche er mir auf dem Totenbett versprochen hatte. Als ich sie bekam, nahm sie mir meine Schwester im Tausch gegen einen Silberlöffel wieder ab. Später fand ich heraus, dass meine Ziege verkauft und das Geld ausgegeben worden war.»

Josua Wild arbeitete in Schwanden und später in einer Spinnerei in Luchsingen. Sein Wunsch, ein Handwerk zu erlernen, erfüllte sich erst spät, als er als 23-Jähriger eine Dreh- und Werkbank erhielt und das Drechseln erlernte. Um Geld zu sparen, gab Wild sein Zimmer auf und schlief fortan in der Fabrik. Die Abende verbrachte er mit Zeichnen, Bücher und Zeitung lesen.

«Alles Mögliche ging mir damals durch den Kopf. So dachte ich, dass ich doch mit dem Geld, welches ich für das Logis, Waschen und Flicken ausgab, doch gut einen Hausstand gründen könnte. Ich war glücklich, als ich eine junge Frau kennenlernte, die versprach, mir treu zu sein, in guten wie in schlechten Tagen. Wir heirateten am 10. Mai 1838 in der Kirche in Schwanden. Als Hochzeitsreise machten wir eine Rundfahrt auf einem Dampfschiff. Meine Frau war sparsam und mütterlich. Wir lebten bei meinen Schwiegereltern. Mein Meister brachte uns bald gute Neuigkeiten, meine Lehrzeit sei dank meines guten Benehmens um, und es wurde mir eine Erhöhung meines Lohnes versprochen.»

In Luchsingen machte Josua Bekanntschaft mit einem älteren Mann, Joe (Johann) Hefti. Dieser war aussergewöhnlich belesen und vermittelte dem jungen Wild allerhand Wissenswertes über die Geographie. Dabei kam man auch immer wieder, besonders zu Beginn der 1840er-Jahre, auf die Auswanderung zu sprechen. «Die Auswanderungsfrage wurde immer ernster. Einige hielten sie für förderlich, andere sahen darin keine Vorteile. In einer Sache waren sie sich jedoch alle einig. Es würde hart werden, in ein anderes Land zu gehen, mit einer anderen Sprache, anderen Sitten. Ich wäre gerne ausgewandert, doch getraute ich mich nicht, zu Hause etwas zu sagen, meine Schwiegereltern stimmten mir in dieser Sache nicht zu. Auch wollte ich meine Arbeitgeber nicht enttäuschen, wo ich doch guten Verdienst hatte.»

1842 starb Wilds Schwiegervater, der seiner Tochter ein kleines Vermögen hinterliess. Aufmerksam verfolgte Josua das Vorgehen des 1844 gegründeten Auswanderungsvereins. «Ich war sehr am Fortschreiten des Auswanderungsprojektes Neu Glarus interessiert, und ich wollte diese Gelegenheit nicht verpassen. Da es im August und September recht angenehm zu reisen war, entschied ich 1845, meine Frau und meine sechseinhalb Jahre alte Tochter Anna Katharina mit mir zu nehmen. Den ganzen Sommer über bereitete ich mich auf diese Reise vor, und am 12. August 1845 gingen wir an Bord. Unser Bestimmungsort war Syracuse, New York. Hier hatte ich zwei Freunde, von Beruf Schreiner. Ich hoffte, von ihnen Hilfe und Ratschläge zu erhalten, wie ich in diesem neuen Land vorzugehen hätte. Heinrich Schindler und seine Frau sowie Rosina Blesi und deren zwölf Monate alter Sohn reisten mit uns, in der Hoffnung, ihren Ehemann und Vater in New Jersey zu treffen, ebenso Balz Jenny, ein junger Mann, der in Amerika sein Glück machen wollte.»

Anders als die Neu Glarner Pioniere verfügte Josua offenbar über genügend finanzielle Mittel, die es ihm erlaubten, in Paris einen Tag zu verweilen und die Sehenswürdigkeiten zu besichtigen. Auch bestieg die Familie in Havre nicht den nächstbesten Segler, sondern blieb sechs Tage im Hafen, bis sie sich für ein Schiff entschied, das bessere Unterkunft versprach. Nach einer 28-tägigen recht ruhigen Überfahrt erreichte die Familie Wild New York und am 22. September 1845 schliesslich ihren vorläufigen Bestimmungsort Syracuse. Wie geplant, traf Josua auf die beiden oben genannten Freunde, die ihm und seiner Familie zu Wohnung und Arbeit verhalfen.

«Das erste Geld, das ich in Amerika verdiente, war von einem Gottesdienst für einen langen Tag. Die Juden getrauten sich am Sabbath nicht einmal ein Feuer zu machen oder eine Kerze anzuzünden. Ich musste vor Sonnenaufgang in die Synagoge gehen, ein Feuer entfachen und die Kerzen anzünden, etwa zwanzig Wachskerzen. Dann begann der Gottesdienst, der mir eher als ein Durcheinander vorkam. Bei Tagesanbruch konnte ich alle Kerzen ausblasen, ausser zwei, welche den ganzen Tag über brannten. Am Abend hatte ich sie wieder anzuzünden und aufzuräumen. Für viele Juden war es eine lange Zeit, während 24 Stunden zu fasten. Ich natürlich fastete nicht. Nach dem Fasten machten sie ein Fest. Für diese Arbeit erhielt ich 75 cents.»

Später fand Wild eine Stelle in einer Werkstatt, wo er Stühle herzustellen hatte. Der Taglohn war gering, 50 cents, danach 62 ½ cents. Das reichte gerade für Schaffleisch und Reis. Die Familie hielt sich mit verschiedenen Gelegenheitsarbeiten über Wasser. Vier Jahre später erhielten die Wilds Besuch aus der Heimat. Stiefvater Johann Jakob Ott und seine beiden Söhne, Josuas Halbbrüder, hatten sich ebenfalls zur Auswanderung entschlossen, blieben jedoch nicht in Syracuse, sondern liessen sich in Neu Glarus nieder. 1850 zog auch Josua Wild mit seiner Familie nach Wisconsin. Obwohl von der Grösse von Neu Glarus vorerst enttäuscht, kaufte Wild hier dennoch Kolonieland, auf dem er eine Sägerei errichtete. Das geringe Gefälle des Baches und die kaum ausreichende Wassermenge lieferten jedoch zu wenig Antriebskraft, um das Unternehmen emporzubringen. Seine Jahre in Syracuse, wo Wild sich mit den amerikanischen Sitten und Gebräuchen, vor allem der Sprache, vertraut machen konnte, machten sich in Neu Glarus hingegen bezahlt. Die Kolonisten wählten ihn in den Neu Glarner Gemeinderat. Zudem versah er das Amt des Schulvorstehers und Posthalters und war auch für die Korrespondenz mit dem Auswanderungsverein in Schwanden besorgt.

Das Leben der Neu Glarner Pioniere war hart. Den Launen der Natur waren sie ebenso ausgesetzt wie den Krankheiten.

«1854 wurde uns eine zweite Tochter geboren. In diesem Jahr kam es oft zu Überschwemmungen. Alles schien verloren. Ich heuerte einen Mann an, der während einer Woche Heutristen machte, aber alles ging in der Flut verloren. Fridolin Schindler, seine Frau und zwei Kinder kamen von Freeport, zuversichtlich und mit grossen Zukunftsträumen. Er arbeitete während der Ernte für einen Mann in Albany. Aber über Nacht erkrankte er an der Cholera und starb schliesslich nach langem Leiden. 22 Menschen starben auf dieselbe Weise. Es war in der Tat ein erbärmlicher Zustand. Die Ernte stand an, doch war aus Angst vor einer Ansteckung niemand bereit, zu arbeiten, denn keiner wusste, wer der Nächste sein würde. Pfarrer Streissguth war der einzige Arzt. Jedermann kaute Knoblauch und trug Kampfer auf sich, was die Ansteckung zu einem gewissen Grad verhinderte. Auch hatten die Leute immer Schnaps zur Hand.»

Im selben Jahr gab Wild die Mühle endgültig auf und eröffnete einen Laden. Er handelte mit Butter, Eiern und Häuten, die er einmal in der Woche nach Monroe oder Madison führte.

Diesem Handel war denn auch ein weitaus grösserer Erfolg beschieden als zuvor der Sägerei. Zumindest ermöglichte diese Tätigkeit Wild schon im Jahre 1860, eine Reise in die alte Heimat ins Auge zu fassen.

Josua Wild, der bei all seinen Vorhaben nichts dem Zufall überliess, traf alle wichtigen Vorkehrungen. So verfasste er vor seiner Abreise ein Testament, in dem er, bei allfälligem Ableben in der Schweiz oder auf See, alles seiner Frau vermachte. Bei seiner Rückkehr nach Neu Glarus zerriss er aber dieses Schreiben sogleich. Wild, der uns in seiner Lebensbeschreibung nicht einmal den Namen seiner Gattin verrät, vertraute ganz auf ihre Zuverlässigkeit, liess er sie doch 1860 mit fünf Kindern, die jüngsten gerade sechs, drei und einjährig, zurück. Wild genoss die Reise sehr. Anders als auf der Hinfahrt fuhr er nun per Dampfer Europa zu. Bevor er sich einschiffte, besuchte er die Niagarafälle und bei seiner Ankunft in Europa leistete er sich eine Besichtigung Londons.

Als er und seine Reisegefährten Basel erreichten, schien es ihnen, als könnten sie freier atmen. «Über Zürich gelangten wir schliesslich nach Glarus. Beim Anblick traten mir Tränen in die Augen. Fünfzehn Jahre waren vergangen, seit ich mit schwerem Herzen meine Heimat verlassen hatte, nicht wissend, was mir die Zukunft bringen würde. Alles schien so klein. Die Berge schienen enger zusammen zu stehen.»

In Schwanden besuchte Wild Verwandte und Freunde, und er genoss es sichtlich, als Mann von Welt den daheim Gebliebenen Auskunft über Amerika geben zu können. Weniger goutiert wurde sein Besuch eines Gottesdienstes in Luchsingen, dem Heimatort seiner Mutter und seiner ehemaligen Wohngemeinde. Die Kirchgänger, die sich traditionsgemäss schwarz gekleidet im Gotteshaus einfanden, blickten mit Argwohn auf Wild, der in sommerlichem Leinenanzug und Strohhut erschien.

Nach mehrwöchigem Aufenthalt im Glarnerland kehrte Wild wieder in die Vereinigten Staaten zurück und traf am 26. September in Neu Glarus ein. Wie damals üblich, schlossen sich einem Besucher aus Amerika auf dessen Rückreise auswanderungswillige Verwandte und Bekannte an. So wurde Wild auf seiner Heimreise von einem Sohn Onkel Joachim Kläsis begleitet.

Wieder zurück in den USA erlebte Wild den Ausbruch des Sezessionskrieges. Obwohl nicht direkt im Kriegsgebiet, litt man auch in Neu Glarus unter der allgemeinen Teuerung. Das Kriegsende löste verständlicherweise auch hier grosse Freude aus.

Mittlerweile waren zwei Töchter verheiratet und bewirtschafteten eigene Farmen in oder um Neu Glarus. Zusammen mit Schwiegersohn Fridolin Streiff eröffnete Wild in Paoli, in der Nähe von Madison, ein Geschäft. «Aber wir mochten unsere amerikanischen Nachbarn nicht besonders, da sie zuviel anschreiben lassen wollten. Streiff schien das Interesse am Laden zu verlieren und beabsichtigte, sich als Farmer niederzulassen. So kauften wir gemeinsam 211 acres für 3000 Dollars und lebten dort zusammen. Dies erwies sich aber als zu abgelegen für mich, und so zogen meine Frau und die Kinder zurück in die Stadt.»

Josua litt über mehrere Jahre an Asthma, welches ihn immer wieder schwächte und arbeitsunfähig machte. «Um meine Gesundheit stand es übel. Beinahe alle Stunden musste ich inhalieren (Kräuterdämpfe). Ich erwartete das Schlimmste. Eines Tages musste ich geschäftlich nach Monroe, mein Sohn Johann brachte mich dorthin. Obwohl ich warme Kleider trug, zog ich mir eine schwere Erkältung zu. Dann litt ich an starken Magenschmerzen. Dafür verschwand das Asthma, an welchem ich 19 Jahre lang gelitten hatte. Ich ging zu Doktor Blumer, aber er konnte mir nicht helfen. Dann versagten meine Nieren. Am 21. Juni ist die Nacht am kürzesten, aber für mich wurde sie die längste. Ich litt unendlich. Der Arzt versuchte mit einem groben Instrument mir meine Not zu lindern, aber verletzte dabei meine Därme.»

Wider Erwarten überstand Josua Wild die Krankheit wie auch die «grobe» Prozedur des Arztes. Er starb acht Jahre später im Alter von 66 Jahren. Seine Frau Barbara Wild-Speich überlebte ihn um neunzehn Jahre.

(Literaturangaben und Quellennachweise bei der Autorin)

Warten auf Goorin

Jan Krohn

Am frühen Nachmittag des 17. Juli vergab ich leichtfertig die Chance, mein Leben von Grund auf zu ändern. Der Schauplatz war Lissabon. Genauer gesagt eine der Gassen im Bairro Alto, noch genauer eine der trendigen Boutiquen mit Freitagtaschen und Robinsonsandalen, Che-T-Shirts und einer Verkäuferin, für die man töten würde, wenn man wüsste, dass sie einen dafür küsste.

Aber eben: Hätte ich damals gehandelt, ich wäre heute einer wie Che im Urlaub. Einer wie John Denver, der blonde Barde, der mit seiner Klampfe und seinem Grinsen, breit wie eine zweispurige Landstrasse, jede Blume am Wegesrand pflückte, bestäubte und trällernd weiterzog. Gott sei ihm gnädig. Oder wie Pete Doherty, der berühmteste Verladene der Neuzeit (ich nehme an, Sie schauen MTV oder lesen Gala), Vertreter einer klaren Linie auf dem Glastisch und in nüchternen Zeiten Begatter der aussserirdisch schönen Kate Moss. Oder einer wie Paul Newman: Erfinder einer eigenen Salatsaucenlinie (Newman's Own), legendärer Schauspieler, Rennfahrer, Gatte von Joanne Woodward. Harald Naegeli, der Sprayer. Bob Dylan in den 80ern. Robert Redford, der President's man. Um nur einige zu nennen. Aber was mühe ich mich hier eigentlich ab, so etwas wie Spannung aufzubauen? Wo Sie ja ohnehin wissen, dass die Geschichte zwangsläufig auf einen Hut hinausläuft.

Also zurück zu diesem lähmend heissen Sommertag in der Cidade branca Lisboa, dem Tag, an dem ich es schaffte, die Chance meines Lebens, die Chance auf eine unbeschwerte Existenz, die angewandte Leichtigkeit des Seins, auf dieses mediterrane Lebensgefühl, dieses Heute-hier-morgen-da-Lustwandelnde eines Tom Sawyer, eines Dean Moriarty, kurz und bündig eines jener Glückspilze, die auf der Sonnenseite des Lebens geboren sind, dort zu bleiben trachten – und daran erkennt man sie, erkennt sofort ihre Geisteshaltung, weiss um die beneidenswerte, scheinbar ziellose aber unterschwellig fadengrad auf die Erfüllung ihrer Wünsche ausgerichtete Flatterhaftigkeit ihrer glücklichen Seele – zwar durchaus als solche wahrzunehmen, wohlgemerkt, doch aus irgendeiner Blockade, Faulheit, falschen Scham heraus sie nicht bei der vermaledeiten Krempe zu packen und zu bodigen vermochte.

Dabei stach er mir sofort ins Auge, der Paper-straw-fedora-with-yarn-dye-plaid-band&custom-fit-plush-elastic-sweatband-Panamahut der amerikanischen Kultmarke Goorin auf dem Regal ganz hinten in besagtem Geschäft. Wie auf einem dieser automatischen Flughafenbänder wurde ich zu ihm hingezogen, setzte ihn auf, drückte ihn in die Stirn, betrachtete mich im Spiegel, sonnte mich kurz im entzückten Lächeln meiner Begleiterin, und dann sprach er zu mir. Etwa so wie der «Sorting Hat» in Hogwarts. Nur dass ihn niemand anders hören konnte als ich. Nicht etwa auf Portugiesisch sprach er zu mir, sondern seinem Markennamen gemäss auf casually nasalem howdy-dudy-Amerikanisch. Und zwar raspelte er in Sekundenbruchteilschnelle die Stationen meines bisherigen sowie meines potenziellen zukünftigen Lebens herunter – ich will Ihnen die Details ersparen, sage nur ein Stichwort: «Hybris.» Worauf ich, als ich aus dem kurzen Rausch erwachte, brav und bescheiden den unumkehrbaren Wendepunkt meines Lebens wieder absetzte und mich, innerlich wallend, gequält lässig und scheininteressiert den hip-hoppig biederen Dächlikappen zuwandte. Denn ich hatte genug gesehen.

Meine Begleiterin liess jedoch nicht locker. Welche Frau will schon nicht lieber einen Paul Newman als einen Alfred E. Neumann zum Freund. Zumindest äusserlich. Ein Strohhutträger ist grosszügig. Er gibt mit vollen Händen aus, was er nicht hat. Er ist charmant, nimmt einem nichts übel, zelebriert das irdische Dasein vom späten Aufstehen bis zum all inclusive Nie-allein-ins-Bett-gehen. Der Strohhuträger ist ein Carpe-diem-Typ, aber ohne das trockene Latein. Er ist der Schmetterling unter den Insekten, der Kolibri unter den Vögeln, der «Sex on the beach» unter den Drinks. Mit anderen Worten das exakte Gegenteil von mir. Verstehen Sie mich richtig: Der Hut stand mir gut, wenn nicht gar ausgezeichnet. Sogar die Sexappeal aus allen Poren verströmende Verkäuferin streifte mich eines lüsternen Blicks, als ich das Ding aufhatte. Und möglicherweise, sogar ganz sicher, wäre ich auch in die von ihm geforderte Rolle hineingewachsen. Hätte noch am Abend des selben Tages mit meiner neuen Ausstrahlung die Stadt erobert, wäre am nächsten Morgen inmitten triefender Latinas am Strand erwacht, hätte mich von Sit-in zu Cocktail zu Vernissage, zu Party, zu Orgie immer weitertreiben lassen und wäre ganz bestimmt nie mehr in den Zigerschlitz zurückgekehrt – geschweige denn hätte ich mir und Ihnen die Mühe dieser Beichte gemacht. Ich hätte von der Hand in den Mund, dem Auge in den Ausschnitt, dem ... nun ja, ich hätte gelebt.

Sie finden das oberflächlich. So what? Genau das wäre ich geworden: Glänzend, gleissend poliert und ausrutschgefährlich oberflächlich. Kein Wölkchen hätte meinen äusseren noch inneren Himmel getrübt, keine Sorgen mich belastet, ich wäre als westliche Hippie-Ausgabe eines Zen-Mönchs durch die Welt gezogen und hätte mich bis zum Abwinken amüsiert. Geil, gell?

Doch ich konnte nicht. Ich brachte es nicht übers Herz, die Kreditkarte nicht über den Portemonnaierand, den Hut nicht über die Ladenschwelle hinaus. Wieso? Ich war zu feige. Es ist ein altbekanntes psychologisches Phänomen, dass Menschen lieber in ihrem Unglück verharren als den Sprung ins Ungewisse zu wagen. Für mich als im Glarnerland aufgewachsenem Engstirner mit Hang zu dunklen Grübeleien traf diese Weisheit den Nagel auf den nun hutlosen Kopf. Ich hatte Angst vor dem prallen Leben, dem Verlust meiner inneren Heimat (dem getarnten Bunker in meiner Brust), der Uferlosigkeit meiner in Schach gehaltenen Gelüste. Panik. Deshalb zog ich den Hut aus, den metaphorischen Schwanz ein und liess es bleiben.

Verliess mit wehem Herzen Boutique samt Verkäuferin, ohne mich noch einmal umzudrehen, zog meine enttäuschte Begleiterin wortlos zum Café Brasileira, bestellte einen doppelten Cognac und hob das Glas auf meinen kleinen, schauspielernden ehemaligen Glarner Schulkameraden, der sich in jungen Jahren unbedachter Weise unter die Fittiche eines Strohhutes gewagt hatte, kurz zu voller Pracht erblüht war, nur um sich wenig später das Leben zu nehmen.

Das Glarnerland ist nun mal kein Terrain für Strohhutträger. Die 67,5 Gramm pure Lebenslust würden im Schatten der Berge immer schwerer wiegen und nach und nach ihren Träger erdrücken. Und falls dem nicht so wäre, und einer es tatsächlich schaffen würde, inmitten all der nassfilzigen Pfadi- und Jägerhütler dem Charakter seines Hutes gerecht zu werden, dann würde der älteste Glarner schon dafür sorgen, dass er ihm den fremdenfötzligen Kopfschmuck vom Grind fegen würde, diesem Mehbesseren, chrüützgopfertami. Also lassen Sie schön die Finger von Goorin. Es sei denn, Sie haben hier hinten nichts mehr zu verlieren – dann wissen Sie ja jetzt, wo Sie ihn finden. Einen schönen Gruss an die Verkäuferin, viel Glück und adeus.

Ehre, wem Ehre gebührt

Richard Bertini

Er mag Giovanni, Giuseppe oder so geheissen haben. Seinen Namen habe ich vergessen, denn seine Arbeitskollegen von der Baufirma im Nachbardorf nannten ihn nur «La cornacchia» – die Krähe. Das hatte mit Fantasie nichts zu tun: der Mensch sah auch so aus. Auf seinem ausgemergelten Rumpf sass über einem dünnen Hals ein viel zu klein geratener Eierkopf, dominiert von einer spitzen Nase und kleinen, kugelrunden Äuglein, deren stechender Blick empfindlichen Gemütern ein Trauma einjagen konnte. Dazu gesellten sich eine Art Hände mit überlangen, spindeldürren Fingern.

Es hiess, dass die Krähe mit diesen Krallen Hammer und Meissel in ähnlicher Meisterschaft zu führen verstehe wie weiland Michelangelo. Also begegnete man ihm in seinen Kreisen mit Respekt und dies trotz seiner Aufmachung. Bei dieser handelte es sich um einen ursprünglich senfgelben Anzug, verbunden mit einem schwarzen Hemd und einem knallroten Halstuch. Seine weissen Schuhe waren eine Ausgeburt der damaligen italienischen Schuhmode. Ich kann mir bis heute nicht vorstellen, wie man in diesen spitzigen Scheusslichkeiten überhaupt gehen konnte. Über allem aber thronte sein Hut – sandfarben, mit einem breiten, schwarzen Band und einer ausladenden Krempe. So ein Mittelding zwischen Stetson und Borsalino, wie man es in alten amerikanischen Mafia-Krimis sieht. Weil ich ein anständig erzogener Mensch bin, verzichte ich darauf, zu beschreiben, wie dieses Ding auf den Mini-Kopf der Krähe passte. In dieser Aufmachung erschien die Krähe jeden Sonntagmorgen zusammen mit den andern zur Messe in der Kapelle des Mädchenheimes, im Sommer wie im Winter.

Die jungen italienischen Bauarbeiter nannten das Mädchenheim respektlos «La polleria della Santa Famiglia» – das Hühnerhaus der heiligen Familie – denn es beherbergte über hundert junge Italienerinnen, die im ansässigen Textil-Unternehmen drei, vier oder fünf Jahre arbeiteten, um dann, ausgestattet mit einer für die damaligen Verhältnisse ordentlichen Geldsumme und in der Freizeit selbst genähter Aussteuer als «gute Heiratspartien», in ihre Heimatdörfer zurückzukehren.

Betreut und vor allem beaufsichtigt wurden sie von drei Nonnen des Ordens «von der heiligen Familie». Ihnen oblag die Erziehung, Behütung und Ausbildung der jungen Frauen zu ordentlichen Christenmenschen und angehenden Müttern.

Die drei Schwestern hatten ihre liebe Mühe, die ganze Schar jederzeit vor den Anfechtungen des menschlichen Daseins zu schützen. Während der Arbeitszeit schlüpfte denn auch so manche der Jungfrauen durch den Maschendraht der strengen Bewachung und sorgte für Blutauffrischung in so mancher ansässigen Familie oder begleitete bald einen jungen italienischen Gastarbeiter in dessen Heimatdorf.

Der fleissige sonntägliche Gottesdienstbesuch heiratsfähiger junger Männer einheimischen oder italienischen Geblüts war denn auch mitnichten auf die ergötzlichen Predigten des Don Savino als vielmehr auf die zahlreiche Vertretung des weiblichen Elements zurückzuführen. Krähe indessen beteiligte sich nie an der allgemeinen Schäkerei, und deshalb erstaunte es mich umso mehr, dass die drei Nonnen gerade in seiner Gestalt ein Übel besonderer Natur zu sehen schienen.

Das Licht ging mir erst in jener weihnächtlichen Mitternachtsmesse auf. Normalerweise waren mein jüngerer Bruder und ich die Ministranten vom Dienst. Wir knieten auf der unteren Altarstufe und wandten dem Kirchenvolk den Rücken zu. So gewahrten wir nicht, was jeweils hinter uns geschah.

In jener Mitternachtsmesse war aber alles anders. Suor Erasma hatte uns in der Sakristei singen gehört und die kulturbeflissene Nonne hatte darauf bestanden, dass wir auch in der Mitternachtsmesse zu singen hätten. Schliesslich sang unser Vater ebenfalls im Kirchenchor, und zu Weihnachten waren auch unser älterer Bruder und die Schwester bereits fester Bestandteil des musikalischen Zeremoniells. Ergo sassen wir dieses Mal hinten auf dem Chorpodium beim Harmonium und warteten auf unser «Tu scendi dalle stelle…»

Zum Publikum, welches nach und nach die Kapelle bis auf den letzten Platz füllte, gehörte natürlich auch Krähe. Das Individuum setzte sich in die zweithinterste Bank, ganz links aussen an der Wand. Im Gegensatz zu allen andern männlichen Anwesenden entblösste Krähe sein Haupt mitnichten, sondern behielt seinen Hut auf. Dafür erntete er die giftigsten Blicke der drei Nonnen, was ihn freilich keinesfalls beirren konnte. Dann wandelte Don Savino durch den Mittelgang der Kapelle nach vorne zum Altar, und neben uns ertönte das Kyrie des Chores. Wenig später waren wir mit dem «Tu scendi…» an der Reihe, das auf Suor Erasmas Gesicht ein verklärtes Entzücken zauberte; was uns erschaudern liess, denn wir wussten, dass sie uns nach der Messe gnadenlos abknutschen würde, gefolgt von der gesamten anwesenden Weiblichkeit.

Krähe hatte ich beinahe schon vergessen, denn nach der Predigt und dem Credo war es Zeit für den Vortrag unserer älteren Geschwister. «Verbum carum factum est…» Meine Schwester verfügte über einen ganz passablen Alt, und sie bewältigte ihre zweite Stimme mit Bravour, bis zu jener Stelle mit der reinen Quarte nach oben. Diese brachte sie nie zustande. Wir jüngeren hatten auch dieses Mal wieder eine Wette abgeschlossen, ob sie eine Terz oder eine Quinte singen würde. Sie sang, begleitet von einem Ellbogenhieb unseres Bruders, nur eine Terz, und ich hatte verloren, obwohl sie bei schönem Wetter sonst immer eine Quinte sang. Ich war noch am Grübeln, was der Grund für das seltsame schwesterliche Verhalten gewesen sein könnte, als alles niederkniete und den Blick senkte. Es war Zeit für die Wandlung. Aus den Augenwinkeln sah ich, dass Krähe mit seinem Ding auf dem Kopf als Einziger stehen geblieben war. Schliesslich drehte sich Don Savino mit hoch erhobener Hostie dem Volk zu. «Ecce corpus meum…» und jetzt sah ich zum ersten Mal, dass Krähe eine halbe Glatze hatte, denn er hatte mit der linken Hand den Hut abgenommen und hielt ihn vor der Brust. Er verneigte sich ganz leicht vor der Hostie, dann fixierte er sie wieder mit seinem durchdringenden Blick und schlug mit der rechten Hand das Kreuz. Das Ganze wiederholte sich beim Kelch. Als sich Don Savino dann wieder dem Altar zuwandte, war Krähes Hut wieder dort, wo er sonst immer thronte. Aber Krähe hatte der Hostie und dem Kelch die Ehre erwiesen, und er hatte sie auch ganz genau betrachtet, während alle andern ihre Blicke gesenkt und dabei nichts gesehen hatten.

Für sie alle hätte Don Savino auch einen Teddybären oder sonst irgendwas hochhalten können – sie hätten es nicht einmal bemerkt. Das Ganze hatte mich sehr beeindruckt, Krähe war mir irgendwie plötzlich sympathisch.

Als die Mitternachtsmesse zu Ende war, mussten wir warten, bis alle an uns vorbei die Kapelle verlassen hatten. Als Krähe an mir vorbeikam, rutschte mir spontan ein «Buon natale» heraus. «Grazie altretanto, figlio mio», kam es mehr geflüstert als gesprochen zurück, und ich glaubte es kaum, Krähe hob ganz leicht seinen Hut – vielleicht nur einen Millimeter – aber er hob ihn. Schliesslich standen wir auch endlich draussen im Vorraum. Krähe aber war bereits in der stockfinsteren Winternacht verschwunden.

«Heireli, jetzt bist du Lokiführer!»

Heinrich Stüssi

Im Nebelmeer des Vergessens erwacht als früheste Kindheitserinnerung die Fahrt des vierjährigen Buben auf der Dampfloki. Einer richtigen der Schweizerischen Bundesbahnen. Mein Götti war Lokiführer, und das hiess etwas. Deshalb war sein Schnauz auch länger als bei anderen Männern, und die Dächlikappe, das Standeszeichen der Lokiführer, sass verwegener auf dem Kopf als bei den Kollegen. Er hatte beim Generalstreik, der noch nicht zwei Jahre zurücklag, schliesslich zu den Rädelsführern gehört. Diese Besonderheiten, die Schnauztasse beim Morgenessen inbegriffen, wurden mir erst viel später bewusst. Sie bestärkten mich in der Überzeugung, dass ein Glücksfall mir einen solchen Götti geschenkt hatte.

Es fing damit an, dass meine Eltern mit drei meiner Geschwister wieder einmal zügelten. Sie liessen sich in Dulliken, meinem Geburtsort, nieder. Der Vater arbeitete beim Bau des Kraftwerkes Olten-Gösgen. Nur ein Spaziergang von Dulliken entfernt, im Weiler Wil, wohnte eine Schwester der Mutter. Sie war mit einem Lehrer verheiratet. Zu seinen Talenten zählten auch die Freuden an ernsthaften und lockeren Geselligkeiten, die er mit seinem Nachbarn, dem Lokiführer, teilte. Es ergab sich von selbst, dass meine Eltern ebenso eifrig mitmachten und mitpolitisierten, um die aus allen Fugen geratene Welt wieder ins Lot zu bringen. Da sich Solothurner und Glarner schon ihrer ähnlich wohllautigen Sprache wegen ausgezeichnet verstanden, wurde die gegenseitige Sympathie vor dem Taufstein bekräftigt. So kam ich zu meinem Götti.

Um der Wahrheit willen schmücke ich die früheste Kindheitserinnerung nicht aus. Sie ist deswegen sehr lückenhaft, so dass umso mehr Ihre eigene Fantasie gefordert wird. Keine Erinnerung, wie ich in den Führerstand der Loki gelangte. Ich sehe nur den glühenden Schlund des Kesselofens, aber keinen Heizer der Kohlen hineinschaufelt, höre auch nicht, wie der Zug anfährt, über die Weichen rattert, den Bahnhof Olten hinter sich lässt, in Fahrt gerät, merke auch nicht, dass ich hochgehoben und abgesetzt werde. Lediglich an das erinnere ich mich, dass der Götti mir seine Dächlikappe über die Ohren zieht und dabei ganz gewiss gesagt hatte: «Heireli, jetzt bist du Lokiführer!» Ich empfinde kein Gefühl des Stolzes, verwundere mich auch nicht, wie Stangen, Signale, Bahnhöfe auf mich zustürzen, erschrecke nicht vor dem Gegenzug, ängstige mich auch nicht, vor Aarau in den Tunnel einzufahren.

Ich verrichtete den Dienst offensichtlich gut, so dass der Zug ohne Zwischenfall Aarau erreichte, wo die Mutter ausstieg. Die Stadt war aus irgendeinem Grunde im Festfieber. Auf dem Gang durch die Altstadt das erregende Gedränge der Leute, die Buden mit tausenderlei Herrlichkeiten, die Holzbrücke. Das Eindrücklichste: Die Mutter kauft mir eine hahnengeschmückte blecherne Pfeife. Schon sie allein entzückt mich. Blase ich hinein, schiesst ein Papierstreifen heraus, der sich von selbst wieder zusammenzieht. Jetzt ist der Bub stolz und glücklich.

Keine Erinnerung mehr an die Rückkehr, die ohnehin wieder ein richtiger Lokiführer gewährleistete.

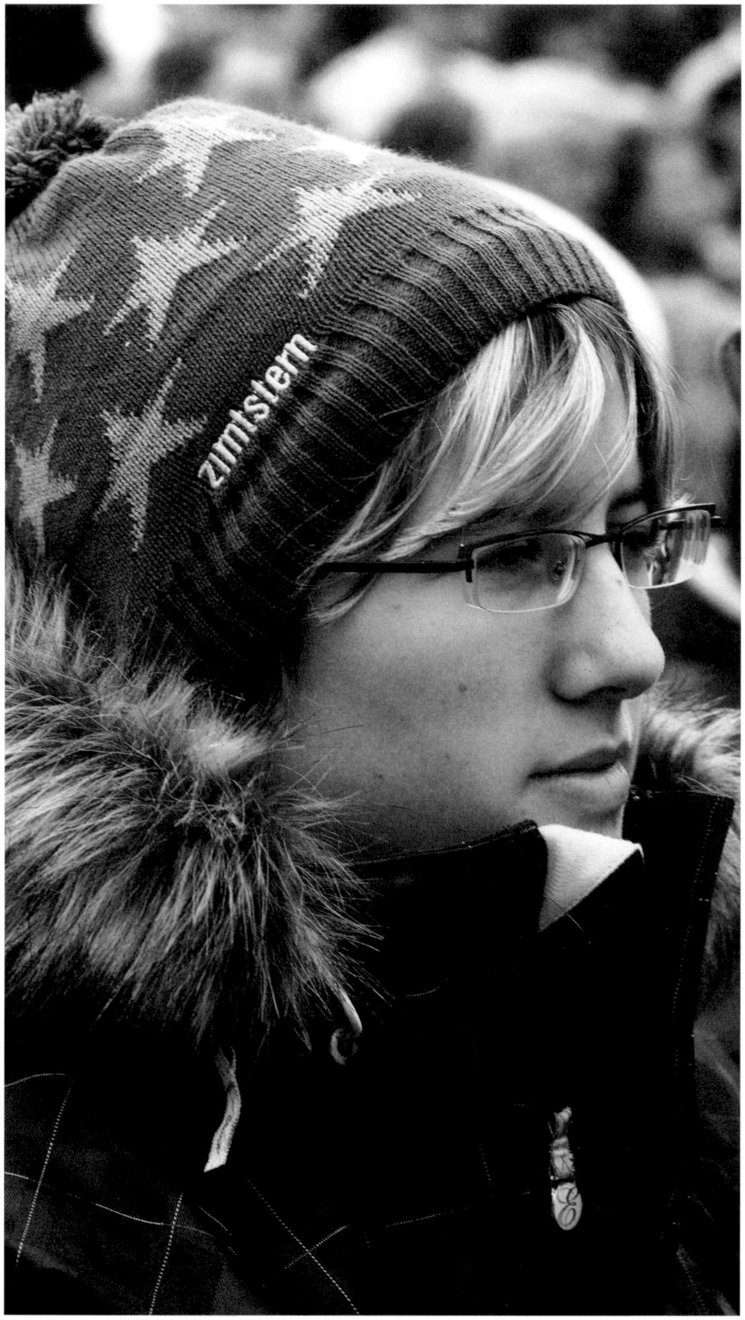
zimtstern

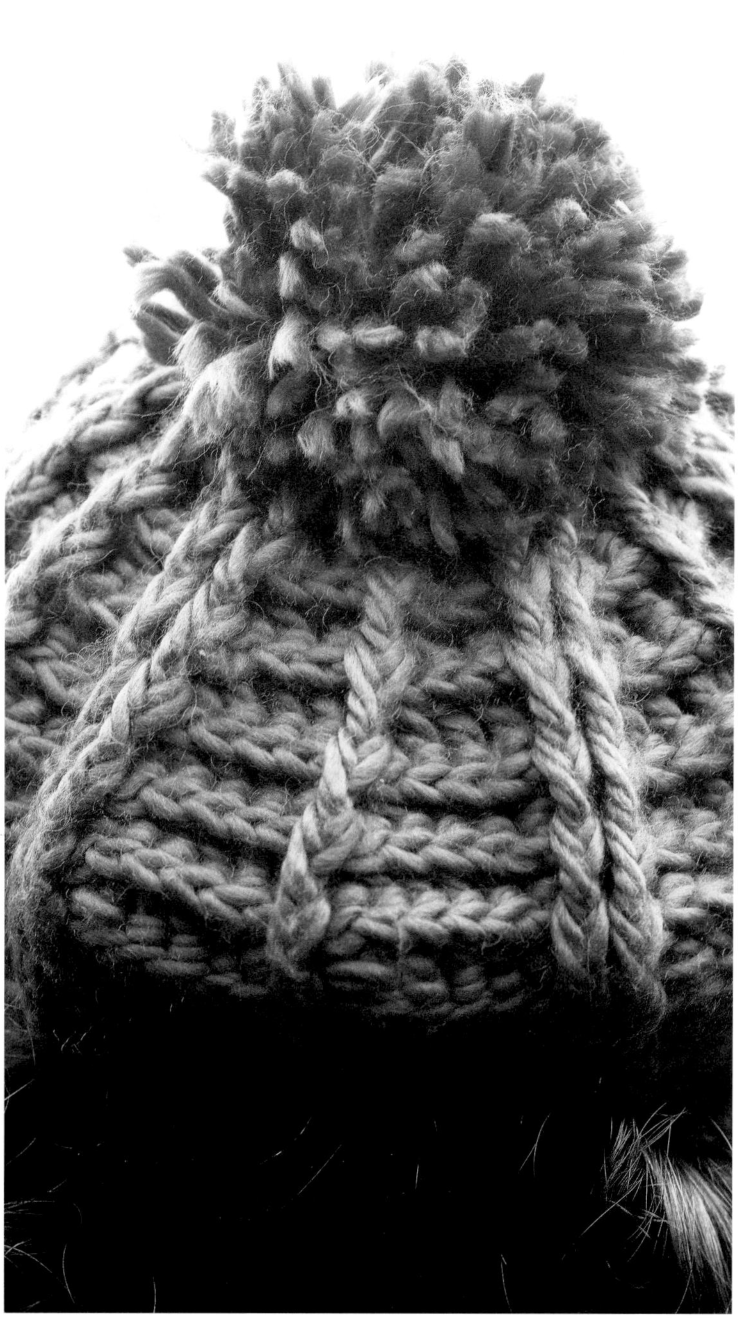

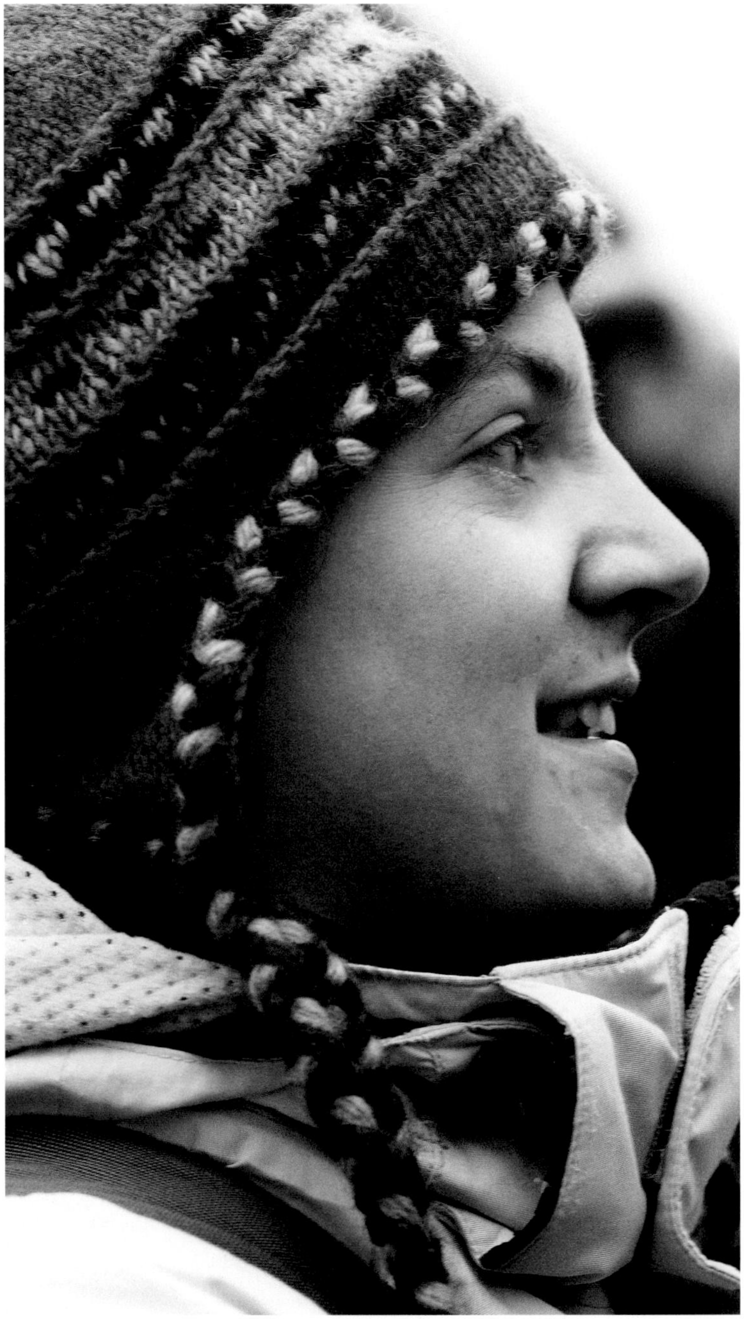

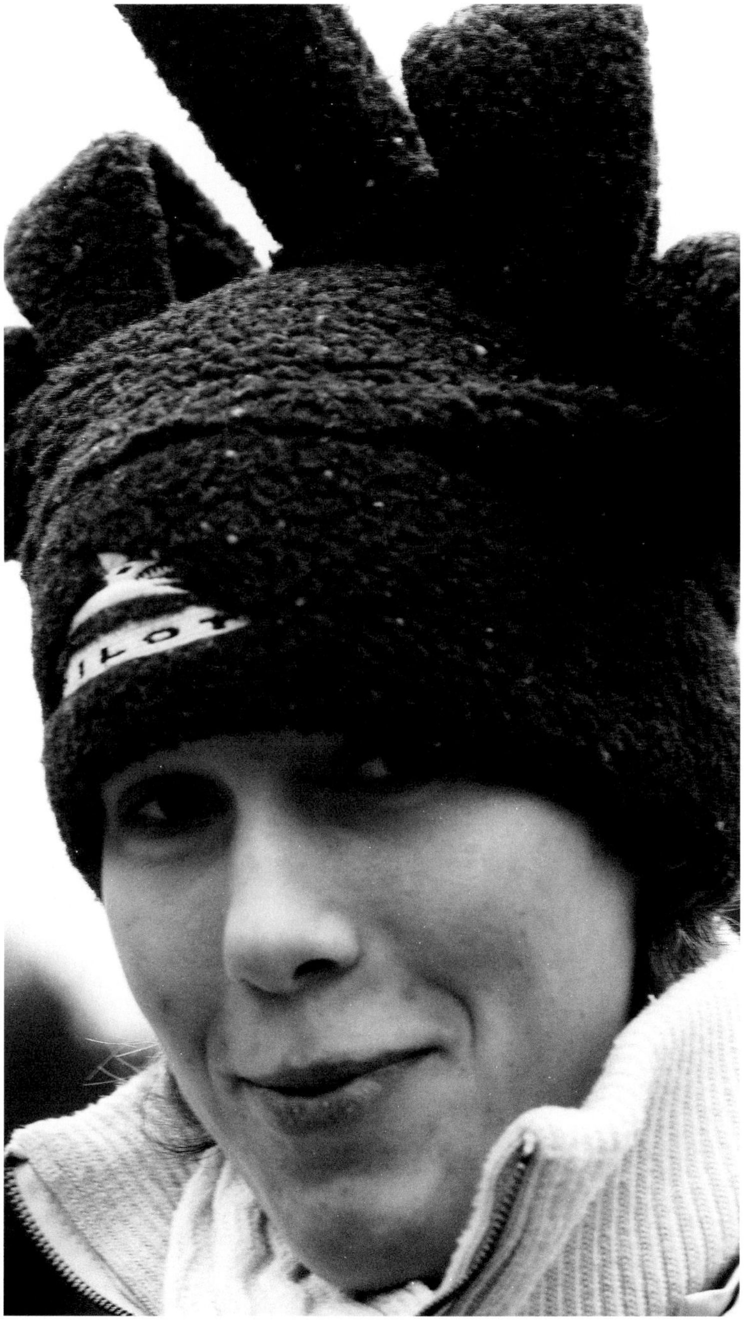

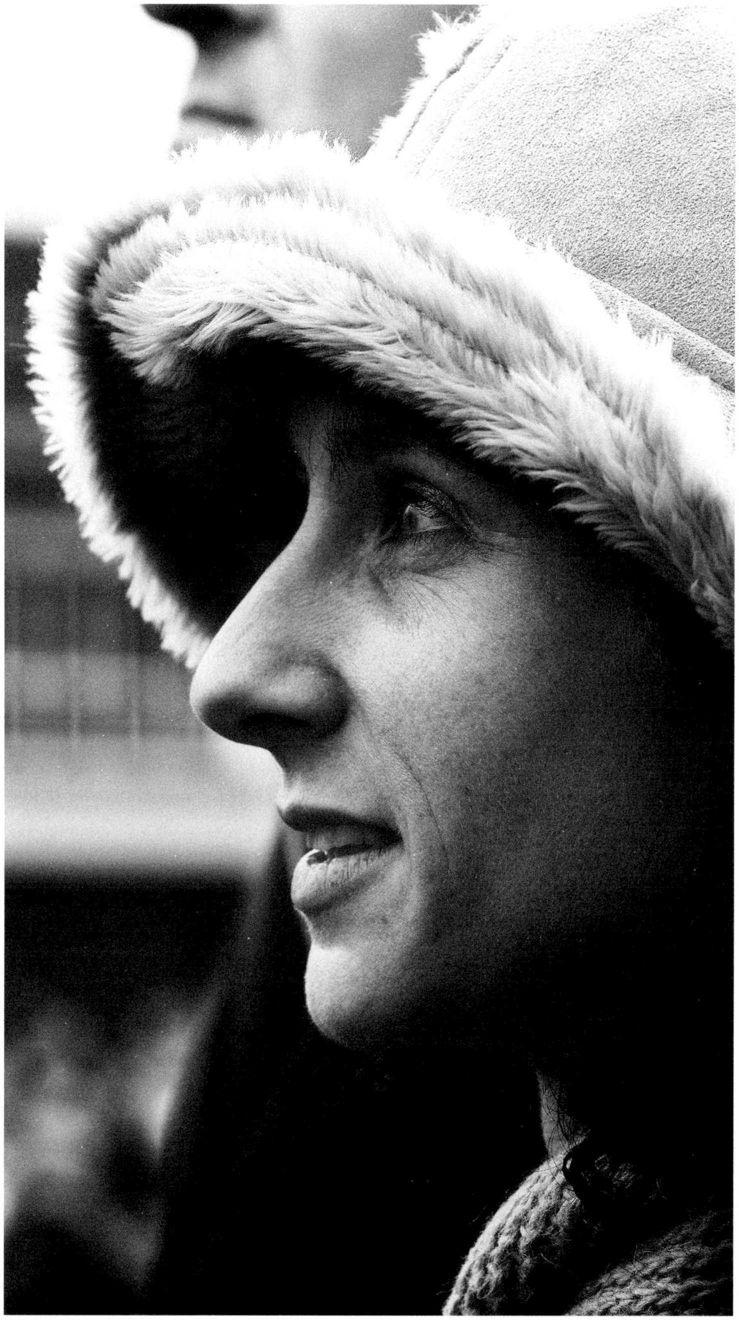

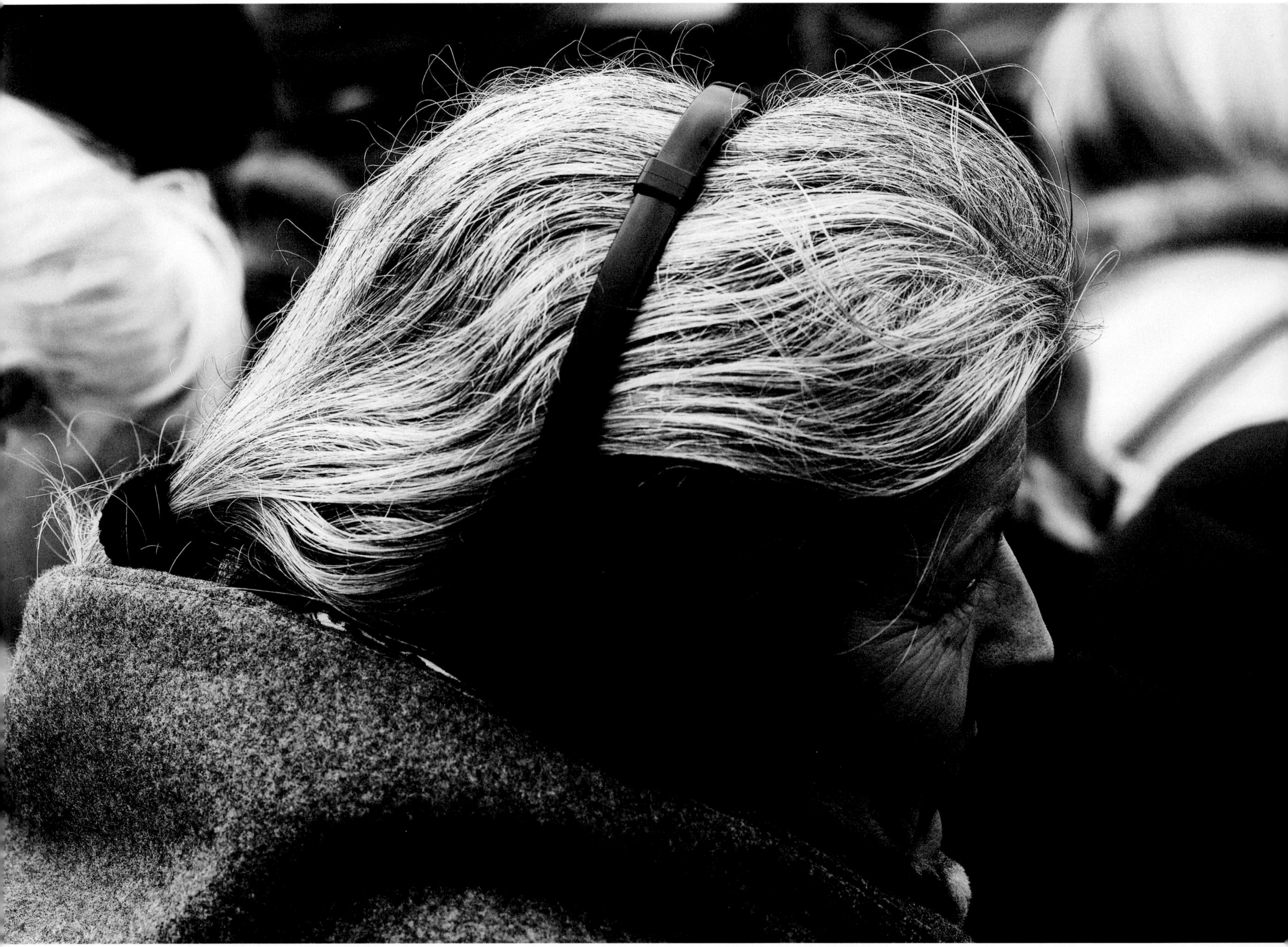

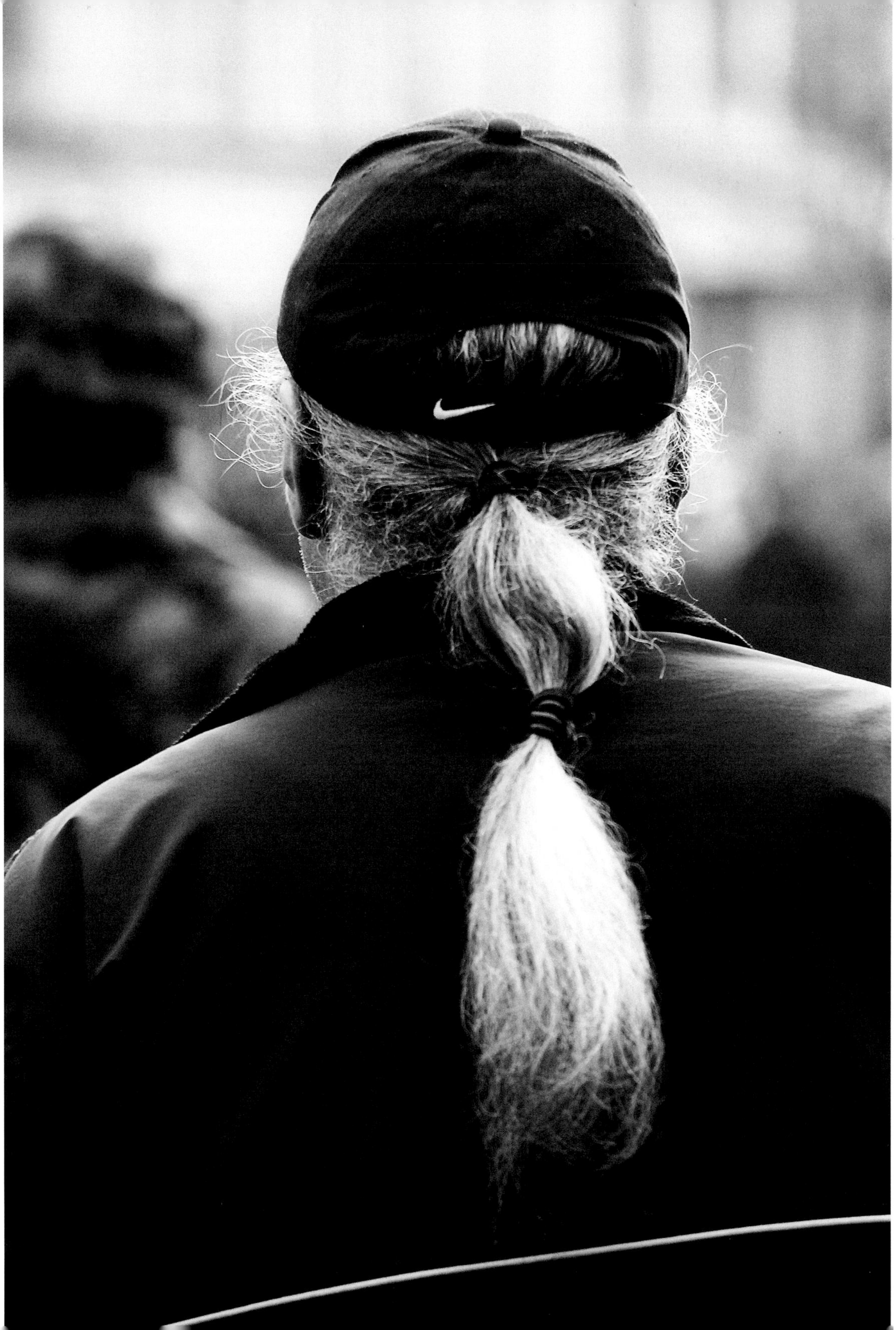

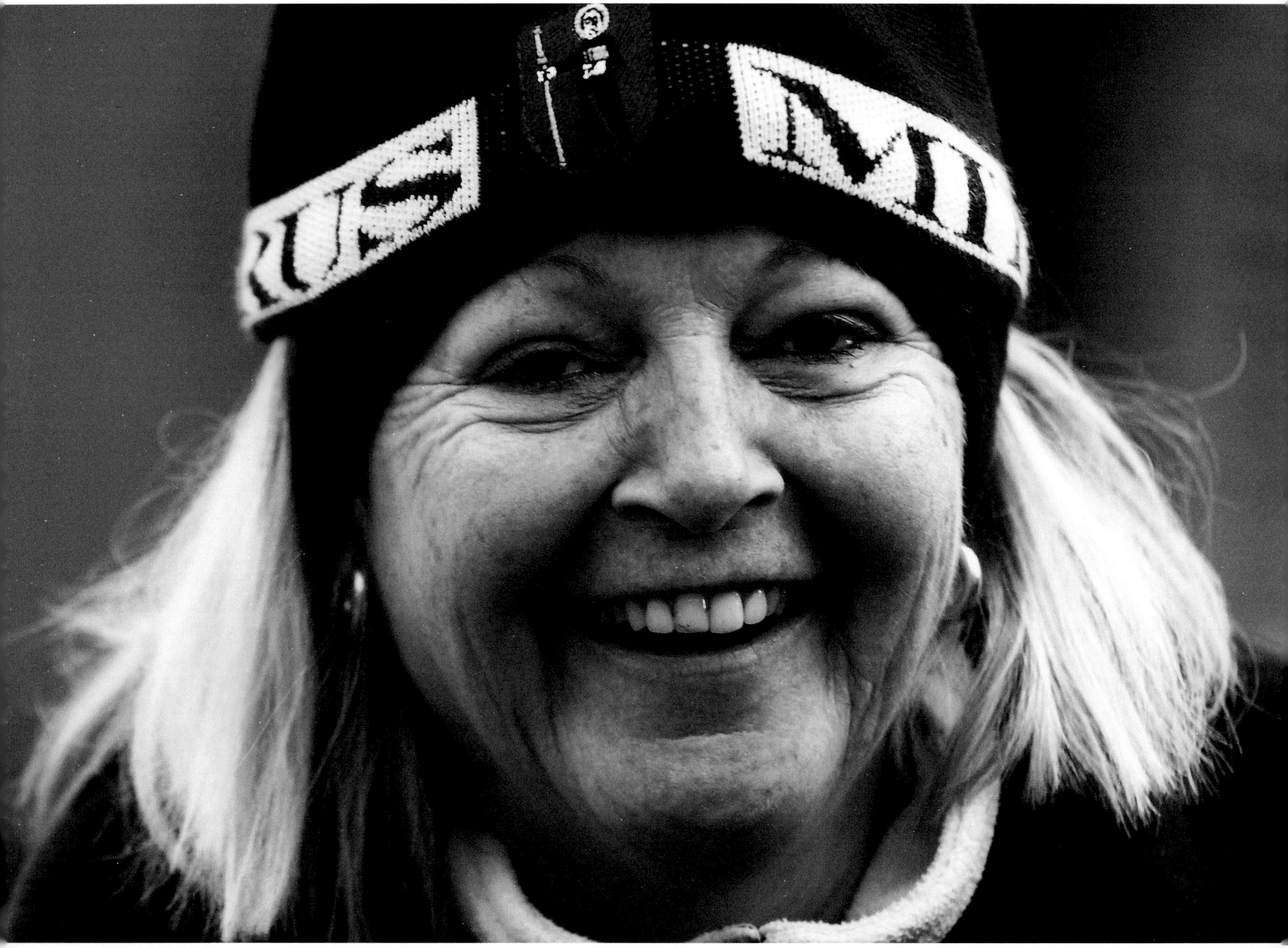

161

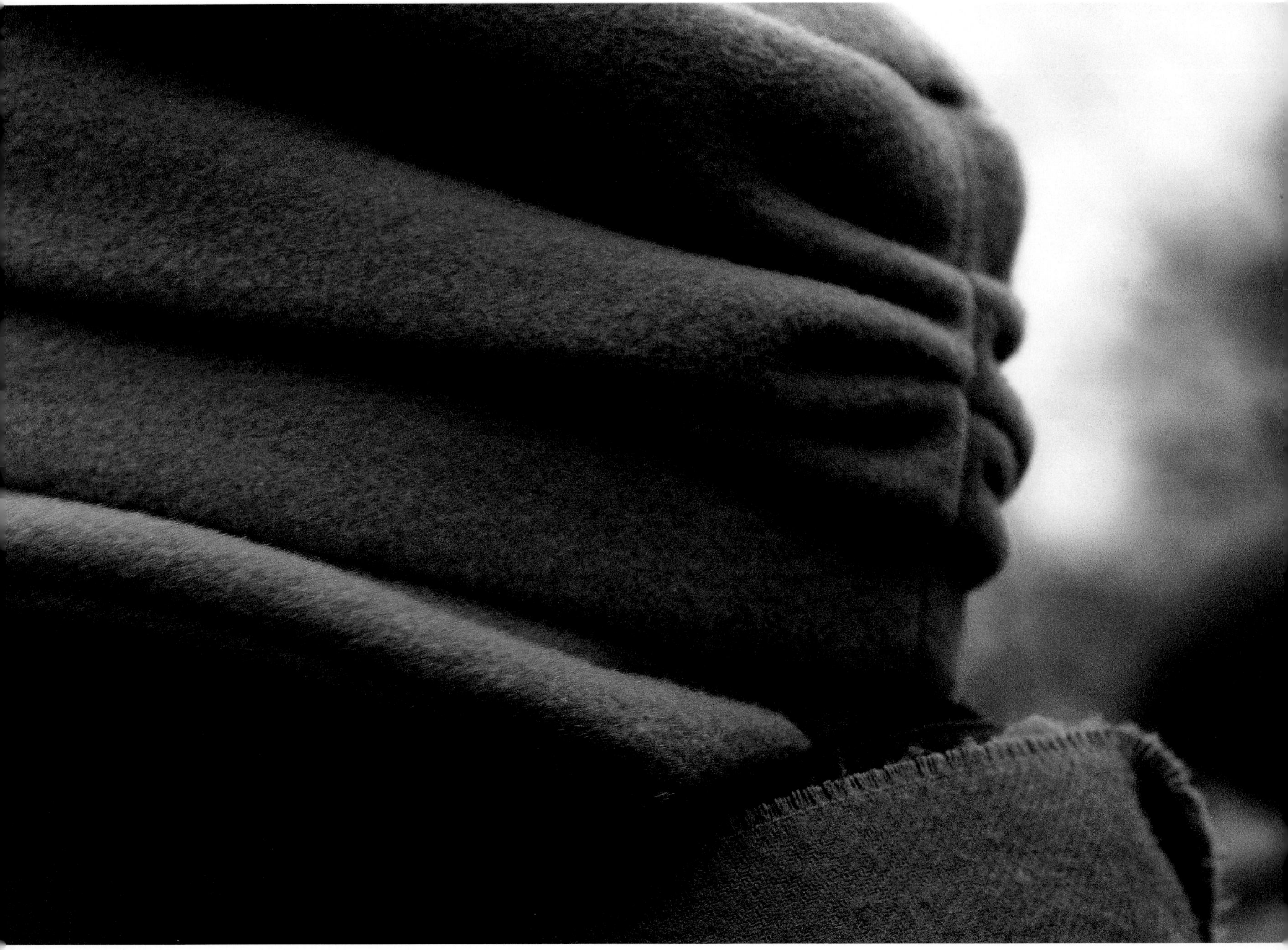

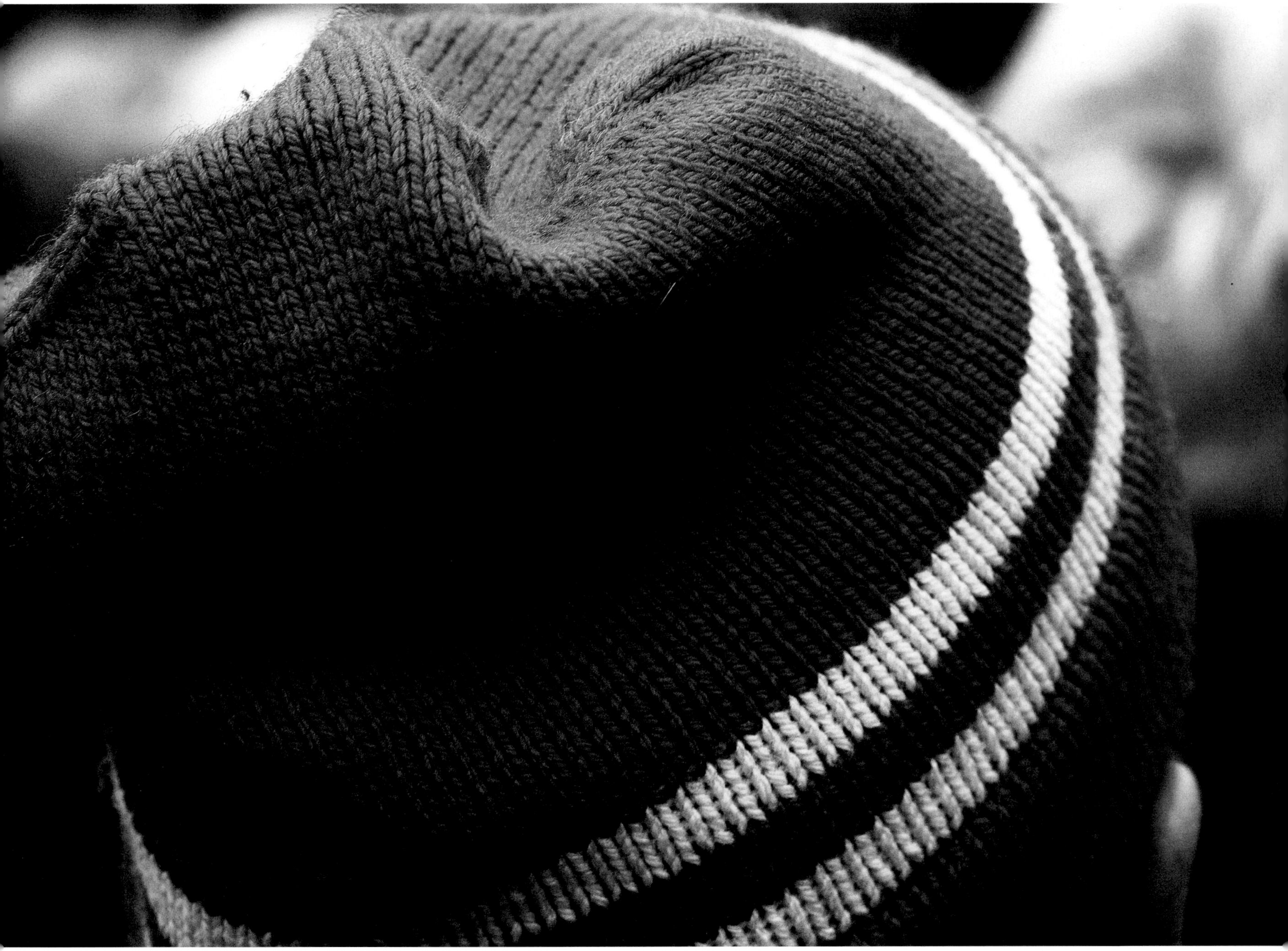

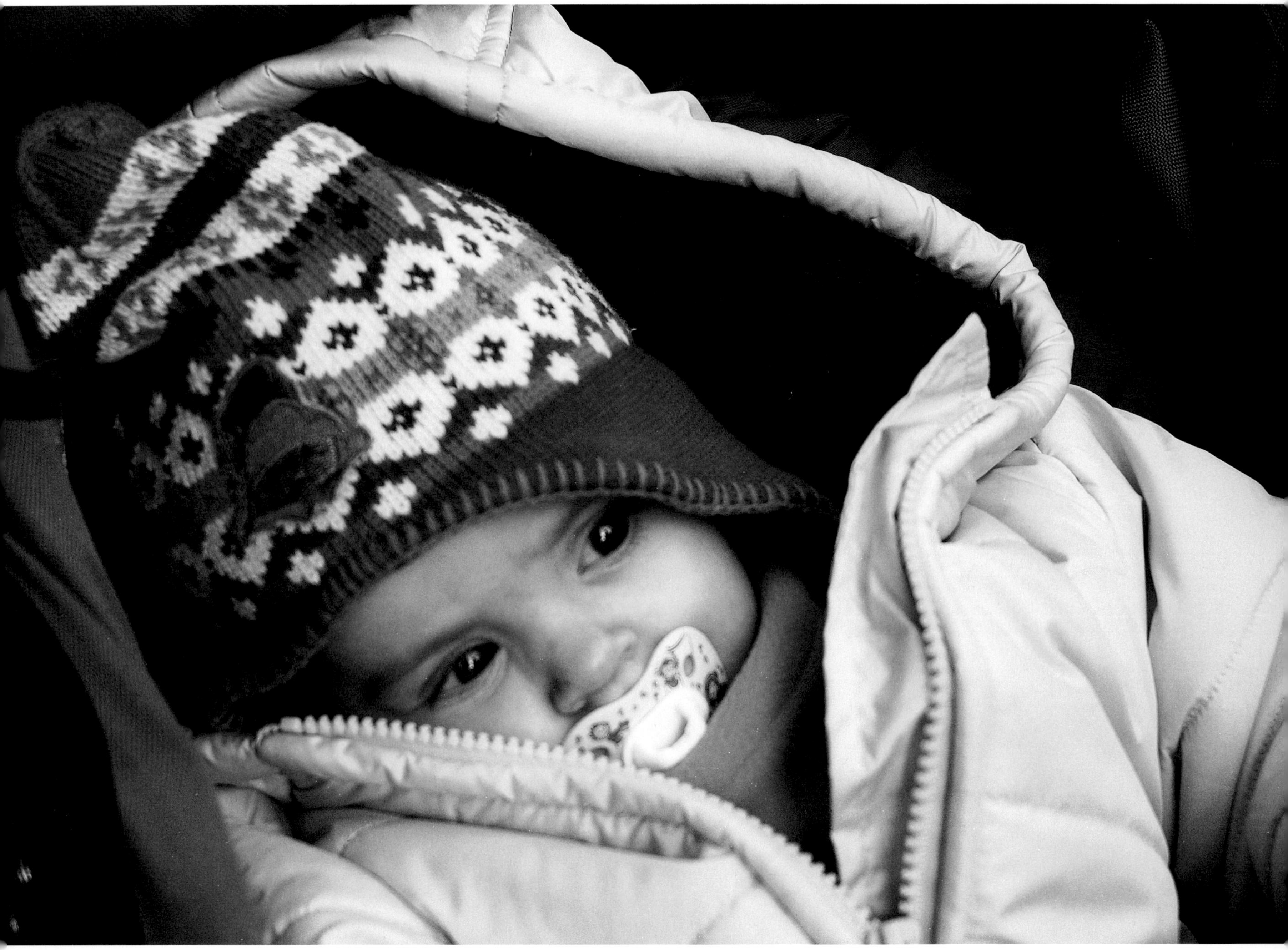

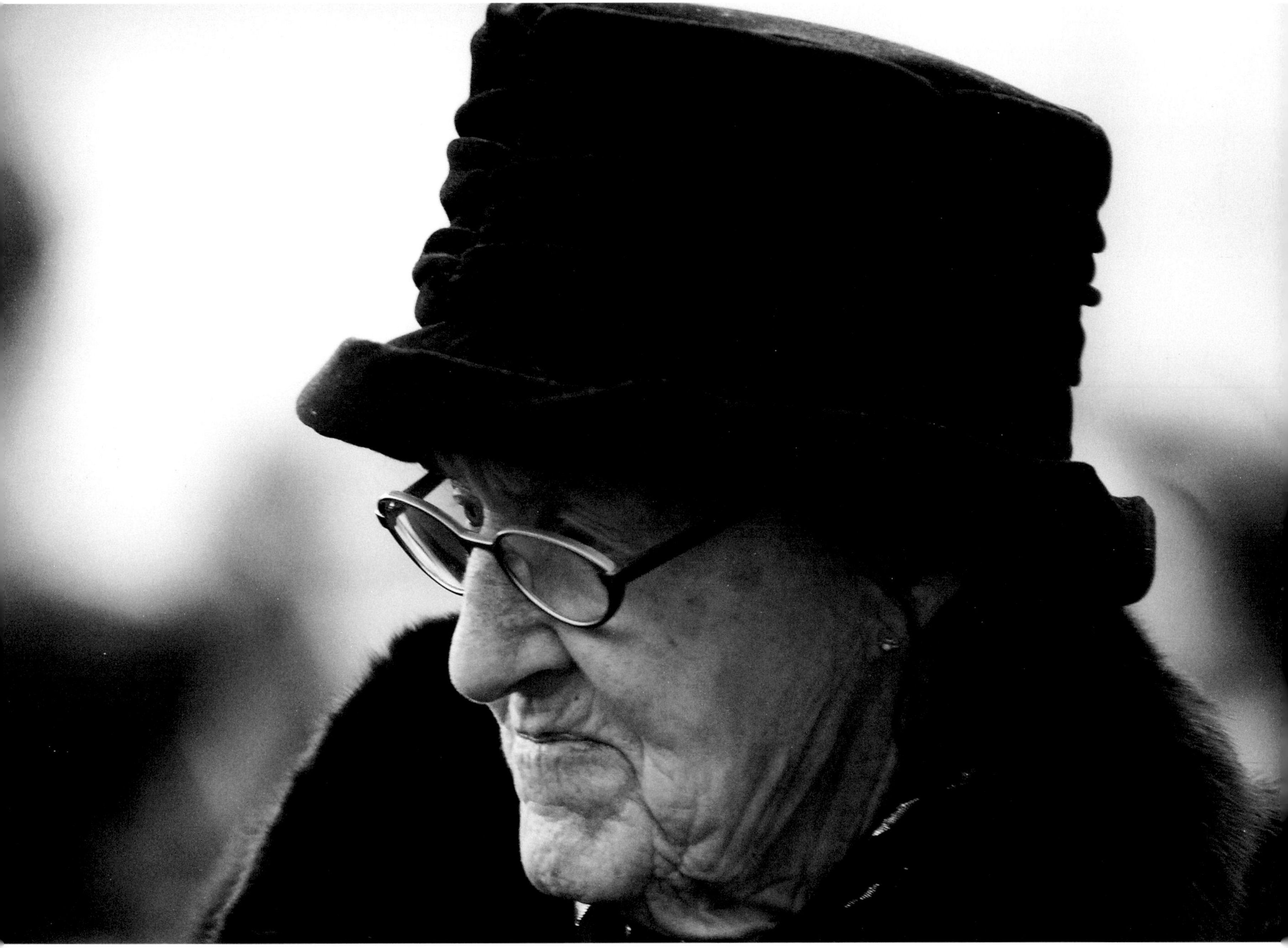

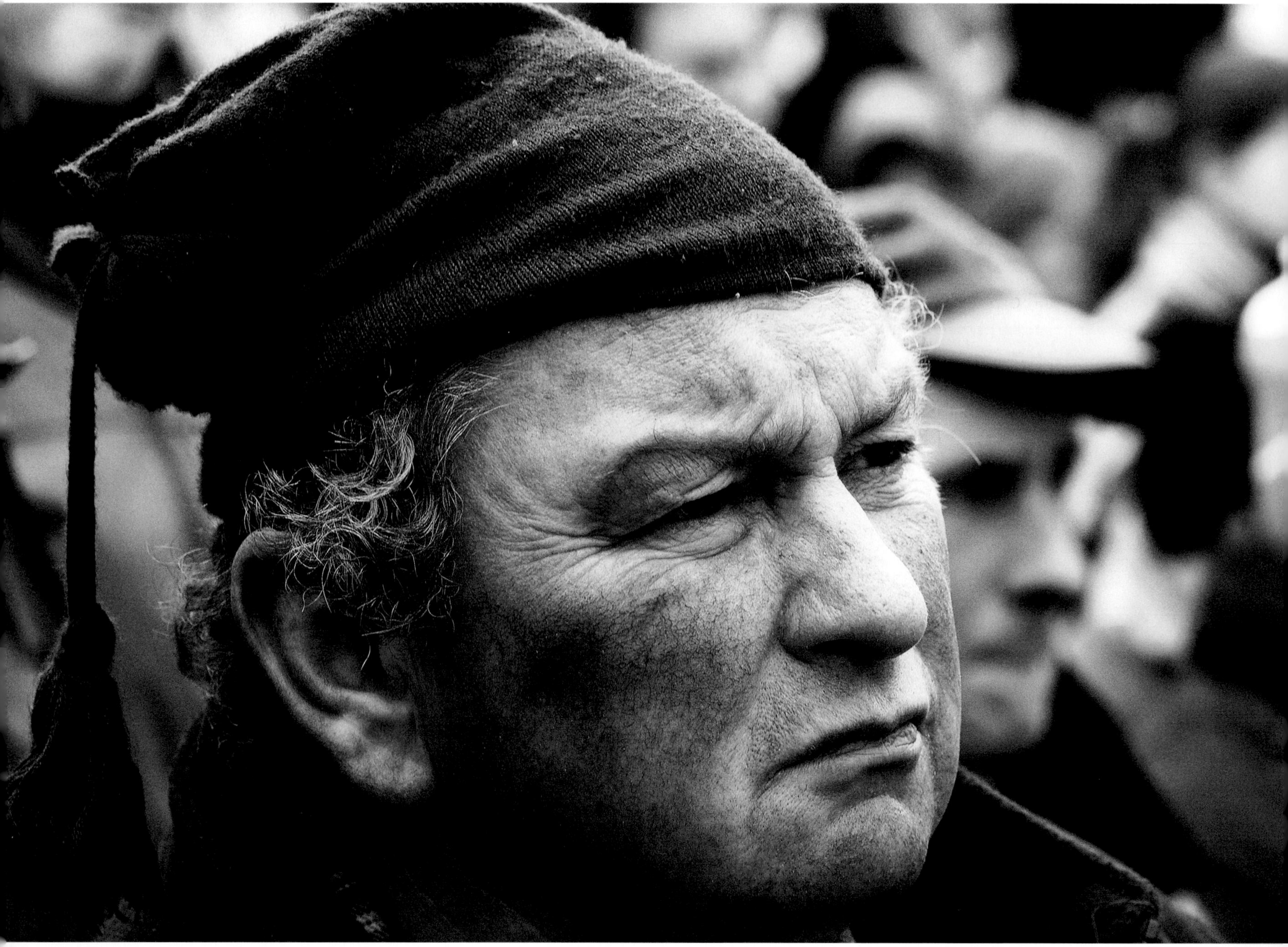

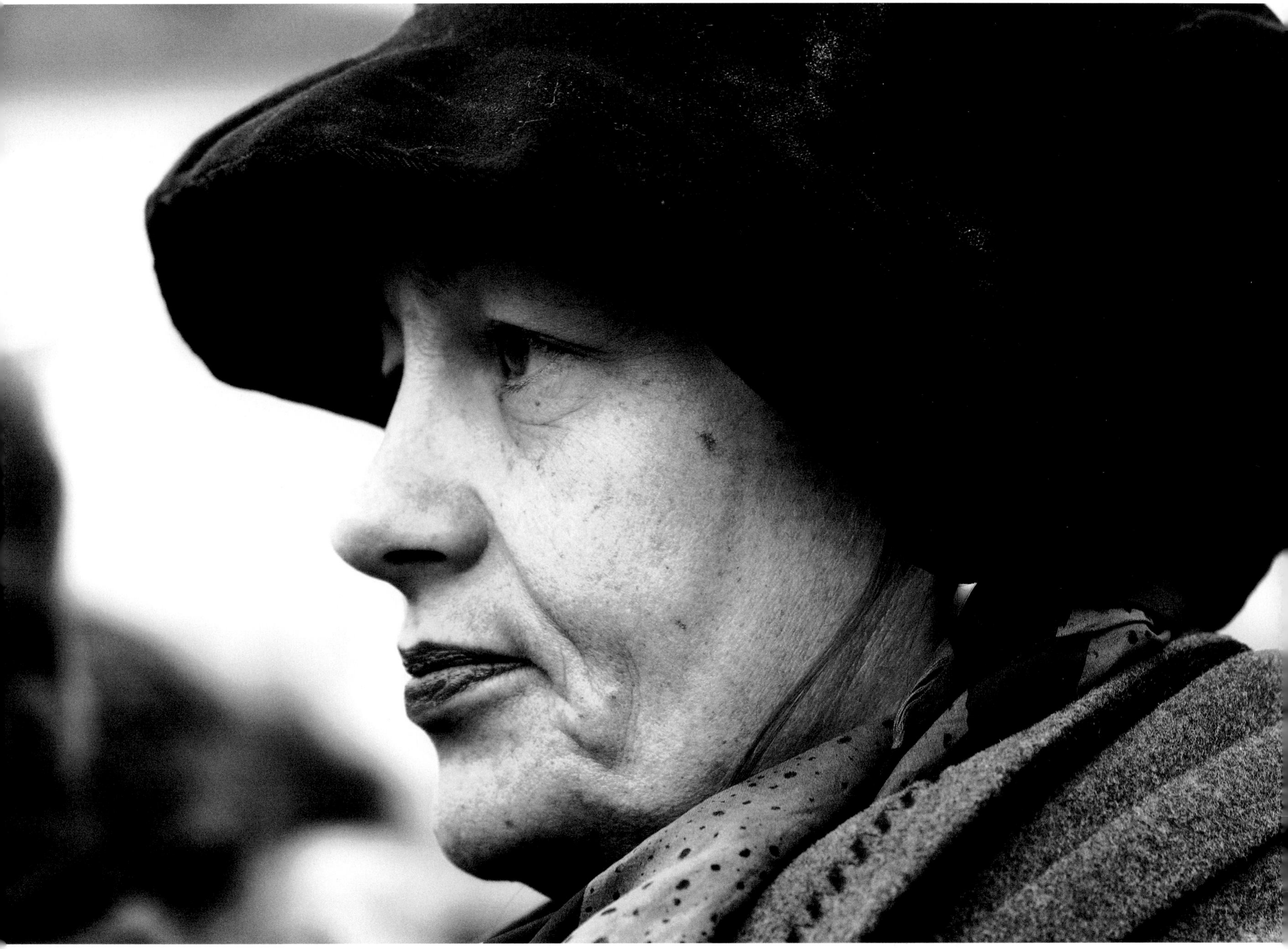

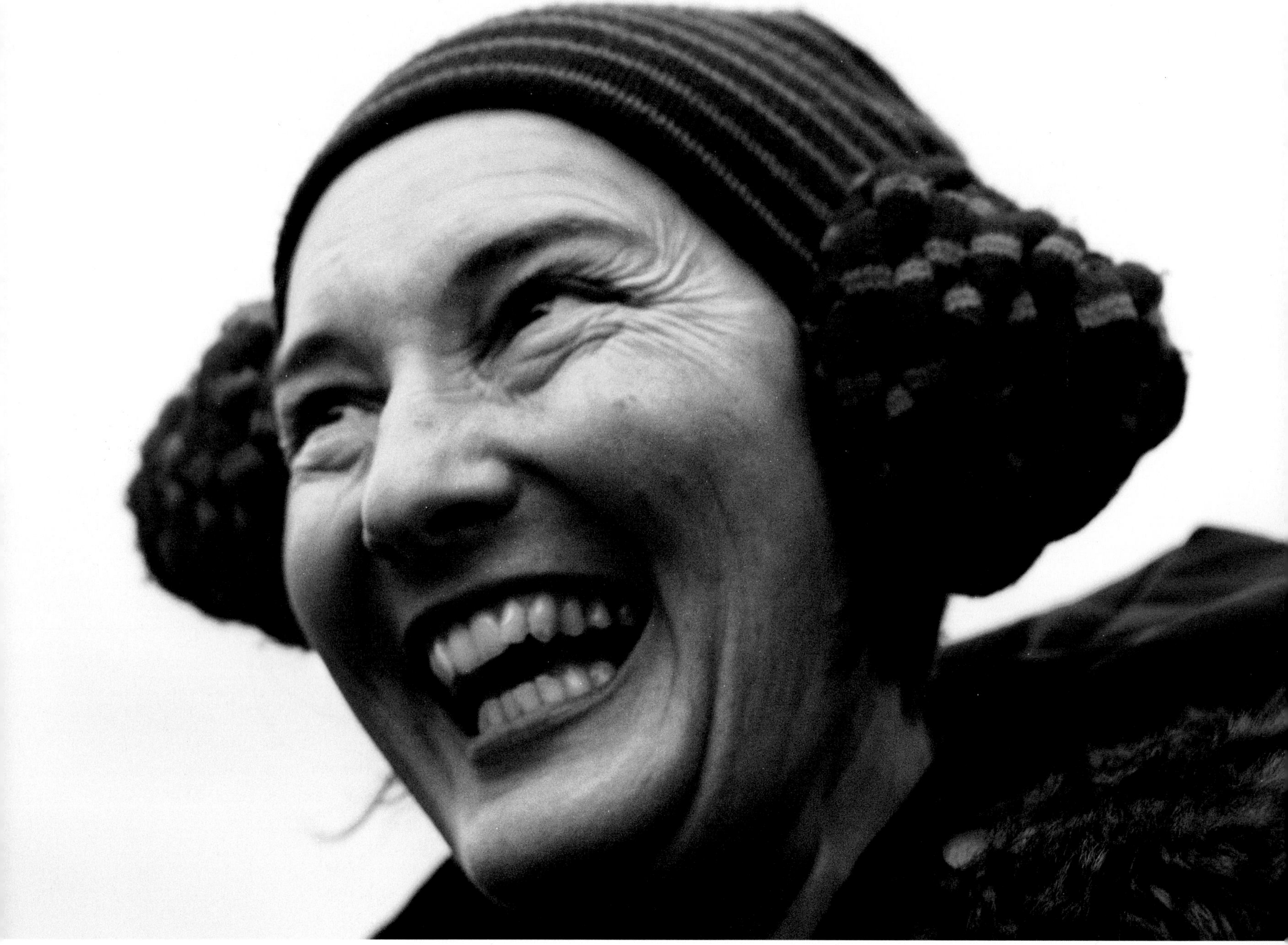

Unter einem grossen Federhut
Spuren des Grafikers Niklaus Elmer (1763–1828)

Christoph H. Brunner

Jürg Davatz verabschiedete sich, mit dem Glarner Kulturpreis ausgezeichnet, 2007 mit einer eindrücklichen Ausstellung zum Linthwerk in «seinem» Freulerpalast. Er nahm altershalber den Hut. Es muss ein grosser Hut gewesen sein, den sich Jürg Davatz aufs Haupt setzte, ein kunstvoller Hut, geschaffen für einen Kunsthistoriker seines Zuschnitts. – Hier werden für Jürg Davatz passende Hüte vorgestellt, begleitet von einem herzlichen Dankeschön – oder helvetisch knapp – mit «Dank und Wertschätzung».

Hut und Wappen

Kunstgeschichte hat ja beileibe nicht nur mit Formen und Farben zu tun, sondern – unter viel, viel anderem mehr – immer wieder mit materiellen Dingen des Alltags. Das trifft besonders dann zu, wenn die Disziplin in den Diensten eines Museums steht. Da können sich Alltagsgegenstände mitunter bei der Datierung als hilfreich erweisen. Mit einem besonders schwung- und kunstvoll dargestellten, feierlichen Hut hatte sich Jürg Davatz nebenbei einmal beruflich auseinanderzusetzen. Es ging um die Datierung eines Glarner Wappens: Ein mit gewaltigen Federn besetzter hoher Hut, eine Art Zylinder, der an Stelle eines Hutbandes kleine, verspielte Pompons aufweist, bedeckt ein reich umkränztes Landeswappen. Das eigentümlich elliptische Wappenschild wird von einem Blätter-Kranz eingefasst. Auf der einen Seite lässt sich ein klassischer Lorbeerzweig ausmachen, auf der andern zeigt sich ein Zweig, der sich aus verschiedenen Blättern zusammensetzt, darunter Eichenlaub neben dem der Linde. Lorbeer-, Eichen-, Lindenblätter, das sind Blätter ganz besonderer Bäume. Für alle galt, dass sie Übel jeder Art abwenden konnten; der immergrüne Lorbeerbaum und die Eiche standen zudem als Zeichen für Lebenskraft, Unbeugsamkeit, Sieg und Ruhm, ja Unsterblichkeit. Ein feiner, hagerer, fast junger, fast ein wenig zerbrechlich wirkender Fridolin schaut en face aus dem Wappenschild, den hohen Abtstab in der einen, das Evangelium in der anderen Hand. Fridolins Tasche fehlt. Kein Wandermönch. Ein Schriftband unter dem Wappen erklärt die Radierung zum Exlibris (Bücherbesitzzettel) der «Evangelischen Glarner Bibliothek» mit dem Leitwort «Für Gott und Vaterland». Keine Jahrzahl. Das Blatt ist in einen handschriftlichen Katalog-Folianten der «Öffentlichen Bibliothek der evangelisch reformierten Glarner Kirche» eingeklebt, der auf das Jahr 1744 zu datieren ist. Merkwürdigerweise entsprechen sich Katalog-Titel und Exlibris-Text also nicht. Dass der Katalog offensichtlich zu einem späteren Zeitpunkt neu gebunden worden sein muss, fügt noch weitere Unsicherheit hinzu.

Nur der Hut auf dem Exlibris kann eigentlich zur ungefähren Datierung beitragen, vielleicht neben der Form des Wappenschildes. Auf die im Zusammenhang mit dem Federhut etwas voreilige Frage nach der Hutmode im 18. Jahrhundert, wusste Jürg Davatz sogleich Bescheid: dieser Hut gehöre ins ausgehende 18. Jahrhundert. Er wartete mit einer Fülle von Belegen auf. Vielleicht war Marquard Wochers einnehmende Selbstdarstellung (Bleistift, um 1797) «mit Hut» darunter. Was führte den Kunsthistoriker sonst noch zu dieser Einschätzung? Den Katalog von 1744, der in der Glarner Landesbibliothek liegt, beschrieb Jakob Winteler 1949. Eine kleine Reproduktion des Bücherzettels schliesst mit der Legende «Exlibris der Evangelischen Landesbibliothek Ende des 18. Jahrhunderts (8,5 × 10 cm)» den Text ab. Die Datierung Wintelers entspricht der von

Davatz. Jürg Davatz hatte jedoch nicht nur Winteler, sondern auch den Kunsthistoriker Hans Jenny-Kappers im Kopf, der 1927 in einem kleinen Heft auf das fragliche Exlibris einging und der sowohl den Künstler nannte, als auch eine Datierung vornahm sowie das Weiterleben des Sujets in späteren Glarner Varianten angibt:

«[…] das Exlibris, der Evangelischen Landesbibliothek in Glarus, radiert von Niklaus Elmer, mit umrahmtem Landeswappen unter einem grossen Federhut, erste Hälfte 19. Jahrhundert. In Lithographie besteht eine Nachbildung des vorigen Blattes; spätere, gleich grosse, aber einfachere Fassungen mit dem Landeswappen, St. Fridolin nach rechts, bestehen in zwei weiteren Varianten; ferner die kleinen Schriftetiketten der Medicinisch-chirurgischen Gesellschaft, des Medicinisch-chirurgischen Lesezirkels des Kantons Glarus nach 1834 und des Politischen Lesezirkels von Glarus.»

Einiges behielt Jenny für sich. Wie kam er dazu, das Exlibris gerade Niklaus Elmer zuzuweisen? Wer ist das? Wo gibt es weitere Arbeiten dieses Künstlers, wo weitere Hinweise auf ihn? Hans Jennys Datierung, ohne Begründung, liegt zudem gegenüber den Angaben von Jakob Winteler und von Jürg Davatz etwa um eine Generation später – und das macht die Mode nur ganz selten mit. Ist da bei Ernst Buss noch etwas mehr zu holen? Ja und nein: Buss erwähnt unter dem Titel «Graveure und Stempelschneider» einen «Meister» Elmer, einen Petschaftschneider. Er kennt etwa ein militärisches Zwischenspiel Elmers. Im Jahr 1801 soll er als Quartiermeister im Regiment Bachmann in München gewesen sein. Buss nennt jedoch kein einziges Werk von Elmers Hand. Lässt vielleicht die Geschichte der Landesbibliothek eine Datierung zu? Für das Jahr 1795 müssen nach Winteler zwei Verzeichnisse angelegt worden sein. Beide sind nicht erhalten, doch 1795 könnte für das Exlibris perfekt passen.

Tell und Sohn

Die offenbar bis heute erste und einzige mit dem Namen versehene Arbeit Niklaus Elmers brachte die Equipe von Glarner Maturandinnen und Maturanden 1997/98 zum Vorschein, die an einem «Helvetischen Bilderbogen» arbeitete: Tell und Sohn. Susi Elmer entzifferte den Namen ihres Namensvetters. Das Tell-Motiv wurde am 12. Mai 1798 von den Helvetischen Räten als neues Symbol des staatlichen Siegels angenommen. Damit wollte man sich von den Wappen der alten Eidgenossenschaft verabschieden. Vater und Sohn stehen für die alte Eidgenossenschaft und für die neue der Helvetischen Gesellschaft sowie erst recht für die Helvetische Republik, sie verkörpern Einheit und Einigkeit. Der Hut blieb 1798 ein Thema. Hüte sind ja Standessymbole. Tells Hut, das ist der Freiheitshut, und der am Boden liegende Hut stellt natürlich den Gesslerhut dar, der die zerstörte Tyrannei versinnbildlicht. Der Baumstrunk mit neuem Trieb – nur ein anderes Bild für Vater und Sohn, beziehungsweise für Einigkeit und Einheit – stellt die alte Eidgenossenschaft dar, aus welcher – der neue Zweig – die neue Helvetische Republik hervorwächst.

Die Helvetische Gesellschaft hatte 1782 eine von Alexander Trippel geschaffene Tell-und-Sohn-Skulptur geschenkt erhalten. Marquard Wocher (1760–1830), selbst Mitglied der Gesellschaft und späterer Chefgrafiker der Helvetik, fertigte davon gleich eine Zeichnung an (erhalten im Skizzenbuch «Kleine Sammlung von Zeichnungen…», Medaillenentwurf für die Helvetische Republik, Feder über Bleistift. Öffentliche Kunstsammlung Basel/Kupferstichkabinett: Inv. 1851.30 Nr. 36; Skb. A 96 c (früher A 53) p. 7). Nach diesem Entwurf schuf Johann Heinrich Heitz (1750–1835) von Basel einen Holzschnitt: Der mit «Heitz S.» (Heitz sculpsit) signierte Druck zierte das Titelblatt der in Basel erschienenen «Verhandlungen der Helvetischen Gesellschaft in Olten im Jahre 1791». Diesen Holzschnitt vereinnahmte die Helvetische Republik 1798 als Briefkopf – der erste Regierungsstatthalter des Kantons Linth, Joachim Heer, benutzte solches Papier. Und das zentralhelvetische Briefpapier lieferte gleich noch die Vorlage für Niklaus Elmers Holzschnitt. Die Tell-Vignette als Briefkopf und auf helvetischen Proklamationen Johann Jakob Heussys entstand im Sommer 1798. Elmers Kopie unterscheidet sich vom helvetischen Vorbild im Wesentlichen nur in der Linienführung und in der Linde, die den Platz der Eiche einnimmt. Elmer versah sein Werk, entsprechend der Vorlage, selbstbewusst mit seinem Namen.

Möglicherweise ist Elmer noch für weitere Stücke helvetischer Gebrauchsgrafik in den Distrikten Glarus und Schwanden des Kantons Linth verantwortlich, für Helvetische Siegel und Stempel sowie für private Petschaften. Doch Elmer verschrieb sich kaum ganz und gar dem neuen Staatswesen und seinen Amtsträgern. Er nahm das Geld, woher es immer kam, selbst von General Bachmann.

Meister und Modelstecher

Im Zusammenhang mit der Ausstellung «200 Jahre Linthkorrektion 1807–2007» im Freulerpalast wünschte unter anderen Jürg Davatz, der Glarner Alltag von 1807 sei als Hintergrund auszuleuchten und darzulegen. Vergeblich, leider. Vorarbeiten brachten immerhin eine kleine Neuigkeit ans Licht. Mittels der gedruckten Mandate – quasi dem Amtsblatt von damals – liegt eine Art «Glarner Agenda 1807» vor. Die Mandate stellen seit 1803 die erste gedruckte wöchentliche Verlautbarung des Staates dar. Bekanntgegeben wurden die jeweiligen Versammlungstermine und die Verhandlungsgegenstände der Räte, die Gerichtsverhandlungen, wichtige Gesetze und Verordnungen, Rechtbote, Bevogtigungen und Aufrufe zum «Rechnen» bei Konkursen und Todesfällen (Kirchenruf) sowie private Anzeigen. Das alles

Marquard Wocher
um 1790

Johann Heinrich Heitz
1791/1798

Niklaus Elmer
Oktober 1798

wurde jeweils sonntags von den Kanzeln verlesen. Am Landsgemeindetag 1807 fehlt indessen das gedruckte Exemplar in der Sammlung des Landesarchivs – das Mandat wurde an diesem Tag der Landsgemeinde noch vor der Ansprache des Landammanns, sozusagen als erstes Traktandum, ab Manuskript vorgetragen. So sparte man wenigstens Druck und Vertrieb einer Nummer.

Im «Mandat Nro. 4, zu verlesen Sonntags, den 25ten Jenner 1807» heisst es nun: «des abwesenden Modelstecher Niklaus Elmers Söhnli, Niklaus, dermalen in Ennenda, […] bevogtet nach Landrechten». – Zunächst ist zu prüfen, ob wirklich Kupferstecher, Radierer, Petschaftschneider und Stempelgraveur Niklaus Elmer hinter dieser Bevogtigung stand. Tatsächlich besagt die grosse Glarner Genealogie, Niklaus Elmers Sohn «Niclaus», 1801 in München geboren, sei 1807 sein einziges Kind gewesen, das am Leben war. Der lapidare Passus im Mandat macht, abgesehen von Elmers Abwesenheit, noch eine weitere Aussage: er spricht vom «Modelstecher» Niklaus Elmer. Diese bisher unbekannte Berufsbezeichnung Elmers dürfte seinen Brotberuf angeben. Elmer stellte die notwendigen Druckstöcke aus verleimtem Hartholz für eine der Baumwolldruckereien her. Er gehörte damit zur herausragenden Gattung der Kunsthandwerker, zu den bestbezahlten Arbeitern im Zeugdruck. Hier kamen künstlerisches Empfinden sowie kunsthandwerkliche Fähigkeiten zusammen. Elmer und seinesgleichen trugen ganz entscheidend zum Ruhm der frühen Glarner Textildruckerei bei. Leider ist bisher – Jürg Davatz im Ansatz ausgenommen – noch niemand diesen Leuten nachgegangen. Wo sich Zeichner und Stecher ihr Rüstzeug, ihre künstlerische Ausbildung und ihre Fertigkeit holten, ist unbekannt. Gerne wüsste man, weshalb Elmer das Land 1806/07 verliess und wohin es ihn zog.

Die wortkarge Glarner Genealogie, auf die sich schon Buss berief, macht noch einige zusätzliche Angaben zu Elmers Familie. Niklaus Elmer (1763–1828) von Elm, in Glarus, wurde als Sohn des Schiffmeisters Wolfgang Elmer und der Rosina Marti geboren. Vater Wolfgang, Sekretär in fürstlichen Häusern im Elsass und auf einer holländischen Plantage in Surinam, lebte seinem Sohn die Ungebundenheit eines etwas losen Vogels vor. Im Jahr 1791 heiratete Niklaus Elmer Anna Katharina Jenny (1766–1833), die Tochter Meister Fridolin Jennys von Ennenda und dessen zweiter Frau Sabina Zwicky von Mollis. Gleich zwei Söhne mit Namen Fridolin verstarben früh, der 1792 geborene 1793, der 1795 geborene Ende 1796. Schliesslich ist noch die Rede von einer Tochter Anna Rosina Charlotte, die 1811 im französischen Vitry zur Welt kam und 1834 in Glarus verstarb – die Mutter dieses Kindes soll eine Creszenzia Fischer aus Innsbruck gewesen sein. Welches Vitry – mehr als ein Dutzend Orte dieses Namens gibt es in Frankreich – war der Geburtsort? Zur Namengebung: Rosina gehörte zum festen Namenvorrat der Familien Elmer und Jenny. Charlotte fällt dagegen vollkommen aus der Reihe. Fridolin – gleich zweimal – ist eine Nachbenennung von Anna Katharinas Vater. Elmers Landeswappen, wahrscheinlich 1795 entstanden – könnte es nicht mit dieser Namengebung irgendwie in Verbindung stehen? – So oder so, Niklaus Elmer hatte 1807 mit der Linthkorrektion nichts am Hut, ihn beschäftigten ganz andere Dinge.

Aus verschiedenen Gründen war es leider nicht möglich, die Kirchenbücher von Ennenda und Elm (Trauzeugen, Patenschaften) sowie Hans Jenny-Kappers' wissenschaftliche Vorarbeiten und die Bevogtigungs-Akten im Landesarchiv Glarus durchzusehen. – Gudula Ulrike Metze und Christine Ramseyer (Kunstmuseum Basel/Kupferstichkabinett), Tanja Schrepfer und Tobias Knecht (typowerkstatt Glarus), Walter Nüesch (Landesarchiv Glarus) sowie Michael Tomaschett (Redaktion www.skiart.ch) danke ich für die freundliche Mithilfe herzlich.

tag. ohne hut

äusserst blau hier
der kopf

wogender wind in
jedem wort

die füsse schon weit
weit im süden

dieser tag. sie lächelt

eine hand trägt
mögliche gesten

tag. und nacht

06.11. notizen

dieselben lichter
draussen

mein unruhiger
schatten

ich hoffe
morgen

trägt
jedes wort
einen roten hut

und ein
plötzlicher
blauer
hut
zaubert
haut
aus meinen
worten

alles gefunden
heute

die beste jahreszeit
fünf gelegenheiten
verlorenes papier
schritte
einen wunderlichen hut
die andere tür
vorbereitungen
etwas kompliziertes
etwas sehr einfaches
keine zeitung von gestern
ihre arme
zwei unterschiede
viel blau
verlängerungen
den einzigen ort
diesen stuhl
meine hand und
worte

margrit brunner

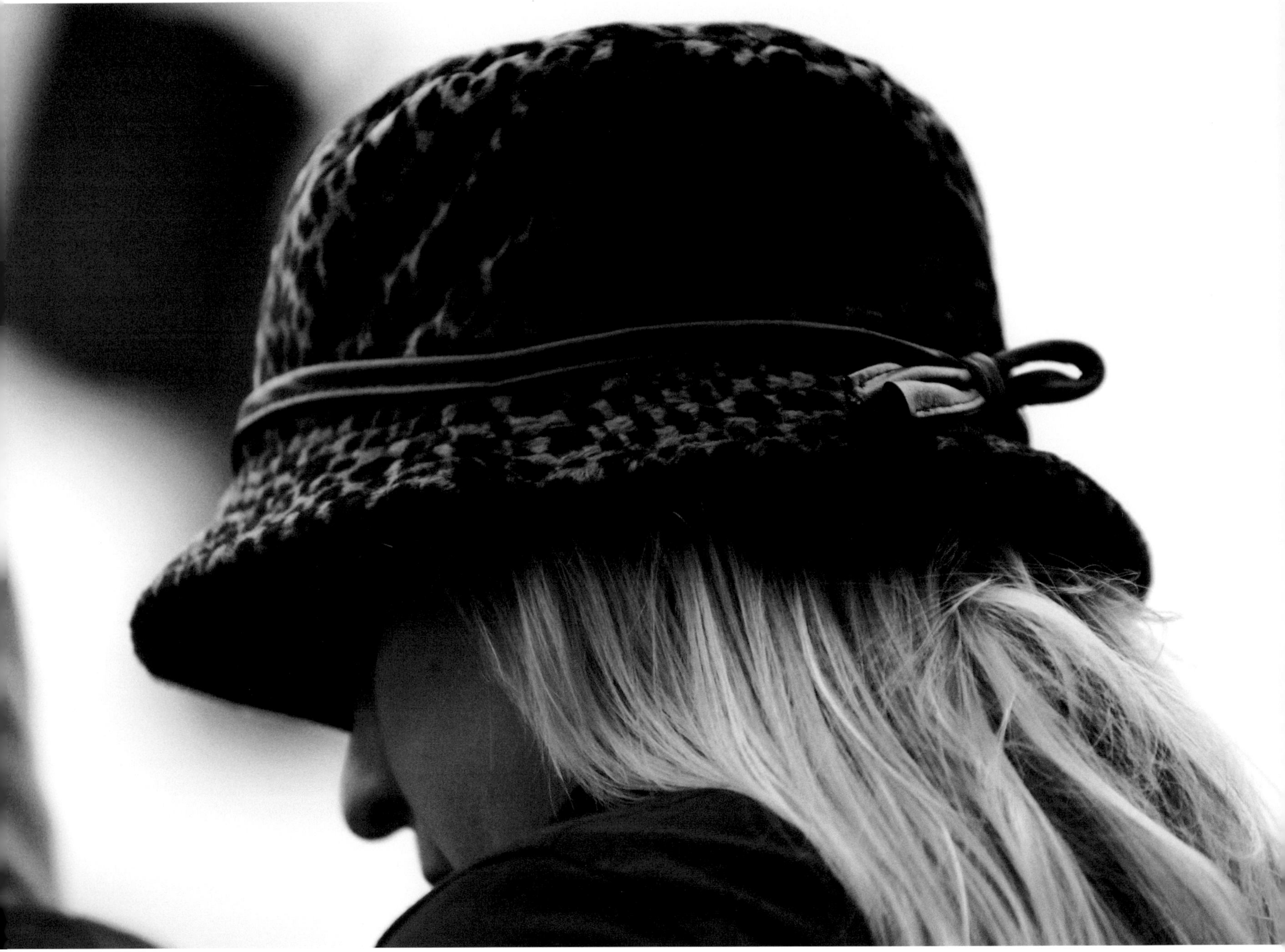

Heimliche Reise

Perikles Monioudis

Auch in der vergangenen Nacht hatte ihm wieder jener entsetzliche Traum zugesetzt, den zu vergegenwärtigen ihm nun, da er mit dem Schiff aus Zürich anlandete, nicht mehr gelingen wollte. Dabei hatte er sich doch vorgenommen, auf der Reise nach Glarus, wo er, töricht, wie es klingen mochte, Gewissheit über seinen Glauben erlangen wollte, sich endlich des Traums vom ohrfeigenden Erasmus zu entledigen.

In seinem Glauben gestärkt, würde er Glarus anschliessend erneut verlassen, aufgeräumt, mehr noch hochgestimmt, ganz so, wie er einst, als Jüngling, dem elterlichen Steinacker in Mollis den Rücken gekehrt hatte, um nach Bern, dann nach Rottweil, später nach Köln, nach Basel, schliesslich nach Paris zu ziehen, Griechisch, Latein und doch vor allem im Sinn, der Welt ins Auge zu schauen wie einst der heilige Georg dem Ungeheuer.

Im Gebet rief er Georg nicht mehr oft an, er wusste längst, wie man ihm mimetisch nahekommt, ihn imitiert – standhaft oder doch nur unverbesserlich, furchtlos oder eher seine Schwächen sorgsam verbergend – und wollte sich ein neues Vorbild suchen, wieder einen Heiligen, besser einen Gelehrten, von dem er doch auch abschauen konnte, wie man in den Universitäten sein Fortkommen sichert.

In Glarus würde er seinen Meister nicht finden, dachte er, obwohl er mitnichten deswegen angereist war – das Bedürfnis, von den Besten zu lernen, verlor seine Dringlichkeit auch jetzt nicht.

Er bestieg den Wagen, der ihn durch den Morast der Linthebene fuhr. Kurz vor seinem Geburtsort schob er den Vorhang vor. Nicht auszudenken, wenn ihn Freunde, seine Geschwister hier sehen würden. Sie wähnten ihn in Paris, wo er vor einem Jahr ein kurzes Schreiben an sie aufgegeben hatte, ein Lebenszeichen.

Aus Paris stammte auch das nach seinem Wunsch in Ziegenleder gebundene Buch, in dem er gerade blätterte. Er hatte die Schrift von Studenten einer benachbarten Burse kopieren, dann in der Nähe der Universität binden und auf seinen Namen golden prägen lassen.

Thomas Morus kannte er bislang nur im Zusammenhang mit Erasmus von Rotterdam, dem er, eben auf der Suche nach einem gelehrten Vorbild, wie sonst keinem schmeicheln wollte. Der vergötterte Erasmus hatte Morus schon vor acht Jahren eine Lehrrede gewidmet. Was diesem Morus gelungen war, würde auch ihm gelingen, dachte er, den schweren Geruch von Erde und Wasser, den vertrauten Geruch der Heimat in der Nase. «De optimo statu rei publicae deque nova insula Utopia»: Morus ist verrückt, dachte er, während er Am Spielhof aus dem Wagen sprang. Ohne sich umzublicken, schritt er in Richtung der Kirche.

Je länger er sich mit Morus beschäftigte – und er gab sich redlich Mühe, dabei nur den Autor, nicht den Protegé von Erasmus zu sehen –, desto weniger verstand er, was diesen Briten antrieb und was der eigentlich beabsichtigte. Handelte es sich bei der Schrift um Ironie, um eine sonstige Art der Überzeichnung? Was war das denn für eine Utopie, in der privater Besitz verboten und ein jeder zu Arbeit verpflichtet war – eine protestantische, eine humanistische?

Er nahm sich vor, eines Tages eine Beschreibung nicht nur Britanniens, sondern der ganzen Welt anzufertigen, eine ernste, wissenschaftliche, keine poetische. Nach der Dichterkrönung durch Kaiser Maximilian I. brauche er seine poetische Kraft nicht weiter unter Beweis zu stellen, sagte er sich. Künstlerisches wollte er fortan vor allem in der Musik erbringen. Nur darin würde er, wie er wusste, reine Imitationsleistungen überwinden können.

Die Noten für einige Motteten von Josquin Desprez hatte er unter den Buchdeckel gelegt. Er wollte sie Zwingli überlassen, den er in der Kirche vermutete. Zuletzt hatte Zwingli ihm vor bald zwei Jahren geschrieben, ausführlich aus den Feldzügen der Glarner, denen er in der Lombardei beigestanden war. Dass sein Freund Zwingli seit ein paar Monaten im Zürcher Grossmünster wirkte, wusste er nicht. Zwingli mochte er diesmal ohnehin nicht begegnen. Er würde trotzdem einen Weg finden, ihm die Noten zu überbringen, dachte er. Er hatte sich eine alte Joppe übergezogen, ein schwarzes Barett aufgesetzt, das allerdings nicht annähernd so ausladend war wie in Paris und Köln üblich. Er verabscheute diese Kopfbedeckung.

Bei der Kirche angekommen, hob er den Rand des Baretts mit dem Finger und blickte zum Tor. Erst jetzt fiel ihm der hohe, nahe Fels des Glärnisch auf, den er doch im Ausland zu vermissen glaubte. Schnell schaute er wieder auf den lehmigen Grund.

Ihm fiel ein, dass Morus, der von Erasmus Geohrfeigte, in seinem Traum ein ähnliches Barett trug. Das Barett hatte sich in der Luft gedreht, ein oder zwei Mal, bevor es auf den gefliesten Boden fiel.

Erasmus war in der beendeten Bewegung erstarrt, hielt die flache Hand, die etwas schmerzte, vor die Brust. Dass er diesen Traum jetzt erinnerte, da er die Noten rollte und nach einem Spalt im Gemäuer der Kirche suchte, schien ihm merkwürdig. Er bekreuzigte sich.

Er glaubte, einen geeigneten Spalt entdeckt zu haben, kauerte, spähte hindurch. Einen Augenblick lang kam er sich dabei wie Georg vor, der dem Ungeheuer in den Rachen schaut.

In der Kirche war niemand zu sehen. Als er wieder aufstehen wollte, bemerkte er zwei lederne Stiefel neben sich. Er schaute hoch.

Aus dem Augenwinkel sah er, wie die flache Hand heranflog.

Ein Hut

Barbara Tänzler

Der Mann mit Mantel und Hut stand etwas ratlos vor braunen und gelben Wegweisern. Namen wie «Grotzenbüel», «Chnügrat» oder «Gumen» sagten ihm nichts. Eine Strasse, teils schwarz, teils schneebedeckt, führte hinauf. Die Einheimischen – oder zumindest sahen sie so aus, wie sich der Mann Einheimische vorstellte – liefen mit festen Schritten den Weg hinauf, die Hände in den Hosentaschen, den Rücken leicht nach vorne gebeugt. Der Fremde mit Hut versuchte es ihnen gleich zu tun und scheiterte. Die Sohlen seiner Halbschuhe waren zu fein, sein Gang zu zaghaft. «Lächerlich, wer nicht gehen kann», schimpfte er und nahm einen Weg, der ihm flacher schien.

Er hörte seine kurzen Atemzüge. Von dieser Beschwerlichkeit des Gehens hatte ihm seine Mutter nie erzählt, sondern vom süsslichen Duft nasser Bergwiesen. Doch diese Wiesen waren nun mit Schnee bedeckt. Es roch nach Kälte. Sein Schritt wurde fester, selbstbewusster. Er verschränkte seine Hände auf dem Rücken, verlangsamte sein Tempo und kam auf eine Ebene. Diese plötzliche Weite hatte für ihn etwas Befreiendes, Vertrautes. Die Berge, die diesen Ort umklammerten, wirkten hier weniger aufdringlich. Auch wenn sie in dieser grauen Winternacht kaum zu sehen waren, glaubte er, sie fühlen zu können, ihre Nähe, ihre Starrheit. Dort, wo er herkam, war alles auf Sand gebaut, fegte der Wind ungebremst über weite Ebenen. Frühmorgens war er heute in Hamburg in den Zug gestiegen. Gedankenversunken, sich selbst verfallen. Er fror.

Vor wenigen Wochen hatte die Mutter ihren Sohn näher zu sich ans Bett gezogen, ihm eine Postkarte in die Hand gedrückt und wortlos seine Hand getätschelt. Er kannte die Karte. Sie hatte immer neben ihrem Schreibtisch gehangen. Oft wollte er wissen, was es mit dieser unbeschriebenen Karte auf sich habe. Doch statt einer Erklärung bekam er nur ein Lächeln und die gleichen zwei Wörter zu hören: «Der Ortstock.» Dieses feine Lächeln! Er mochte es nicht.

Das Weiss der Karte hatte in all den Jahren einen gelblichen Stich bekommen. Auf der Vorderseite konnte man eine mit Blumen geschmückte Kutsche mit braunen, kräftigen Pferden sehen, im Hintergrund stand der Ortstock, dessen Schichtung ihn immer an eine Torte erinnert hatte, die auf der einen Seite herunter gedrückt worden war.

Die Gedanken der Mutter waren bereits seit Jahren wirr, schienen auf einer ständigen Reise zwischen einer wahren und scheinbaren Welt zu sein, wo sich Raum und Zeit willkürlich mischten. Er wusste mit der Karte nichts anzufangen. Seine älteren Schwestern spotteten wie immer: «Du bist eben Mutters Liebling!» Der Vater hingegen schwieg. Er schwieg oft. Auf dem Weg folgte ein grosser Stall. Die Strassenlaternen warfen schwaches Licht auf weisse Flächen, die ins schwarze Nichts führten. Sein Magen knurrte. Er kehrte um. Der Weg, den er nun einschlug, führte an Chalets vorbei, die sich in steile Hänge krallten. Die Holzfassaden waren im Laufe der Jahre durch Sonne und Wetter dunkel geworden. Hinter breiten Fensterfronten leuchtete gelbes, warmes Licht. Unten im Tal schlängelte eine orangegelbe Lichterkette aus der Finsternis hinaus Richtung Norden.

Über der Terrasse eines Hotels schlug eine Schweizer Fahne in den Wind. Katzen drängten sich mit ihm in die Wärme. Im Kamin loderte ein Feuer. Ein ausgestopfter Fasan thronte in sicherem Abstand über der Feuerstelle. «Wie dünn er ist!», wunderte er sich, als er auf sein Essen wartete. In einer Ecke sass ein Vater mit zwei kleinen Kindern und las Bilderbücher vor. Das eine Mädchen schaute ihn verstohlen an und kicherte: Er hatte vergessen, seinen Hut abzunehmen.

Die meisten anderen Gäste schwiegen sich an. Volkstümliches und italienische Schlager füllten ihre Stille. Plötzlich betrat eine Frau die Gaststube. «Sie ist schön!», dachte er. Sie setzte sich ihm schräg gegenüber, legte ein Buch und den Zimmerschlüssel auf den Tisch und sah ihm kurz in die Augen. Dann las sie oder ass, blickte nie mehr auf. Selbst den Kellner mochte sie nicht ansehen, als wollte sie sich selbst unsichtbar machen.

Gut vierzig Jahre war es her, dass seine Mutter hier in den Bergen Ferien gemacht hatte. Alleine, nach Ruhe suchend, hatte sein Vater ihm letzte Nacht erzählt. Er hätte alleine auf die beiden Schwestern aufpassen müssen. Vor dem Vater hatte ein dunkelgrauer Hut mit einem grünlichen Band auf dem Tisch gelegen. «Mutter wollte, dass ich ihn dir gebe, wenn sie nicht mehr ist», hatte der Vater gestammelt und den Hut von sich weg über den Tisch geschoben. Auf dem Gesicht des Vaters waren rote Flecken zu sehen.

Die Bettdecke im Hotelzimmer fühlte sich klamm an. Halb schlafend, halb wach sah er seine Mutter vor sich, sah wie ihr Bauch gross und prall wurde, noch als sie den Fremden küsste.

Endlich tagte es. Die Berge stellten sich wie hohe Wände in seinen Blick. Die Farbe des Schnees auf den Flanken und die des Himmels waren in gleiches Weiss getüncht. Zu seiner Rechten der Ortstock. Er stellte sich vor den Spiegel beim Waschbecken, berührte seine Nase, die hohe Stirn, die hohen Wangenknochen. Er schaute sich an, als sei er sich noch nie begegnet.

Seine Mutter musste damals ihre Ferien abrupt abgebrochen haben und nach Hause zu Töchtern und Mann nach Hamburg gefahren sein. Eine Tagesreise lang hatte sie Zeit nachzudenken, sich Konsequenzen auszumalen. Den Hut des Fremden hatte sie tief in ihre Tasche gesteckt.

Es war über Nacht mild geworden. Der Mann öffnete seinen Schal und liess seine Füsse Wege suchen. Sie führten ihn zu einem Stall mit einer Bank, auf die er sich setzte. Sein Blick sank über die Häuser hinweg in die Ferne. In einer Felswand entdeckte er bläulich schimmernde Eisflächen im milchigen Weiss. Er nahm den Hut vom Kopf und betrachtete ihn, hielt ihn etwas weg und nahm ihn wieder näher. Seine Hände kneteten den steifen Filz der Krempe. Er berührte mit seiner Nase den Lederriemen der Innenseite. Der Hut roch nach nichts.

Da stand er auf, lief hinunter zum Dorf und weiter ins Tal. Den Hut liess er liegen.

Knirsch, kratz, zack, schrumms, knall, päng!
Erinnerungen eines Natursportlers					Albert Schmidt

Was soll dieser blödsinnige Titel zum Thema Glarner Hutgeschichten? Was haben diese comicspezifischen «soundwords» mit Hüten zu tun? Geht's noch dümmer? Gemach, werte Leser, nur nicht gleich aufregen, sie haben sehr wohl etwas mit Hüten als Kopfbedeckung zu tun. Wenn Georg Müller in seiner schriftlichen Anfrage Kaminhüte, Pilzhüte und sogar den Glärnischhut ins Felde führt, womit ja der Begriff Hut als Metapher eingesetzt wird, dann so sagte ich mir, kann ich wohl auch meine «Hüte» problemlos ins Thema integrieren. Denn von ihrer Materialität, Passform und Funktion her passen sie sogar besser zum menschlichen Haupt als die Schönwetterwolke über dem Vorderglärnisch. Um das Geheimnis endlich zu lüften: Ich schreibe von meinen Sportlerhelmen. Als da sind: Kletterhelme, Skihelm, Bikerhelm, Höhlenhelm, Fliegerhelme. Und da ich viele Ereignisse, die in meinem Sportlerleben mit den Helmen zusammenhängen, noch nie literarisch ausgewertet habe und sich fast alle damit zusammenhängenden im Bereich der Glarner Alpen abspielen, kommt mir das Projekt Glarner Hutgeschichten gerade gelegen. Aber halt, bevor ich zu den Erlebnissen mit meinen Helmen komme, gelingt mir noch leichthin der Link zu ganz normalen Hüten. Denn ein Natursportler setzt ja nicht immer gleich einen Helm auf, kaum dass er aus dem Hause tritt. Er trägt ja manchmal auch eine Kopfbedeckung, die zur entsprechenden Betätigung besser passt als ein harter Helm. Ich meine den Sonnenhut, der mir auf normalen Berg- und Skitouren meine Kopfhaut und die darunter liegenden grauen Zellen vor der Sonne schützt und der in den letzten Jahren mit zunehmender UV-Strahlung und grösser werdendem Ozonloch immer wichtiger geworden ist. Ein Sonnenhut ist für den Alpinisten auf Schnee und Eis zwecks besserer Reflektion vorzugsweise weiss. Für einen Natur- und Tierfotografen aber ist der viel zu auffällig. Als ich für das Freibergbuch fotografierte, habe ich an heissen Sommertagen deshalb oft einen Strohhut getragen, der etwas Luft durchlässt und einigermassen naturfarben ist.

Da sass ich also einmal oben am Rand der Etzelstockkuppe, einem wunderschönen Platz mitten im Freiberg. Ich wartete darauf, dass das kleine Gämsenrudel unten im Steilhang hinaufklettern und ein gutes Motiv vor dem Kärpf geben würde. Aus irgendeinem Grund hatte ich den Strohhut abgelegt. Aber als Tierfotograf schaut man ständig rundum, um nicht ein Tier zu verpassen, wie etwa den lautlos daher gleitenden Steinadler. Da stiess ich mit dem Ellbogen an den Hut, und gleich kugelte er den erwähnten Hang hinunter. Und ganz genau in der Falllinie befand sich eine äsende Gämse, und der Hut rollte exakt auf sie zu, und in freudiger Erwartung schaute ich zu, ob sie mit ihren spitzen Krickeln den Strohhut aufspiessen und fortan mit ihm auf dem Haupt durch den Freiberg spazieren würde, als einzige Gämse weit und breit mit einem menschlichen Attribut. Leider – obschon der Hut lautlos auf sie zukam, warnte sie ihr Instinkt eine halbe Sekunde früher, sie riss den Kopf auf, der Hut sprang unter ihren Beinen durch und sie mit einem erschreckten Sprung seitwärts in den Hang hinaus. Kein anderer Helm ist symbolischer als Schutz gegen Naturgefahren als der Kletterhelm. Gewöhnlich ist seine Schutzfunktion allerdings auf unspektakuläre, aber häufige Vorgänge beschränkt, gewissermassen der Alltag in seiner Existenz. Wenn sich der Kletterer in einer Wand in die Höhe arbeitet, durch Verschneidungen und Kamine stemmt, sich in Rissen verkeilt, unter einem Überhang durchquert, da warten hunderte scharfer Felsecken nur darauf, dem Menschen eine Schramme zuzufügen. Und ohne Helm wäre das in den meisten Fällen natürlich der Kopf. Und so knallt's da immer wieder mal auf einer Klettertour fröhlich knirsch, kratz, schrumms und so weiter. Aber die härteren Zusammenstösse mit dem harten Gestein gibt's eben auch hie und da, und die sind dann meistens weniger lustig.

Es war in unsern wilden 60er-Jahren. Um Heinz Leuzinger und Ruedi Bieri herum waren wir eine kleine Gruppe zu allen Taten entschlossener junger Kletterer. Mit meinem Freund Frigg Stüssi, dem jungen Bergführer aus Riedern, der leider viel zu jung den Tod in seinen geliebten Bergen fand, war ich in die damals zu den schwierigsten Klettertouren zählende Sulzfluh-Südwestwand eingestiegen. Wir hatten etwa die Hälfte der Wand geschafft, und eine Seillänge weiter oben befand sich eine voraus gestiegene Seilschaft. Die lösten einige Steine aus, nicht gerade einen Steinschlag, aber selbst kleinste Steine kommen nach kurzer Fallhöhe wie ein Geschoss daher. Nun hatten wir uns antrainiert, bei einem richtigen Steinschlag zuerst nach oben zu schauen, um die Richtung der fallenden Steine einzuschätzen, statt sich einfach blindlings an den Fels zu ducken. So cool und pragmatisch diese Methode ist, sie hat den Nachteil, dass durchs Hinaufschauen die Helmschale aus der bestmöglichen Lage wegkippt und das Gesicht in Front kommt. Und so traf ein kleines Steinchen wie ein Streifschuss die Schläfe meines Kletterkameraden, und augenblicklich sass er blutüberströmt auf dem Standplatz, auf dem wir uns glücklicherweise befanden. Nach dem ersten Schreck stellten wir fest, dass es ihn nicht voll an die Stirne getroffen hatte, aber sein Gesicht war voll Blut, und ich glaube mich zu erinnern, dass wir in unserem jugendlichen Leichtsinn nicht mal Verbandszeug dabei hatten. Jedenfalls, Frigg musste sich zuerst etwas erholen, und so fiel mir die Aufgabe zu, die schwierigste Seillänge zu führen. Nach zwei, drei Metern im senkrechten Fels wurde es mir schwarz vor Augen, mit letzter Kraft konnte ich zum Stand zurückklettern. Angeschlagen hingen wir eine Viertelstunde am Standplatz, Frigg konnte allmählich das Blut mit seinem Nastuch stoppen, während ich mich abwenden musste, um nicht noch in Ohnmacht zu fallen. Nachher schaffte ich es dann, die Route als Führender zu beenden, aber ich glaube, es waren die schwierigsten Seillängen meines Lebens.

Da fällt mir noch eine Geschichte ein, an der auch Frigg beteiligt war, nur diesmal mit umgekehrten Vorzeichen. Ebenfalls in den 60er-Jahren waren wir in den Tödi-Nordgrat eingestiegen, eine der schwierigsten Tödirouten. Mit Frigg war ich die erste Seilschaft, die zweite bestand aus David Schiesser, dem legendären «Töödi-Däv», mit Victor Dürst und Stöff Zentner. In einer der senkrechten Gratstufen kletterte Frigg voraus, um nach einer halben Seillänge am oberen Rand eines Felsbandes wieder Stand zu machen. Nun haben viele Kalkberge wie der Tödi die unangenehme Eigenschaft, dass abgewitterte Steine auf eben solchen Bändern liegenbleiben – eine ständige Quelle der Gefahr für Kletterer. Das wussten wir natürlich, doch trotz aller Vorsicht löste das über den Fels schleifende Seil einen Stein, ich sah ihn kommen, versuchte ihn festzuhalten, verfehlte ihn aber knapp, und das faustgrosse Scheusal fiel die Wandstufe hinunter und knallte unten haargenau auf Däv's Schädel, beziehungsweise seinen Helm. In der Bergstille gab es einen lauten Knall, Stöff und Victor waren auf die Seite gehechtet, aber kaum hatten sie sich von ihrem Schrecken erholt, begannen sie zu fluchen und wettern, weil sie uns zwei natürlich für die Schuldigen betrachteten. Ohne Helm wäre Däv wohl um sein Leben gebracht worden! Der aber stand seelenruhig auf dem Band und schaute belämmert zu uns und in den Himmel hinauf, als wäre er von einer Erleuchtung getroffen worden. Kein Schimpfwort von ihm! Später, auf dem Sandgipfel des Tödi, scherzten wir über den Vorfall, und keiner nahm dem andern etwas übel. Wahre Bergkameradschaft.

Keine gefährliche Story kann ich vom Gebrauch des Höhlenhelms erzählen. Der Höhlenunkundige könnte ja annehmen, hier gehe es um ein besonders risikoreiches Abenteuer in der Tiefe. Tatsächlich aber ist Steinschlag in einer Höhle, jedenfalls im von uns einige Male besuchten Muotathaler Hölloch, ein eher seltenes Ereignis. Aber wie man sich da den Schädel anschlagen kann, wow! Zwar gibt es da die grossen Höhlengänge, wo man aufrecht gehen oder klettern kann, und dann die niedrigen Gänge, wo man nur kriechend vorankommt, aber das Problem stellt sich in den mittelhohen Gängen, in denen man nur in leicht gebückter Haltung vorankommen kann. Das ist im kilometerlangen Labyrinth des Höllochs eine überaus anstrengende Sache, und so ist man ständig versucht, sich möglichst weit aufzurichten. Und schon ist es passiert – wumm, päng, knall! Benommen sitzt man im feuchten Höhlenlehm am Grund des Ganges und sucht im Dunkeln das Feuerzeug, weil durch den Anschlag natürlich das Karbidlicht ausgegangen ist. Die deswegen zahllosen Flüche der Höhlenwanderer bleiben zum Glück unter der Erdoberfläche eingefangen. Verlassen wir jetzt die ewig schwarzen Tiefen der Erde und schwingen wir uns auf in die Welt der Vögel, der Segelflieger und Paragleiter, zu Wolken und Wind, Sonne und Thermik, Luv- und Lee, in den unbegrenzten Raum der Atmosphäre.

Sie sehen, ich bin bei meinem Flughelm angelangt, dem «King of Helmets». Der Träger eines solchen geniesst vor dem Start sogleich den Status der «tollkühnen Männer in ihren fliegenden Kisten». Nur gerade die Formel 1-Fahrer und die Astronauten stehen in der Hierarchie noch höher... Die Leser merken, ich bin bei der Helmfunktion als Statussymbol angelangt. Und da wird's psychologisch interessant. Vorerst aber: Ich kann von keinen besonderen Vorkommnissen mit den Gleitschirmhelmen erzählen. Gut, einige Male wollte einer vor dem Start flüchten, indem er sich Hang abwärts in Bewegung setzte, worauf er nur mit ein paar kühnen Sprüngen wieder einzufangen war. Ja, und mein alter Kletterhelm hat mich auf meinen ersten 200 bis 300 Bergflügen begleiten können, quasi ein sozialer Aufstieg in der Helm-Hierarchie, bevor ihm ein neues Modell den Platz streitig machte. Indessen ist bei diesem Sport eine andere Konstellation bemerkenswert, nämlich die Interaktion zwischen dem motorlosen Luftsportler und den erdverhafteten Zuschauern, die uns bei Gelegenheit an einem Startplatz beobachten. Was spielt sich da ab zwischen Bewunderung und Ablehnung, zwischen Toleranz und Ignoranz, zwischen Nachahmerwunsch und Missgunst? Das läuft zwischen dem Publikum und den Akteuren fast immer nonverbal ab, manchmal vernimmt man einen Kommentar, aber meistens sind wir Piloten zu sehr mit uns und den Windverhältnissen beschäftigt, um noch etwas anderes wahrzunehmen. Im Laufe der Zeit habe ich aber doch schon einiges an Reaktionen zu hören, sehen oder auch nur zu spüren bekommen. Am besten erzähle ich Ihnen ein Beispiel, das sich an einem Wintertag innerhalb einer Viertelstunde ereignet hat und das deshalb interessant ist, weil sich zur Beziehungsachse «Gleitschirmpilot – Zuschauer» unverhofft noch die Querachse «Mann – Frau» dazugesellt hat.

Wieder einmal bin ich an einem Samstagmittag im Februar an meinem liebsten Winter-Startplatz in den «Weiden», zuoberst in den Weissenbergen. Ich geniesse nach dem Aufstieg die Rast an der Wintersonne mit ihrem gleissendhellen Licht in der glitzernd weissen Welt hier oben – nach der jahreszeitenlosen grauen Arbeitswoche in der Stadt. Schön, die Ruhe und Stille um mich und die stressfreie Vorbereitung auf den Flug. Mein Windbändeli am Eschenstämmchen beginnt aufwärts zu wedeln, und ich lege sorgfältig meinen Schirm auf dem flachen Platz unter dem Waldrand im Pulverschnee aus, die Ski vorne dran startbereit.

Wie ich mich nebenan ins Gurtzeug einhänge, kommt von unten der Schneeschuhspur nach ein Paar zu Fuss herauf, so um die Fünfzig, er voraus, sie, sehr elegant, hinterher. Die Spur führt unmittelbar unter meinem Platz durch. Er wirft mir einen kurzen Blick zu und geht sofort weiter. Sie bleibt stehen, lächelt mich an und fragt: «Fliegen Sie hier oft mit dem Gleitschirm?» Ja, antworte ich, so oft als möglich. Ob das gut gehe mit den Skis, ob es nicht gefährlich sei und wo ich denn landen werde? Wir plaudern ein paar Minuten, während ihr Partner 50 Meter nebenan stehen geblieben ist und unwillig-ungeduldig herüberschaut. Mann oh Mann, denke ich, aber doch nicht gleich eifersüchtig! Oder hat sein Selbstbewusstsein schon einen Knacks bekommen, weil er (unbewusst) etwas realisiert hat? Neben einem (kleinen) Sporthelden ist man/Mann ungern ein kleiner Pantoffelheld – das muss Mann erst mal psychisch verkraften. Sie wünscht mir strahlend einen schönen Flug und geht langsam ihrem weiterstapfenden Begleiter nach.

Ich gehe hinüber zum Schirm, steige in die Skibindung und lege noch Skibrille, Helm und Handschuhe an. In dem Moment kommt, diesmal von oben her, ein weiteres Paar an meinem Startplatz vorbei. Er etwa Fünfzig, sie um die Vierzig, schlank und hübsch. Er hat mich zwar gesehen, verlässt aber die Spur und stapft direkt nebenan den Hang hinunter. Und sie – bleibt neben dem Flügelende stehen und schaut erwartungsvoll zu mir hin. In meinem fortgeschrittenen Alter nehme ich selbstkritisch an, dass ihr Interesse nicht dem graubärtigen Piloten gilt, sondern lediglich dem Vorgang, wie es der fertig bringt, ein im Schnee liegendes, bananenförmiges Tuch in einen flugfähigen Zustand zu bringen. Endlich fragt sie, wann ich starten werde. Gleich, sage ich und überprüfe nochmals die Leinen zwischen meinem Notschirm und dem Hauptschirm, lüfte nochmals die Skibrille.

Er wartet schon unten neben den beiden Weidengäden, schaut ungeduldig herauf und ruft etwas hinauf. Sie steigt ein Stück in den Hang hinunter und bleibt wieder stehen. Also los! Ein perfekter Start mit meinem alten Swing, nach wenigen Metern zieht er mich sanft vom Schnee weg in die Luft hinauf, neben meiner Zuschauerin hinaus, der ich nach einer ersten Kurve noch freundlich herüberwinke. Im Wegflug sehe ich noch, wie mir auch der Mann unten bei den Gäden bewegungslos nachstarrt. Auf meinem hinter Skibrille und Helm versteckten Gesicht spüre ich ein Lächeln. Welche Gedanken gehen den beiden jetzt durch den Kopf?

Über die Engisböden fliege ich hinaus ins Tal und mit einer weiten Kurve Richtung Elm. Nebenan gleiten die sonnenhellen Schneeflächen der Weissenberge vorbei, tief unten das Tal wie eine silberglänzende Schale, schmal und tief unter den schattenblauen Rändern seiner Wälder und Felsen. Der ganze Raum zwischen dem Tal und den Berghöhen erfüllt vom Licht dieses Wintertages, der jetzt seinen Atem anzuhalten scheint. Die frische Winterkühle im Gesicht höre ich, durch die Helmschale gedämpft, das Sirren der gespannten Leinen, an denen mein Schirm ruhig durch die glatte Luft dahin zieht. Es gibt keine Zeit mehr jetzt, und es gibt keinen Gedanken mehr an das Menschliche und Allzumenschliche dort unten, nur dieses wundervolle Licht und diesen weiten Raum zwischen Berg und Tal, in dem ich mich so sehr aufgehoben fühle. Nur diesen kostbaren Augenblick.

Wie ich dort hinten meinen Startplatz verlassen habe, verlasse ich jetzt auch mein Helm-Thema, können Sie es als Leser ein wenig nachfühlen? Was man verlassen hat, ist nicht unwichtig geworden, es hat immer noch seinen Platz im Leben, aber es gibt immer noch mehr und wieder ein neues Gefäss, das auszufüllen unser Dasein sinnvoll und lebenswert macht. Zum Philosophieren heisst es aber wohl doch am besten: Helm ab!

Föhn

Vreni Stauffacher

«Da lüpfts eim ja der Huet», eiferte sich der ältere dicht vor ihr stehende Mann. Sie war erstaunt. Was dieser wohl damit meinen mochte. Sie starrte auf seinen zerfurchten Nacken und seinen Hut: Dieser sass fest auf dem Kopf. Ihren Partner konnte sie nicht zur Bedeutung des Satzes befragen. Er befand sich irgendwo im Ring und hatte sie zurückgelassen. Sie selbst war Ausländerin und konnte sich nur mit grosser Mühe auf Deutsch verständigen. Mundart war ihr bis auf wenige Worte fremd. Was bloss bedeutete «lüpfts». Nach längerem Nachdenken erinnerte sie sich, dieses Wort im Zusammenhang mit «Hochheben» gehört zu haben.

Den Hut abnehmen und dezent über den Kopf schwenken, diese Geste kannte sie als Begrüssungsritual der Männer aus ihrer Kindheit. Sie wandte ihren Blick wieder zu dem Mann. Sein Hut sass wie angegossen auf dem Schädel. Auch erweckte er nicht den Eindruck, jemanden höflich begrüssen zu wollen. Er wirkte verärgert. Vielleicht meinte er mit «lüpfts» den Wind – den nannten die Einheimischen «Föhn». Sie dachte an ihren Friseur und schmunzelte.

Die Berge waren zum Greifen nah und der steil ansteigende Koloss hinter dem Landsgemeindeplatz flösste ihr Angst ein. Sie verspürte ein Engegefühl. Sie stellte sich vor, was passieren würde, wenn dieser Berg in Schieflage geraten würde: Steine würden herunterkollern und auf dem Landsgemeindeplatz aufschlagen – inmitten der Menge. Es würde Verletzte und vielleicht sogar Tote geben. Sie bekam Angst und atmete schneller. Wenn sie sich nur irgendwo hätte halten können – besser wäre weglaufen. Ihre Füsse schienen mit dem Boden verwachsen zu sein. Sie fühlte sich schwach und befürchtete zu kollabieren. Sie kannte diese Zustände. Diese überfluteten sie. Irgendwann nach entsetzlich langen Minuten voller Todesängste klangen sie ab. Sie würde es überleben – hoffte sie zumindest. Sie schaute wieder zum Berg. Falls dieser ins Wanken geriete, hätte sie keine Chance zu entkommen. Ihr Atem beschleunigte sich. Ablenken, dachte sie – ich muss mich ablenken. Sie wandte ihren Blick wieder dem Mann mit dem Hut zu. Sie stellte sich vor, wie es wäre, wenn der Wind seinen Hut forttragen würde. Er würde sich wohl noch mehr ärgern. Sie analysierte den Hut eingehend zwecks Ablenkung: Es war ein Jägerhut mit Gamsbart.

Dann, dann passierte es. Ein Windstoss, der Filzhut zuckelte diskret, dann vollführte er einen kleinen Hüpfer, fiel nochmals zurück, um wenig später vollends abzuheben und davon zu fliegen. Entgeistert blickte sie dem Hut nach. Dieser Föhn – geradezu unheimlich. Der Mann versuchte den Hut noch aufzuhalten – es misslang, er war zu langsam.

Der davon schwebende Hut steckte die anderen Hüte mit seiner Eskapade an. Von allen Seiten her wirbelten Hüte durch die Luft: Viele Filzhüte, einige Trachtenhüte, Basketmützen, Strohhüte und Zylinder. Farbtupfer hüpften vor ihren Augen herum, feldgraue, tannengrüne, olivfarbene, rote und schwarze – zuvorderst der Filzhut ihres Nachbarn. Dieser führte nur kurze Zeit die Spitze an, dann formierte sich ein Tross von schwarzen Zylindern und verdrängten ihn. Die weichen Filzhüte hatten keine Chance gegenüber den steifen Zylindern – sie kriegten Dellen, wurden platt gedrückt und zur Seite gedrängt, auch die Strohhüte und Basketmützen kriegten Hiebe ab und mussten den Zylindern weichen. Dann begann das Gerangel unter den Zylindern. Ein eigentlicher Luftkampf fand vor ihren Augen statt. Ein blauer Luftballon, zufällig dazwischen geraten, zerplatzte und wurde vom Wind in wildem Treiben hochgewirbelt, sackte dann ab und fiel in die Menge. In der Luft tat sich Erstaunliches. Ein eleganter Damenhut mit Blumen geschmückt und breiter Krempe hatte sich an die Spitze gesellt – gekonnt jedem Hindernis ausweichend hatte er ohne Kollision und ohne Zeitverlust die Spitzenposition errungen. Sie war erstaunt und freute sich, dass die Zylinder, voll beschäftigt mit Machtkämpfen noch nichts davon bemerkt hatten.

Ihr Atem hatte sich normalisiert, sie fühlte sich besser. Sie schaute nochmals zu dem dicht vor ihr stehenden Mann – dessen Hut sass fest auf seinem Kopf. Eine Glarner Landsgemeinde Fata Morgana konstatierte sie mit grosser Erleichterung.

Eine solche Geschichte

Katharina Tanner

Das Aufstehen gelang ihm leichter als sonst. Es war an einem grellen Montagmorgen im November. So, wie es auch ein Montag war, als Wendelin Weiss sich vornahm, den Weg zu seiner Arbeit aus Kreislauf-, Stirnhöhlen-, Kniegelenk- und nachlassenden kurzzeitgedächtnistechnischen Gründen nur noch über Umwege zu nehmen. Und seien es auch die allerkleinsten. Auf seine eigenen Beschlüsse konnte er sich verlassen. Das musste ein Erbe seiner Grossmutter mütterlicherseits sein. Direkt lief er seither zur Arbeit kein einziges Mal mehr.

Sein Lieblingsumweg führte ihn in gemässigten Schritten ungefähr eine Viertelstunde der Limmat entlang. An seiner Arbeitsstelle im Museum mit geschlossenen Augen im Schnellschritt vorbei. Einmal um den Kopf des Hauptbahnhofes herum. Bei der Post kopfvoran in den Bahnhof hinein. An Gleis eins bis achtzehn abfahrtstafellesend vorbei. Wieder hinaus und bis zum Südeingang ein zweites Mal am äusseren Kopf des Gebäudes entlang. Fussvoran diesmal in den Bahnhof hinein. An der Confiserie vorbei durch die grosse Halle, das Lieblingsteilstück seines Lieblingsumweges, um in einem eleganten Bogen direkt ins Magazin der Bibliothek des Landesmuseums zu gelangen.

An diesem Montagmorgen nahm Wendelin Weiss in der schwarzen Glasur einer siebenstöckigen Hochzeitstorte im Schaufenster der Confiserie S. unfreiwillig ein Aug voll von seinem Hinterkopf. Gemeinschaftsarbeit unserer Lehrlinge, stand neben der Torte, die ihm den Blick in den hinteren Ladenteil versperrte, ihn statt der Verkäuferin mit den ungleichlangen Beinen das Treiben in der Halle seitenverkehrt zu beobachten zwang. Wie angewurzelt musste er in den süssen Spiegel starren. Dabei wurde er angesprochen. «Was für ein Zufall», sagte ein älterer Herr zu ihm. Weiss hoffte zuerst auf eine Verwechslung. Stellte sich die Frage, ob er vor sechzehn oder nicht erst vor fast vierzehn Jahren mit dem Rauchen aufgehört hatte. Schnüffelte an seinen rechten Fingerkuppen, als ob die richtige Anzahl Jahre nach so langer Zeit noch herauszuriechen wär und fasste ganz schnell den festen Entschluss, diese Woche, spätestens aber nächste, zum Coiffeur zu gehen.

«Eben deine Frau. Und jetzt du», der Mann liess nicht locker. Ohne zu grüssen, fragte Weiss: «Rauchst du noch?» Eigentlich hatte er ihn sofort erkannt. Die scharf geschnittenen Gesichtszüge. Die struppigen Augenbrauen. Es war sein Klassenzimmernachbar von der Mittelstufe über viele Jahre. Dritter Stock. Zimmer drei.

«Schon lange nicht mehr», freute sich der Kollege, und sagte noch, «sieht gut aus deine Frau. Sehr gut.» Weiss plagte der Verdacht, dass je weiter der Herbst fortgeschritten, desto weniger vorhersehbar die festen Arbeitstage der Verkäuferin mit den ungleichlangen Beinen und den runden Schultern seien. Eine Beobachtung, die ihm schon letztes Jahr Sorgen bereitete. «Schliesslich keine Selbstverständlichkeit. Meine ist schwerkrank», sagte der Kollege. «Tut mir leid», murmelte Weiss und fragte, «wo hast du sie gesehen?»

«Ja, ja. Das Leben ist ungerecht», stellte der Kollege fest. «Ja, scheissungerecht», antwortete Weiss. «Mehr als scheissungerecht. Aber ich hab dich sofort erkannt. Nach über zwanzig Jahren», sagte der Kollege. «Mehr als scheissungerecht, ja», wiederholte Weiss und erinnerte sich, dass sie sich auch damals nichts zu sagen hatten. «Nur du wie immer. Verträumt im Vorhof von Abfahrt und Ankunft», schwadronierte der Kollege. Da war er wieder. Dieser Hang zum Poetischen, der Weiss im Lehrerzimmer schon so ärgerte. «Wo wollte sie hin», insistierte er. «Der Hut steht Christa ausgezeichnet, richt ihr das aus», sagte der Kollege, als hätte er ihn nicht gehört. Und Weiss wunderte sich selbst über seinen scharfen Ton, als er sich, «sie hat ihren Knirps vergessen», sagen hörte. «Ich glaube, sie nahm den Zug Richtung Ziegelbrücke», sagte der Kollege dann doch irgendwann. Weiss eilte sofort zu den Geleisen.

«Er meldet den ganzen Tag schön. Föhn im Norden. Soweit das Auge reicht», rief ihm der Kollege hinterher. Und noch etwas von einem Lehrerpensioniertentreff. «Noch arbeite ich, noch arbeite ich», schrie Weiss zurück und fuchtelte wie zur Demonstration mit dem rechten Arm wild in der Luft herum. Rannte an Café und Blumenladen vorbei, direkt zu den Geleisen. Endlich zahlte sich seine Abfahrtstafellesesucht einmal aus. Er wusste genau, wann und wo, welche Züge wohin fuhren.

Auf Gleis elf sprang Weiss in die erste Türe des ersten Waggons. Blieb ausser Atem im Vorraum stehen. Sein Puls raste. Er fühlte sich freudig erwartungsvoll benommen, obwohl dieser Montag seinen Zweck eigentlich schon verfehlt hatte. Der einzig wirklich sichere Arbeitsfixtag der Confiserieverkäuferin wieder tatenlos vergehen sollte. Eigentlich schade. Heute hätte er sie angesprochen. Ein Kondukteur betrat den Waggon. Stellte sich neben ihn. Schneuzte ein paar Mal hintereinander, als wollte er wenigstens diese Tätigkeit für den ganzen Tag erledigt wissen. Der Zug fuhr an. Weiss löste ein ganzes Billett mit Im-Zug-Kauf-Zuschlag. Ein Halbpreis-Abonnement besass er schon lange nicht mehr. Zürich-Ziegelbrücke einfach. Etwas anderes fiel ihm so schnell nicht ein. Der Kollege sprach von dieser Richtung. Sie trage einen Hut und er stehe ihr gut. Also Ziegelbrücke.

An einem erschreckend grellen Föhnnachmittag im Dezember vor fast zweiundzwanzig Jahren wollte Weiss den Adoptionsvertrag mit ihrer beiden Unterschriften an das zuständige Amt zurücksenden. Statt C. und W. Weiss hatte er in der Früh zum ersten Mal Fam. W. Weiss als Absender auf das Kuvert geschrieben. Daneben, auf die Rückseite eines Kassabons, «bitte unterschreiben». Dann ist er in die Schule gegangen. Christa schlief noch. Zur Mittagessenszeit stand auf einem Zettel auf dem Küchentisch, «bitte nicht suchen». Darüber musste er lächeln, lag der wichtige Vertrag doch gleich neben dem Zettel und brauchte er ihn keinesfalls irgendwo zu suchen. Das Feld für die Signatur neben ihrem Namen stand leer. Und als Christa zum Abendessen nicht nach Hause kam, ahnte Weiss, dass mit «suchen» nicht der Adoptionsvertrag, sondern sie selbst gemeint sein musste. An ihre Bitte hatte er sich all die Jahre gehalten.

In der Zeit dazwischen haben von über dreissig Frauenbekanntschaften mehr als die Hälfte an diesem Küchentisch, den Satz, «eine solche Geschichte habe ich noch nie gehört», gesagt. Deckungsgleich und ohne sich zu kennen. Bis zu diesem Moment waren die Begegnungen aufs Reden reduziert. Meistens standen die Frauen oder sassen mit halbem Gesäss auf der Tischplatte. Das Aussprechen dieses einen Satzes aber führte bei der Mehrheit direkt in eine einmalige sexuelle Handlung über.

Dank diesen vielfältigen Erfahrungen fühlte sich Weiss in keiner Weise verunsichert. Er suchte nicht seine Frau. Nein. Er würde sie heute wiederfinden.

Selbst die erste Klasse war fast auf den letzten Platz besetzt. Doch einen Hut konnte Weiss nicht sehen. Auch nicht im zweiten und im dritten Waggon. Im vierten Wagen trug eine Frau mittleren Alters ein Beret aus schwarzer Wolle, unnatürlich tief in die Stirn gezogen, so wie er es nur aus dem französischen Kino kannte. Das hätte sich Christa nie getraut. Ihre Augen standen damals katzenartig weit auseinander. Im fünften Waggon trugen zwei junge Mädchen Wollmützen. Eine in pinkrosa, die andere in schwarz. Im sechsten, siebten und achten Wagen fiel ihm trotz angehaltenem Atem niemand mit Kopfbedeckung auf. Im neunten Wagen befahl ihm die Angst, Christa gar nicht mehr zu erkennen, eine Sitzpause. Danach musste er eingeschlafen sein.

Den Aufpreis für die Strecke Ziegelbrücke – Chur empfand Weiss unverhältnismässig teuer. Und die Diskussion darüber mit dem Kondukteur nahm ihm die Möglichkeit, eine von hinten grazil alterslos wirkende Frau in einem hellgrauen Kostüm, mit einem nur wenig dünkleren, backsteinförmigen Filzhut, von vorne zu betrachten. Wendelin Weiss stieg aus. Er war allein auf dem Bahnsteig. Eigentlich hätte er Christa doch nur gern gesagt, dass er gar nicht mehr Lehrer sei.

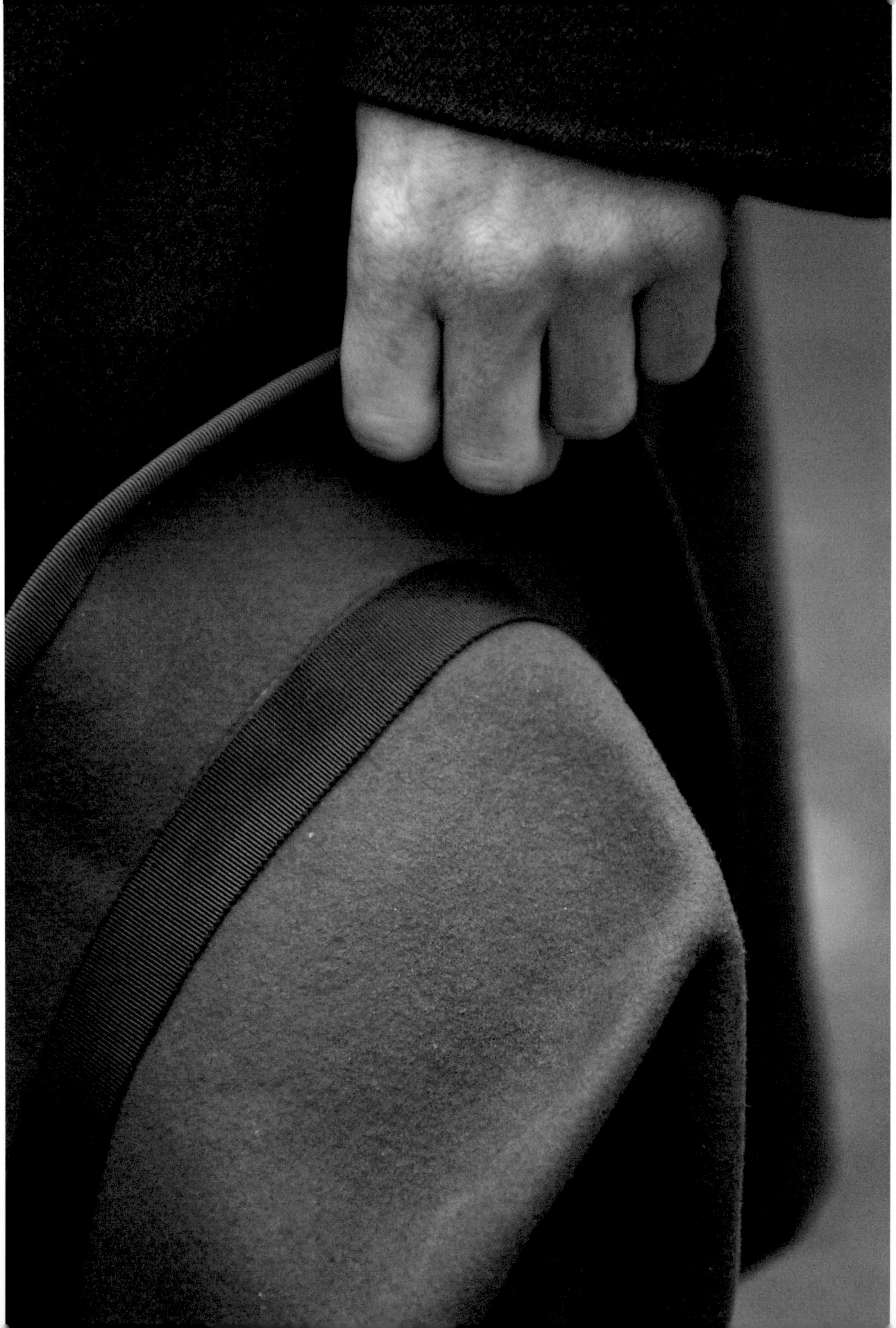

Vom Feinsten

Regula Nowak-Speich

Hier sitze ich, schon eine ganze Weile. Es ist heute wieder einmal richtig stickig. Ich wäre froh um etwas frische Luft. Doch meinem Blick steht zum Glück nichts im Weg. Ich sehe direkt in die hohe, breite und mit Marmor gepflasterte Einkaufspassage hinaus. Die Sonne scheint wunderbar warm, orange-golden durch die Glaskuppel der Galleria Vittorio Emanuele II. Hier bin ich derzeit zu Hause, in Mailand.

Um mich herum sitzen viele meiner Kolleginnen und Kollegen. Die meisten sind, wie ich, schon lange hier. Ab und zu verlässt uns die eine oder der andere. Wir wünschen dann jeweils viel Glück in der neuen Heimat, denn man weiss ja nie, wie es an einem neuen Ort so ist. Wir gehören eher zu den Runden. Es gibt bei uns aber auch schmale Lange oder feine Eckige, Schlabberige oder Glänzende. Unter ihnen gibt es viele verschiedene Farben, Muster und Strukturen. Wir hingegen treten etwas dezenter auf – uni und rund, stolz und hoch geschnitten, eher steif und doch sehr geschmeidig – eben: Vom Feinsten.

Mein Name – ach ja, ich habe mich noch gar nicht vorgestellt –, mein Name ist Borsalino. Bevor ich geworden bin, was ich heute bin – ein klassischer Borsalino eben –, sah ich aus wie ein nasser Sack. Das wertvolle Etwas, aus dem ich bin, besteht aus feiner Unterwolle europäischer Stallhasen und australischen Wildkaninchen. Diese Wolle wird mit Wasserdampf vermischt und auf einen grossen, sich drehenden Metallzylinder gesprüht. Die messingglatte Oberfläche dieses Zylinders ist durchlöchert, so dass sich die Haare mittels Unterdruck anziehen lassen und dadurch leichter miteinander verfilzen. So entsteht nach einigen Wasser- und Dampfbädern ein immer dickerer Filz; genau der Filz, aus dem ich bin – vom Feinsten eben.

Nach diesen Bädern sehen wir Borsalinos wie pilzförmige Stulpen aus. Erst ein scharfer Rundumknick macht aus uns einen sauber in Kopf und Rand gegliederten Hut. Der Rand wird geschnitten, verkleinert und umgebogen. Bürsten und Klebefolien entfernen überflüssige Haare. Je nach Modell wird unsere mehr oder weniger breite Krempe mit einer Bordüre eingefasst, ein Schweissband aus Maroquin-Leder eingesetzt und ein äusseres Hutband samt Masche angenäht. Auch das Futter darf nicht fehlen. Zu guter Letzt haben wir alle eine Reifeprüfung zu bestehen. Das ist alles andere als angenehm, denn wir müssen unsere frisch erworbene Formtreue einige Zeit unter Gewichten beweisen. Erst dann gehen wir auf die Reise.

Vor hundert Jahren verliessen jedes Jahr rund 750 000 von uns die Hutmacherei mitten im Zentrum der piemontesischen Stadt Alessandria. Heute ziehen jährlich noch gut 400 000 Borsalinos in die weite Welt hinaus. Die Hälfte von uns bleibt in Europa, die anderen reisen nach Fernost, Nord- oder Südamerika.

Warum ich Borsalino heisse? Eine berechtigte Frage. Guiseppe Borsalino hiess mein Ziehvater. Er wurde 1834 in einem Dorf nahe Alessandria geboren. Ohne Schulabschluss verliess er seine Heimat und lernte das Handwerk bei den besten Hutmachern in Italien und Frankreich. Als Guiseppe Borsalino 1900 starb, hinterliess er seinen Nachfahren ein blühendes Unternehmen. Heute ist das Unternehmen Teil einer Mailänder Finanzgruppe, die nicht nur mit Hüten zu tun hat. Ein Klassiker aber, wie ich einer bin, gilt zum Glück immer als guter Absatzwert. Und so sitze ich hier, werde immer wieder bestaunt, gestreichelt, kurz auf irgendein Haupt gesetzt und dann wieder hingelegt. Ich geniesse diese Abwechslung, denn die meisten Tage sind eher ruhig hier im Schaufenster in der Galleria Vittorio Emanuele II in Mailand. Doch wer weiss, wie lange ich noch hier bin?

Und da scheppert einmal mehr die antike Ladentüre. Ein Mann und eine Frau mittleren Alters treten ein und grüssen freundlich. Sie sprechen zwar Italienisch, doch sie sind nicht von hier. Das ist an ihrem Akzent zu erkennen. Mein Ladenbesitzer bietet ihnen seine Hilfe an, aber sie wollen sich, wie die meisten, erst einmal umsehen. Die Frau schaut mich aus ihren Augenwinkeln an und lächelt. Gefalle ich ihr? Das tief dunkle Anthrazit meines Filz und das seidene Schwarz meines Hutbandes strahlen vornehme Eleganz und sympathische Wärme aus – ich weiss. Doch das ist nicht jeden Mannes Sache. Die Frau gibt ihrem Mann einen sanften Stoss mit dem Ellenbogen, aber dieser hat vorerst nur Augen für die schmalen Langen. Das geht den meisten so, denn von den schmalen Langen brauchen die Männer ja viele verschiedene, je nach Farbe des Hemdes, das sie gerade tragen. Wir Borsalinos hingegen passen eigentlich immer: Zu jedem Wetter, zu jedem Mantel und fast zu jedem Gesicht.

Und so schaue ich wieder ins Geschehen der Mailänder Galleria Vittorio Emanuele II hinaus und geniesse das Lichtspiel der Sonnenstrahlen in den gegenüberliegenden Schaufenstern. Plötzlich spüre ich die warmen Fingerspitzen einer kräftigen Hand über meinen Hutrand gleiten. Hat mich jemand entdeckt? Ich gleite in zwei Männerhände. Wir wandern zum grossen, halogen beleuchteten Spiegel. Der Mann betrachtet und streichelt mich, räuspert sich und setzt mich auf.

Es fühlt sich gut an – ein gepflegtes Haupt, auf dem ich gerade throne. So sitzt es sich nicht alle Tage, nicht auf allen Häuptern. Wir betrachten uns von vorne, von der einen und von der anderen Seite. Der Ladenbesitzer bringt den zweiten Spiegel in Position, so dass wir uns auch von hinten betrachten können. Ich muss sagen, wir machen eine gute Figur – eine sehr gute Figur sogar. Der Herr räuspert sich erneut, hebt Kinn und Nase etwas in die Höhe und blickt zu seiner Frau. Sie lächelt. Er lächelt. Sie nickt. Jetzt sprechen sie in ihrer Sprache und nicht mehr in Italienisch. Das hört sich ja lustig an. Es klingt, als würden sie singen. Ein kurzer Wortwechsel und sie nicken beide. Der Herr dreht sich nochmals von der einen zur anderen Seite und fragt den Ladenbesitzer nach meiner Herkunft. «Ein echter Borsalino. Ein Klassiker in einer ganz besonders eleganten Färbung und – ich muss sagen, er steht Ihnen sehr gut – wirklich sehr gut.» Der Ladenbesitzer hat recht. Auch ich fühle mich sehr wohl und finde mich äusserst attraktiv auf diesem Haupt. Es sieht fast so aus, als wären die Meinungen gemacht. Der Herr hebt mich von seinem Haupt und streicht liebevoll mit seinen warmen Fingerspitzen über meinen Rand, über meine schlichte Masche, dreht mich um, studiert meine Etikette und schaut zu seiner Frau. Ich glaube, ich habe ein neues Zuhause gefunden.

Mein neuer Besitzer und ich machen uns zusammen mit seiner Frau auf den Weg. Wir setzen uns in ein Taxi und fahren zum Bahnhof Milano Centrale. Mein Herr und seine Frau sind bereits im Besitz einer Fahrkarte und so besteigen wir direkt den Zug. Sorgfältig werde ich von meinem Herrn auf die Gepäckablage gesetzt. Und schon fahren wir los. Aus dem Lautsprecher höre ich, dass wir in einem Cisalpino sitzen, der in Richtung Schweiz unterwegs ist. Wie es aussieht, werden wir eine längere Strecke fahren, denn mein Herr und seine Frau machen es sich richtig gemütlich. Sie sprechen wenig zusammen und wirken sehr zufrieden. Nach vielen Tunnels und Stationen, einigen Schüttel- und Rüttelmomenten heisst es aus dem Lautsprecher: «Nächste Station Arth-Goldau. Voralpen-Express Richtung Rapperswil–Romanshorn bitte umsteigen.» Wir machen uns bereit und steigen um. Ich freue mich auf die Berge. Hat es wohl schon geschneit? Noch einmal steigen wir um und dann sind wir angekommen: In Glarus. In meinem neuen Zuhause.

Mein Herr und ich sind viel zusammen unterwegs. Er ist ein geschäftiger Mann, reist viel und kennt fast alle Leute im Ort. Jede und jeder wird von uns freundlich gegrüsst, und es bleibt meist genügend Zeit, um nachzufragen, wie es geht und steht.

An einem Sonntagmorgen, es ist der letzte im November dieses Jahres, machen wir uns erneut zusammen auf den Weg. Ein eher trüber und nebliger Tag. Eine leichte Bise geht. Ich bin sicher, mein Herr ist sehr froh um mich, denn ich schütze ihn, so gut ich kann, vor dem kühlen Wind. Er hat seinen wärmsten Mantel, einen dicken Schal und die festen Winterschuhe angezogen. Wahrscheinlich werden wir lange draussen sein. Viele Leute sind unterwegs im Ort. Alle marschieren in die gleiche Richtung. In den Gassen wird es eng. Überall wird heisser Apfelmost zum Warmhalten angeboten. Dann kommen wir auf den grossen Platz vor dem Schulhaus und müssen plötzlich durch eine Kontrolle. Mein Herr zieht eine grüne Karte aus der rechten Manteltasche. Der Uniformierte nickt: Wir können durch. Auf den Tribünen sitzen bereits viele Leute, alle warm angezogen. Es werden immer mehr. Man rückt eng und enger zueinander. Mein Herr geht bis ganz nach vorne und begrüsst jede und jeden mit freundlich zuvorkommender Miene. Einigen Glarner Mitlandleuten schüttelt er die Hand und wechselt mit ihnen ein paar Grussworte in dieser singenden Sprache, die mir seit meiner Ankunft im Glarnerland immer vertrauter geworden ist.

Dann setzen wir uns in der ersten Reihe. Der Boden ist nass. Hoffentlich hält das Wetter, hört man von allen Seiten tuscheln. Die Reihen füllen sich. Ein paar Jugendliche haben sich ums Rednerpult versammelt. Die Leute schauen gespannt auf die Tribüne inmitten des Geschehens. Einige Pressevertreter, darunter Fotografinnen und Fotografen, Kamerafrauen und -männer, nehmen vor den ersten Reihen Stellung ein. Sie knipsen und filmen in alle Richtungen. Die einen sind offensichtlich mit Vergnügen bei der Arbeit, die anderen sind sehr konzentriert und mit ernster Miene in ihr Tun versunken. Aus den Fenstern rund um den Platz lehnen sich trotz eisiger Kälte viele Interessierte weit hinaus.

Auch einige meiner Kolleginnen und Kollegen sind hier. Es sind zwar erstaunlich wenige, ist doch das Wetter wirklich genügend garstig, einen Hut aufzusetzen. In den ersten Reihen gibt es Klassiker wie mich zu sehen. Weiter hinten treffen sich eher die bunt Gestrickten, grob Gefilzten und modern Genähten. Leider werden in den vorderen Rängen ein paar Bedauernswerte von uns unter die Sitzbank oder auf den Schoss verbannt. Sogar eine wunderschöne Kollegin vis-à-vis von mir darf nicht bleiben. Sie ist eine der schönsten im Ring und verschwindet nach einer Weile unter der Bank – schade. Ich selbst darf oben bleiben, auch wenn es weder regnet noch schneit. Ein ebenfalls sehr eleganter Kollege von mir mischt sich sehr spät unter die Leute in den vorderen Reihen. Aha – auch ein Borsalino! Wir grüssen uns von weitem. Er darf bleiben genau wie ich. Stolz thront unsereins auf den Häuptern unserer Besitzer. Klar, dass wir unser Bestes geben, gemeinsam eine gute Figur zu machen.

Die Menschenmenge wird immer dichter, und plötzlich ist Musik zu hören. Viele Polizisten mit dunkelblauer Polomütze – beschriftet mit «Polizei» – und sogar das Militär, ausgerüstet mit Helm, schauen für Ordnung. Der musikalisch begleitete Einzug der Glarner Regierung in den Ring ist feierlich – auch an diesem trübnassen Sonntag Ende November. Der Landammann begrüsst alle mit «Hoch vertruuti, liebi Mitlandlüt» zur ausserordentlichen Landsgemeinde 2007. Dann treten drei Rednerinnen und viele Redner auf.

Der Landammann hört mit meist eher grimmiger, ab und zu schmunzelnder Miene zu, blickt in die Menge und macht nach gut einer Stunde den ersten Versuch, das Volk zur Abstimmung zu bringen. «D Meinige sind gmacht», verkündet er, doch es ergreifen weitere Redner das Wort. Eine Dame spricht klar und sehr deutlich von den Chancen dieser heutigen Abstimmung, dem Kanton Glarus einen offenen, wachen und ehrlichen Weg in die Zukunft zu ermöglichen. Auch das allerletzte Votum eines betagten Redners ist überzeugend und engagiert formuliert. Mit der Zeit lässt jedoch das Raunen der zunehmend abstimmungswilligen Menge keine weiteren Voten zu. Der Landammann greift durch. Es wird abgestimmt. Ein erstes Mal heben viele Mitlandleute ihre grüne Stimmrechtskarte in die Höhe. Ein zweites Mal. Das Mehr ist klar. Der Entscheid ist gefallen.

Die Menge jauchzt. Im Kanton Glarus gibt es in Zukunft nur noch drei Gemeinden: Unter-, Mittel- und Hinterland – ein fast revolutionärer Landsgemeinde-Entscheid. Und ich – ein kleiner, feiner Borsalino – ich durfte mit dabei sein!

Ein Helikopter fliegt aus den Wolken über den Platz. Das Fernsehen? Die Leute schauen nach oben, auch mein Herr. Ich sitze gut, die Schieflage macht mir nichts aus. Dann setzt ein langsames Abwandern aus dem Ring ein. Die Glarner Mitlandleute sind sichtlich erleichtert über den eben gefällten Entscheid. Ihre Gesichter verraten es. Der Landammann blickt an diesem historischen Landsgemeinde-Sonntag ein letztes Mal streng und irgendwie leicht nervös in die aufbrechende Menge und dankt seinem Volk «uusinnig für d Geduld und ds Usharre bis ganz zum Schluss».

Der Spieler

Monika Glavac

Der Rand des Fotos, das er in seiner Manteltasche trägt, ist vergilbt. Die Zeit hat sich eingegerbt und die Momentaufnahme konserviert. Sein Grossvater hält einen Hut in der Hand. Er lächelt, während die Grossmutter, die neben ihm steht, die Lippen aufeinander presst. Im selben Moment, als der Fotograf abdrückte, rann die Zeit davon. Das Foto ist nur ein blasser Abdruck des Gewesenen. Im Haus schrie ein Kind. Es war seine Mutter. Der Krieg war längst vorbei, andernorts hausten sie in Häusern, gebaut aus Trümmern. Später weinte die Grossmutter am Sarg ihres Mannes. Die Momente verschmolzen zu Zeiten, die nach Veränderung riefen. Mutter und Grossmutter gingen in ein fremdes Land. Dort lernten sie eine neue Sprache und zu verstummen, wenn man sie als Fremde beschimpfte. Er war ein Kind, doch er sah und hörte es, und er legte jeden Moment in der Kartei seiner Erinnerung ab.

Das Foto fand er im alten Haus seiner Grosseltern, in dem er als Kind mit der Vergangenheit spielte. Er begriff noch nicht, dass er mit dem eisernen Schlüssel die Türen zu einem staubigen Labyrinth öffnete. Sein Spiel drückte ihm das Siegel des Scheiterns auf. Der schwarze Schatten seines Grossvaters legte sich über seine Schultern, als er den Hut aufsetzte, den er in der Truhe gefunden hatte. Seine Mutter schrie auf, als sie ihn sah, doch sie verschwieg es vor der Grossmutter. Er aber wusste, dass die Grossmutter den Schatten sah, wenn ihre Augen auf ihm ruhten.

Eine Bar, abends, unter 0°

Sie ist alleine, schaut aus dem Fenster. Vereinzelt rauschen Autos vorbei. Sie wendet sich ab, blickt in den Raum. Rauch. Ihre Zigaretten liegen unberührt in der Handtasche. Sie fragt sich, wo er ist. Seit einer Stunde sollte er da sein. Die Gewissheit, dass er sich nie an vereinbarte Zeiten hält, zumindest dann nicht, wenn es sich um ihre gemeinsame Zeit handelt, legt sich wie ein bitterer, zäher Schleim über die Erinnerung an ihre Beziehungsjahre.

Heute wird sie es ihm sagen, denn sie glaubt, dass er es erfahren müsse. Gestern noch lag sie bei einem fremden Mann. Sie fühlt, riecht ihn immer noch.

Die Musik dringt dumpf an ihre Ohren. Der Mann in der Ecke gerät in ihr Blickfeld. Einen Moment ruhen ihre Augen auf seinem Hut, dann wendet sie sich ab. Sie zerbricht sich den Kopf darüber, wie sie es sagen soll. Am besten gar nichts sagen. Nichts sagen. Sie überlegt zu zahlen und zu gehen.

Ihre Schultern zucken, als sich der schwere Vorhang in der Mitte öffnet, und er eintritt. Er ist gross, seine Haare gepflegt. Er trägt eine beige Cordhose, ein passendes Jackett, ein hellblaues Hemd mit weissen Streifen. Er kommt auf sie zu, bückt sich zu ihr hinunter, küsst sie flüchtig und setzt sich ihr gegenüber.

Sein Geruch flösst ihr Unbehagen ein. Er schaut auf ihre spröden Lippen. Panisch denkt sie daran, dass sie es ihm sagen muss. Er fragt sie, ob sie noch etwas bestellen möchte. Sie verneint, verharrt einen Moment still, holt nach Luft, doch sie findet die Worte nicht, mit welchen sie es sagen könnte. Er bemerkt, dass sie blass ist, erkundigt sich nach ihrem Befinden. Sie schweigt, beginnt in ihrer Tasche zu nesteln. Ihre Finger tasten nervös nach der Zigarettenschachtel, finden sie, greifen eine Zigarette heraus. Sie führt sie an ihre Lippen. Er reicht ihr Feuer. Ihre Hände zittern. Sie zieht am Filter, ihre Lunge füllt sich mit Rauch, langsam bläst sie ihn aus. Sie entspannt sich.

Er entschuldigt sich für die Verspätung. Die Besprechung habe länger gedauert als erwartet. Sie lässt ihn nicht weiter reden, sich mit den ewig gleichen

Ausreden einlullen. Die Entschuldigung löst Verzweiflung in ihr aus. Ihr Ton wird barsch, sie wirft ihm vor, dass er nur an sich denke, dass ihm die Arbeit wichtiger sei als sie. Ihre Bedürfnisse würden in seinem Leben keine Rolle spielen. Ihre Verzweiflung wandelt sich in Aggression. Sie wirft den Ring, den er ihr geschenkt hat, auf den Tisch und schmettert die Wahrheit nach, dass sie sich mit einem anderen treffe.

Er ringt nach Worten. Sie verspürt keinerlei Mitleid. Der ganze Schmerz des Alleinseins, der sie erfasste, wenn sie abends auf ihn wartete, ergiesst sich in Wut gegen ihn.

Er schaut beschämt um sich, bemerkt die Blicke, die von den Nachbartischen zu ihnen herüber schielen. Er bittet sie, das Lokal mit ihm zu verlassen. Sie fragt ihn, ob er überhaupt verstanden habe, was sie ihm eben gesagt habe. Er beschwichtigt sie, will in Ruhe zu Hause alles klären. Ihm ist sichtlich unwohl, betreten wetzt er auf dem Stuhl. Nachdem ihre Wut sich entladen hat, sagt sie mit matter Stimme, dass es aus sei. Sie drückt die Zigarette aus, nimmt Tasche und Mantel und geht. Er bleibt reglos sitzen.

Als sie auf die Strasse tritt, weht ihr kalter Wind ins Gesicht. Eine Träne rollt ihre Wange hinunter. Sie weiss nicht, welche Richtung sie einschlagen soll. Der Boden unter ihren Füssen entgleitet ihr. Fünf Jahre ihres Lebens hat sie hinter sich gelassen. Auf das Danach ist sie nicht vorbereitet. Sie weiss nicht wohin. Ihren Körper durchzuckt Trennungsschmerz. Sie steigt in die Strassenbahn. Plötzlich verspürt sie Leichtigkeit. Alles, was sie in den letzten fünf Jahren bedrängt hat, lässt von ihr ab. Unbeschwertheit, fast Heiterkeit durchströmt sie. Sie wechselt die Strassenbahn, fährt in Richtung ihres Geliebten. Ihr Herz pocht, sie ist aufgeregt, denn sie weiss nicht, wie er reagieren wird. Von einer Beziehung war nie die Rede. Plötzlich wird sie nervös, steigt eine Station vorher aus, zündet eine Zigarette an und lehnt sich an eine Hauswand. Sie fragt sich, was sie von diesem anderen Mann wolle. Liebe? Wie soll eine Beziehung aufgebaut auf Trümmern funktionieren? Sie nimmt eine Strassenbahn, die in die Gegenrichtung fährt, und steigt am Bahnhof aus. Sie schreibt sich für eine Nacht in einem billigen Hotel ein, geht gleich aufs Zimmer und zieht sich aus. Nackt rollt sie sich in das steife Bettlaken. Seit langem gehört ihr Körper wieder ihr. Ihr alleine. Sie fühlt ihre Brüste sich heben und senken. Mit flacher Hand streift sie darüber, gleitet über ihren Bauchnabel. Sie tastet nach ihrer behaarten Vulva, spürt ihre Schamlippen. Sie dreht sich auf den Bauch, schläft ein. Alleine.

I

Der Mann in der Ecke schaut verstohlen zu ihr hinüber. Seine Augen wandern von ihrem dichten braunen Haar über ihre Lippen hinunter zum Kragen ihrer Bluse. Die drei obersten Knöpfe sind geöffnet. Er spürt, dass sie nervös ist. Ihre Augen blicken unruhig zum Eingang. Wen erwartet sie? Sie trägt einen Ring. Ihre Finger zittern.

Er ist erst seit kurzem in der Stadt. Er verliess den Ort, von dem er glaubte, dass er ihm die Sprache seiner Kindheit gestohlen habe. Die felsigen Mauern verschluckten seine Stimme, die schrie, wenn die Heimischen seine Herkunft verhöhnten.

In der Stadt ist er fremd. Er hat keine feste Arbeitsstelle, nur mit gelegentlichen Schreibaufträgen finanziert er seine Ausgaben. Sein Zimmer hat er in der Wohnung einer Mittvierzigerin bezogen, die mit ihrer Tochter dort lebt. Sie brauche das Geld, erklärte sie, als er sich vorstellte, deswegen vermiete sie das Zimmer. Meist hält er sich in der Bar gleich um die Ecke auf. Die Kellnerin hinter der Theke zwinkert ihm zu und stellt ein Bierglas vor ihm auf den Tresen. Er betrachtet die anwesenden Frauen; sieht sie. Ihr ganzer Körper scheint in Aufruhr, als ein Mann das Lokal betritt.

Er beobachtet sie aufmerksam. Sie zwingt ein Lächeln auf ihre Lippen, als der Mann auf sie zukommt. Er küsst sie. Wie schmecken diese Lippen? Sie zieht an ihrer Zigarette. Doch, zu hastig bläst sie den Rauch aus. Sie spricht laut, gestikuliert. Asche fällt ihr in den Schoss. Sie bemerkt es nicht. Sie zieht an ihrem Ring. Mühelos gleitet er den schmalen Finger entlang. Sie wirft den Ring auf den Tisch. Ihre Hände sind grazil. Lange gepflegte Fingernägel. Er flüstert ihr etwas zu, während eine Tischnachbarin hemmungslos glotzt. Doch sie steht auf, wirft ihr Haar zur Seite, streift mit ihrem Mantel die Schultern der Tischnachbarin, murmelt ihr etwas zu und hastet zur Tür. Der rote Vorhang verschluckt sie.

Er legt Kleingeld auf die Theke und verlässt die Ecke, in der er stand. Er geht vorbei an ihm. Für einen Augenblick empfindet er Mitleid mit ihm, wie er versunken auf den Ring starrt. Er wendet sich ab und tritt auf die Strasse, sieht sie gerade noch in die Strassenbahn einsteigen. Er ist unentschlossen. Soll er laufen? Er lässt es bleiben. Mechanisch schlägt er die Gegenrichtung der Strassenbahn ein. Er verbirgt sein Gesicht im Mantelkragen. Wind drückt an seine hohe Stirn. Ohne Ziel, ohne Gedanken geht er entlang der Häuserzeilen. Einige Wohnungen werden noch hell beleuchtet. Eine Strassenbahn hält an der Haltestelle, als er gerade vorbeigeht. Leute steigen ein und aus. Leere Gesichter, ein junges Paar, in sich selbst versunken. Er wandert weiter. Am Bahnhof begegnen ihm Nachtschwärmer, grölende Gruppen – und sie. Er sieht sie, als sie ein Hotel betritt. Er bleibt stehen, denkt er, doch seine Beine führen ihn zum Hotel. Er hört sich dem Mann an der Rezeption seinen Namen nennen. Nur eine Nacht. Er nimmt den Schlüssel, steigt die Treppe hoch und schliesst Nummer 9 auf. Es riecht nach abgestandener Luft. Im Badezimmer neigt er seinen Kopf ins Waschbecken, lässt Wasser fliessen. Er richtet sich auf, fährt mit flachen Händen über sein Gesicht und wendet sich vom Spiegel ab. Was er sieht, gefällt ihm nicht. Angezogen legt er sich aufs Bett, denkt an sie. Er steht wieder auf, geht die Treppe hinunter, setzt sich an die Hotelbar, bestellt.

Die Stadt, die ihn aufnahm, ihn aufsog, beeinflusst seinen Gemütszustand in nie gekanntem Masse. Er war jahrelang gebunden an ein Umfeld, vor dem er seine Herkunft verschwieg. Er sprach die raue Sprache des Bergvolkes und verlor zusehends die leisen Klänge, die seine Mutter und Grossmutter im Verborgenen sprachen. In der Stadt bewegt er sich so, als würde er schweben inmitten der Menschenmenge. Untergetaucht in den Schächten der hastenden Menge fliesst er dem grenzenlosen Nichts zu und fühlt sich frei. Manchmal reckt er seinen Hals und erhascht den flüchtigen Blick einer Frau. Dann zieht es ihn aus der Versenkung, doch es empfängt ihn nur kalter Wind. So geht er weiter den steinernen Zeugen einer Vergangenheit entlang, deren Teil er sich bisweilen zu sein glaubt. Er erinnert sich an ferne Geschichten über den Spieler, der in der Stadt gewesen sein soll. Er habe das Geld seiner Familie verschleudert, weil er seiner Spielsucht frönte. Er hört seine Grossmutter erzählen, wie der Spieler eines Tages vor ihrer Tür stand, den Hut in der Hand, den Kopf gesenkt. Das Kartenspiel übt keinerlei Reiz auf ihn aus, schon gar nicht sein weniges Geld zu verspielen. Er verspielte lediglich seinen Alltag, der ihm aufgrund seiner Anpassung Sicherheit gab. Er glaubt der Leere fest in die Augen zu schauen, dabei vergisst er die müden Augen seiner Grossmutter.

Manchmal begräbt er sich unter einer dicken Schicht aus Melancholie. Er lauscht der leisen Melodie und den traurigen Worten, mit welchen seine Grossmutter ihn in den Schlaf sang. Oft hört er ihre

Sprache in der Stadt. Er glaubte, sie vergessen zu haben. Doch wie erregt war er, als er die Tochter seiner Vermieterin das erste Mal sprechen hörte. Wie geborgen fühlte er sich in ihren Armen, ihren Worten lauschend. Der Klang ihrer Stimme gab ihm Heimat, die er verloren zu haben schien. Dann weht ihm der Wind unaussprechliches Glück zu. Glück, das er nicht zu benennen weiss, auch nicht braucht, da es keinen Grund für diese Art des Glücks bedarf. Das nicht benennbare Glück ist dem Nichts wesensverwandt. Reglos bewegt im glücklichen Nichts.

Als er, in der Bar in der Ecke stehend, sie sah, begriff er, dass es ein fassbares Glück gibt, das ebenfalls keinerlei Erklärungen benötigt, das im Sein-Zustand verharrt und sein Inneres tief zu bewegen vermag. Er stellt sich das hastige Auf und Ab ihrer Brust in Zeitlupe vor und versucht die Frequenz ihres Pulsschlages in ruhigem Zustand zu errechnen. Er erkennt, dass sie dem gleichen, wenn nicht gar demselben Rhythmus unterworfen sind. Der gemeinsamen Melodie erlegen, folgte er ihr aus der Bar. Nur zögernd liess er sie verklingen und fing sie schliesslich doch wieder ein.

Ein Hotel am Bahnhof, morgens, windig

Ihr Handy klingelt. Der schrille Ton weckt sie aus ihrem unruhigen Schlaf. Ihre Stimme klingt verschlafen, als sie abnimmt, gedämpft vor Müdigkeit. Es beruhigt ihn, gibt ihm Hoffnung, dass sie mit sich reden lassen wird. Er grüsst sie, stockt, weil er nicht mehr weiss, was er ihr sagen wollte. Dann fragt er endlich, ob sie nicht noch einmal miteinander sprechen wollen.

Sie antwortet nicht sogleich. Sie ruft sich den gestrigen Abend in Erinnerung und weiss, dass sie sich der Situation stellen muss.

Es gab eine Zeit, da sie ihn liebte. Jetzt fragt sie sich, ob sie richtig gehandelt hat. Plötzlich ist sie unsicher. Sie willigt ein, mit ihm zu sprechen und nennt ihm einen Platz, wo sie sich mit ihm treffen will. Er bittet sie nach Hause zu kommen. Sie verneint und legt auf.

Einen Moment lang bleibt sie reglos auf dem Bett sitzen. Sie fühlt sich schwach, ihr Körper gleicht einer Hülle, die im Begriff ist zu zerfallen. Nur ihr Herz schlägt nervös, hämmert bis in ihren Schädel. Mühsam erhebt sie sich, bewegt ihre Beine ins Bad. Ihr schwindelt. Sie stützt sich mit beiden Armen auf den Beckenrand. Im Spiegel blicken sie kleine Augen an, umrandet von dunklen Ringen. Sie weiss, dass sie die gemeinsame Wohnung verlassen muss. Sie setzt sich auf die Kloschüssel. Sie glaubt, dass er sie bedrängen, ihr alles verzeihen wird. Sie steigt in die Duschkabine, lässt Wasser fliessen. Es schaudert ihr. Sie dreht heisses Wasser auf. Nachdem sie sich trocken gerubbelt hat, ruft sie in der Firma an, in der sie arbeitet, und gibt vor, krank zu sein.

Sie zieht sich an. Ihre Kleider riechen nach Rauch. Morgensonne scheint ins Zimmer. Sie zündet sich eine Zigarette an, zieht die Gardinen beiseite. Sonnenstrahlen wärmen ihr Gesicht.

Als sie ihn kennen lernte, war sie noch ein Mädchen. Sie aber wollte eine Frau sein und liess sich dankbar auf ihn ein. Schon bald zeigte sich, dass er ihren Wunsch nicht erfüllen konnte. Sie wollte es erst nicht wahrhaben, kämpfte dagegen an. Solange bis sie ihre Liebe zu ihm verlor. Solange bis sie in die Arme eines anderen Mannes gelangte.

Sie hatte sich in ein Nebelmeer drängen lassen, das ihren Blick auf das, was sie in Wahrheit wollte, trübte. Trugbilder flackerten auf und verschwanden wieder. Ihr Wunsch eine Frau zu sein, trieb sie in Grauzonen, die sich verdichteten und sie gefangen nahmen. Ihr verzweifeltes Handeln erschöpfte sich im Stillstand, bis sie schliesslich angsterfüllt auf einer

Stelle verharrte. Um sie herum trieben Nebelschwaden, Stimmen drangen in sie ein, verliessen sie, kamen wieder. Das Mädchen erlosch, die Frau, die sie bisweilen zu sein schien, starb und hinterliess ein neurotisches Geschöpf, das peinlich genau darauf achtete, den Geruch von Sex wegzuwaschen.

Sie traf ihn an einem Fest, wohin ihr Freund sie mitgenommen hatte. Sie stellte sich griesgrämig auf einen langweiligen Abend ein, auch wenn sie es sich nicht anmerken liess. Wie ihr Freund es von ihr erwartete, kleidete sie sich angemessen, schminkte sich dezent. Sie ass Häppchen, trank bedächtig Wein. Als sie es schliesslich nicht mehr aushielt, ging sie auf den Balkon, um zu rauchen. Diese Gesellschaft widerte sie an. Sie rauchte in die warme Nacht hinein, als sie den Geruch von Aftershave neben sich wahrnahm.

Der Fremde bemerkte, dass sie sich nicht wohl fühlte. Seine Stimme war tief, ruhig, ohne Vibration. Sie drehte sich um ihre Achse und lehnte sich an das Balkongeländer. Langsam bliess sie Rauch aus ihrem Mund, drehte ihr Gesicht zu ihm. Ihre dunklen Haare schimmerten im Licht der Girlanden. Sie fragte ihn, ob er wisse, dass der Orgasmus der kleine Bruder des Todes sei.

Ein Platz, Vormittag

Der Sonnenschein ist trügerisch, die Luft ist kalt, sodass der Atem sichtbar wird. Sie friert, hält die Arme vor dem Körper verschränkt, als er auf sie zukommt. Der Hauch seines Atems berührt fast den ihren. Sie weicht aus. Unschlüssig, wie sie sich einander gegenüber verhalten sollen, blicken beide nervös in verschiedene Richtungen.

Am frühen Morgen, als er aufwachte, hoffte er noch, dass sich die Situation, in der er sich befand, als ein Irrtum herausstellen würde, dass der gestrige Abend ein Versehen gewesen war. Doch das Kissen und die Bettdecke an seiner Seite waren in einem ungebrauchten Zustand, im Bad verriet nichts ihre Anwesenheit. Die Wohnung war leer.

Sie beendet das beklemmende Verharren auf der Stelle, indem sie sich in Bewegung setzt. Er folgt ihr träge, holt sie ein und fragt sie, wie es weitergehen solle.

Dass sie sich nicht in der Wohnung mit ihm treffen wollte, deutete auf den Ernst der Lage. Er erschrak, bemerkte, dass etwas über ihn hereinfiel, das er nicht zu kontrollieren wusste. Es war nicht das erste Mal, dass ihre Beziehung zu scheitern drohte.

Sie antwortet ihm, dass sie ausziehen werde. Nach einigen Schritten, währenddessen beide schweigen, sagt er, dass er sie nicht verlieren und all die gemeinsamen Jahre wegwerfen wolle.

Sie erwidert, dass all die Jahre eine Lüge waren. Er fragt sie, ob sie ihn nicht mehr liebe. Sie bleibt stehen, sucht seine Augen. Ihre Gesichtszüge verraten Schmerz. Sie habe ihn geliebt damals. Nur, er habe diese Liebe nicht erwidern können, bis sie erlosch.

Er ist verzweifelt, versteht nicht, weshalb sie nicht schon viel früher mit ihm gesprochen habe. Unberührt hält sie ihm vor, dass er zu beschäftigt gewesen sei, ihr zuzuhören.

Allmählich kommt ihm zu Bewusstsein, dass sie gestern von einem anderen Mann gesprochen hat. Der Gedanke, dass ein anderer seine Freundin berührte, schmerzt ihn zusehends. Er schaut sie an und sucht nach dem Mädchen, das er vor Jahren kennen gelernt hat. Es ist eine Frau geworden mit dunklen Schatten im Gesicht. Mattigkeit hat den einstigen Glanz ihrer Augen verschluckt. Auf einmal erscheint sie ihm hässlich. Er fragt sie, seit wann sie sich mit dem anderen treffe.

Sie geht nicht auf die Frage ein. Sie fühlt sich leer, hört ihn auf eine Antwort drängen. Sie weiss, dass sie ihm schuldig ist zu antworten. Und doch vermag sie es nicht. Es fehlt ihr die Wut, die sie gestern Abend antrieb, ihm ins Gesicht zu speien. Sie fühlt sich zu schwach. Stattdessen fragt sie, ob er denn nicht arbeiten müsse.

Er bleibt stehen, packt sie an den Schultern, schüttelt sie und will wissen, was passiert sei. Ihr wird übel, sie kann sich kaum gerade halten. Gequält schaut sie an ihm vorbei, bis er sie mit einer brüsken Bewegung loslässt. Sie macht einen Schritt zurück. Einen Moment lang ist sie versucht, wegzulaufen. Widersteht aber und sagt ihm, dass sie vorübergehend bei einer Freundin bleiben werde. Er fragt, ob sie nicht zum anderen gehen werde. Ihre Antwort ist ein spitzes Nein. Er fleht sie an, ihm die Wahrheit zu sagen. Sie habe ihm gestern schon alles gesagt. Sein Warum verweht im Wind, der unaufhörlich bläst.

Sie hat sich gefangen, ihre Schritte werden bestimmter und ihre Stimme milder, als sie endlich sagt, dass sie fremdgegangen sei, weil sie unglücklich war. Er fühlt sich erschlagen. Er sieht sie, sich eine Zigarette anzünden und bemerkt, dass ihre Finger gelb gefärbt sind. Er hat ihr oft gesagt, sie solle aufhören zu rauchen. Es fehlte ihr der Wille. Wenn sie gewollt hätte, dass die Beziehung intakt bliebe, hätte sie von Anfang an mit ihm gesprochen. Ihm fällt auf, dass sie sich nicht einmal entschuldigt für das, was sie getan hat. Ohne sich zu verabschieden, dreht er sich um und geht zurück, bis er rechts in die Strasse einbiegt und sich ihrem Blickfeld entzieht. Sie bleibt stehen und schaut ihm nach. Tränen steigen ihr in die Augen. Es ist aus.

II

Als er aufwacht, ist es bereits Vormittag. Sein Schädel schmerzt, seine Glieder bewegen sich nur schwerfällig. Er schaut auf die Uhr, schlägt die Decke zur Seite und sieht, dass er vollständig angezogen ist. Im Bad zieht er sich aus und duscht. Als er nach Hotelseife riechend aus dem Zimmer tritt, hört er die Putzfrau im Zimmer nebenan hantieren. Schnell steigt er die Treppe hinunter, zahlt und geht.

Draussen friert er. Er hastet in die Strassenbahn, um zur Bar an der Ecke zu fahren. Er setzt sich an einen freien Tisch. Ohne bestellt zu haben, bringt ihm die Kellnerin einen Espresso. Sie lächelt ihn mitleidig an. Er nickt ihr zu. Das Koffein dringt in seinen Blutkreislauf, belebt ihn. Der gestrige Abend tritt ihm in Erinnerung. Die Bilder der Frau flimmern in seinen Gedanken. Er sieht zu dem Tisch hinüber, an dem sich die Trennungsszene abgespielt hat. Er versucht, den Grund zu erforschen, warum er heute Morgen im Hotel aufwachte. Er erinnert sich, der Frau gefolgt zu sein.

Diese Frau lässt in ihm die wilde Kraft entstehen, nach einem Moment zu greifen, ihn zu fassen und nie mehr loszulassen. Er vergisst, dass seine Grossmutter erzählte, dass der Spieler nicht lange geblieben war. Er verkaufte eine Landparzelle und verliess sie angetrieben von seiner Sucht. Nachdem er sich verabschiedet hatte, setzte er den Hut auf und ging. Die Grossmutter flehte ihn an zu bleiben. Ihre Worte wehten ihm nach, doch er hörte sie erst, als er blutend auf die Knie fiel. Das Land, das er verkauft hatte, gehörte seinem Bruder, er zahlte es mit seinem Leben zurück. Die Grossmutter behielt den Hut und den Schmerz für sich.

Einmal, er war noch ein Kind, ging er ins unbewohnte Haus seiner Grossmutter, als sie und seine Eltern schon längst ausgewandert waren und nur die Sommermonate in der Heimat verbrachten. Modriger Geruch stieg ihm in die Nase, seine Schritte hinterliessen eine Spur auf dem staubigen Steinboden. Er ging auf die schwere Holztruhe zu, die in einer Ecke stand und öffnete sie. Unter zerbeulten Stoffen und Papierfetzen fand er den Hut. Er setzte ihn auf und wusste, dass er verloren war.

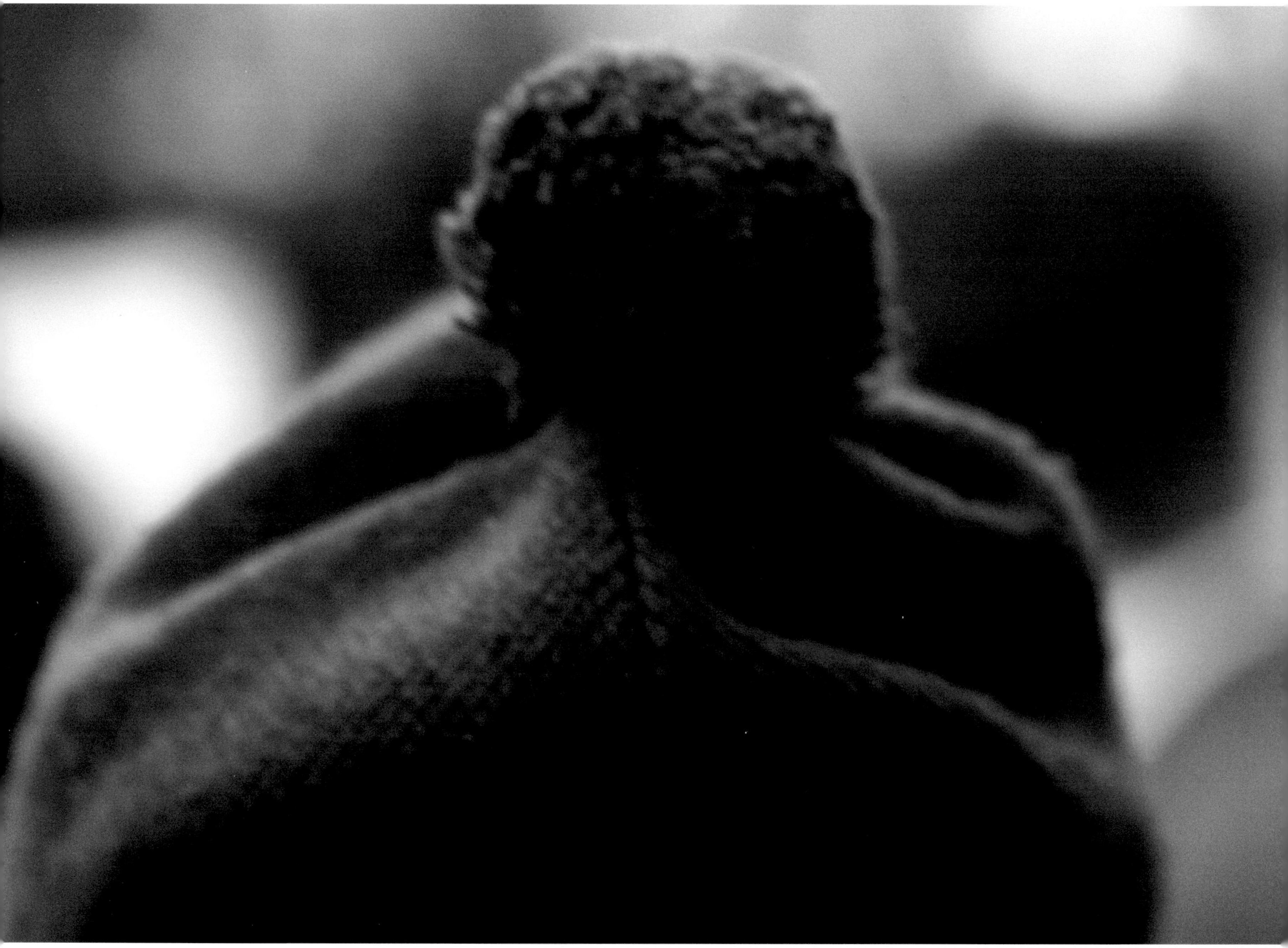

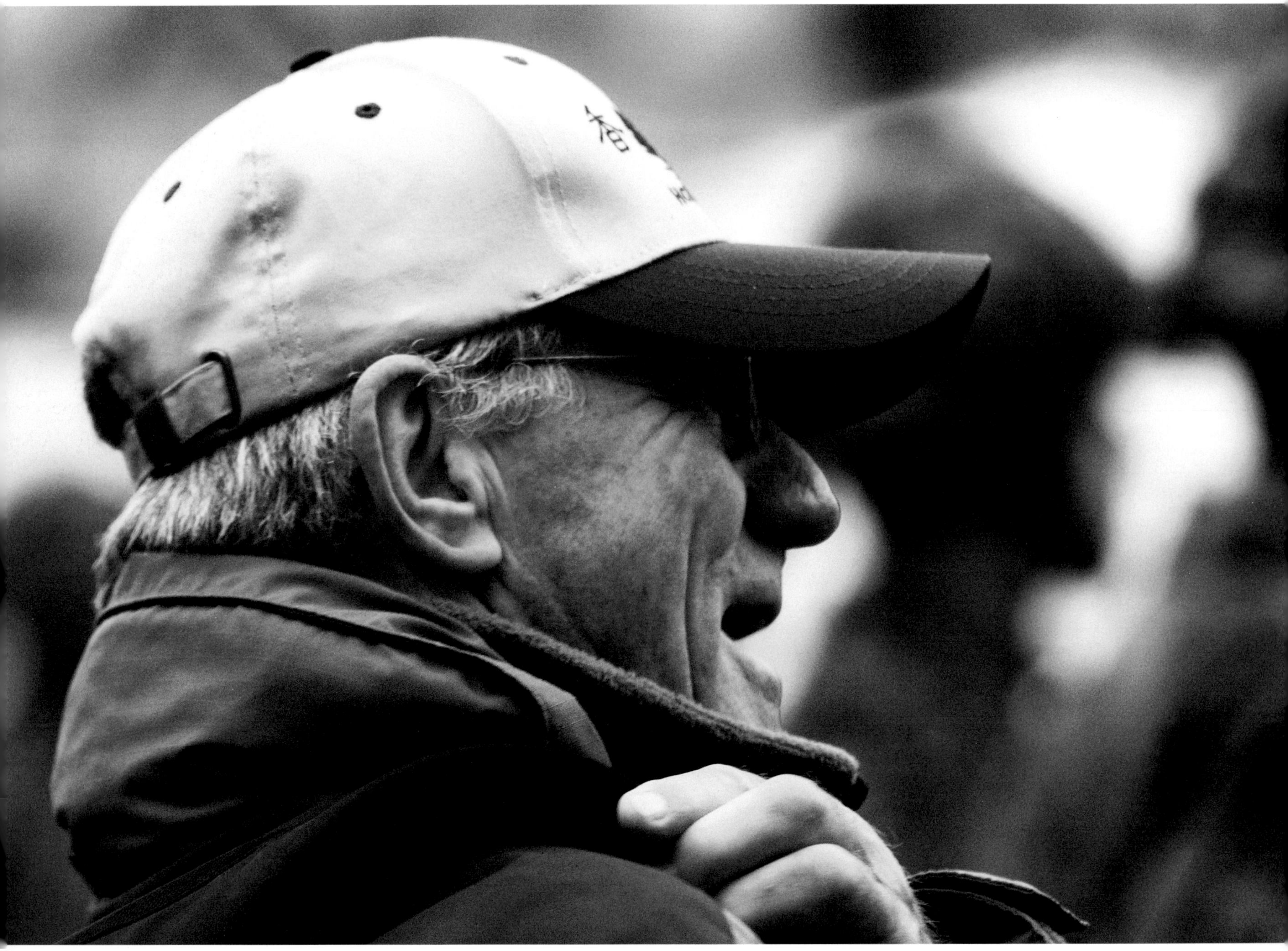

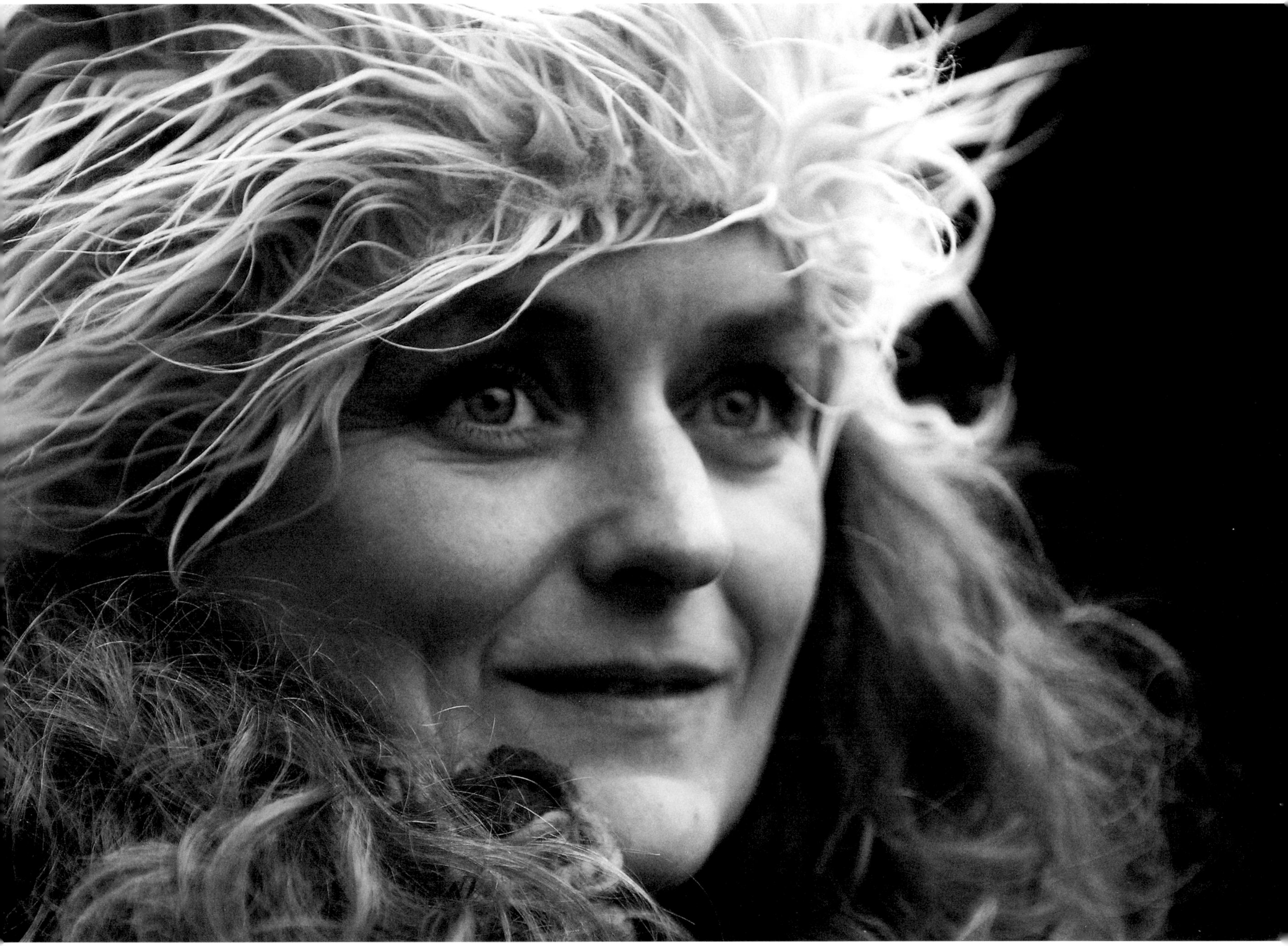

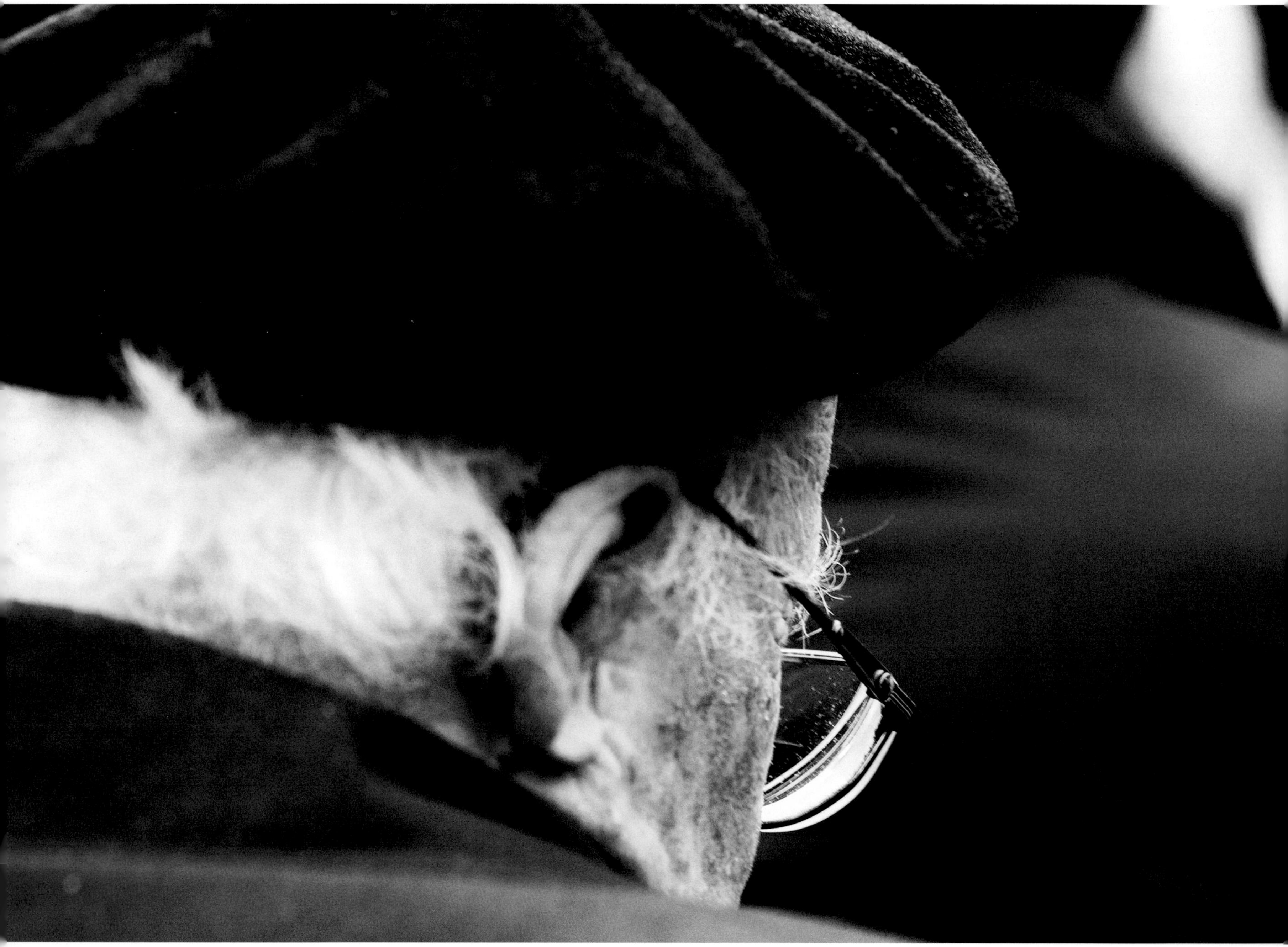

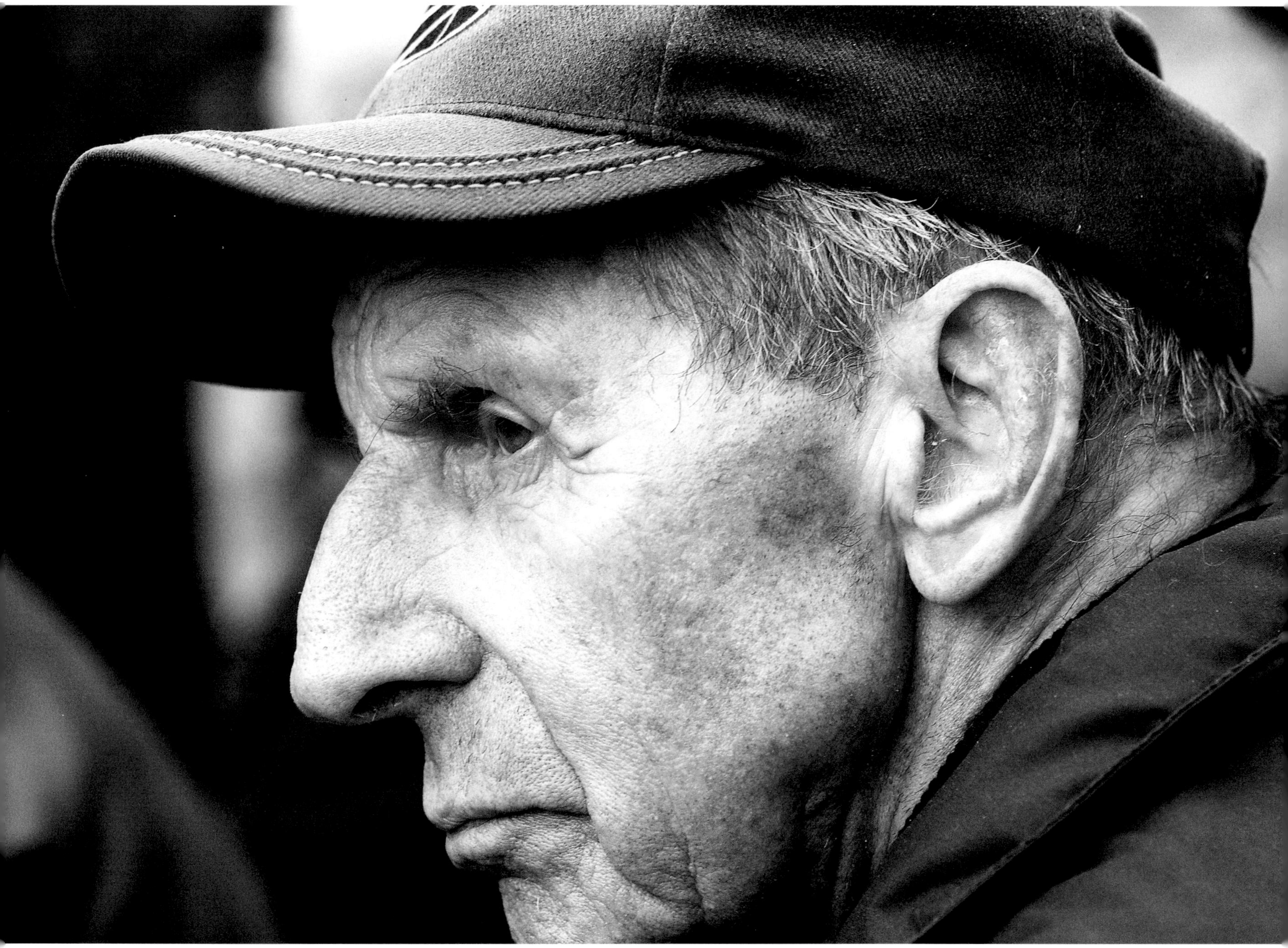

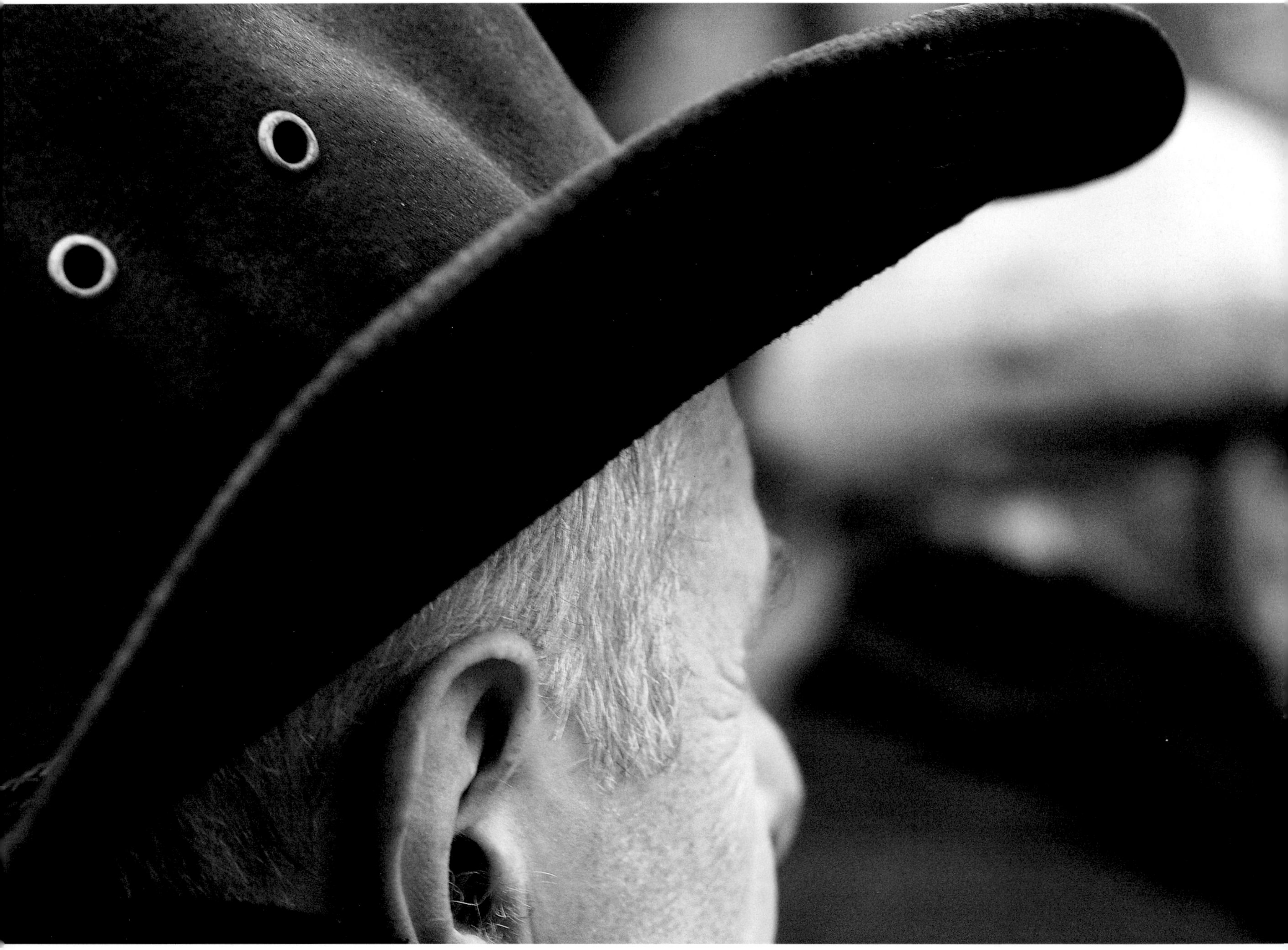

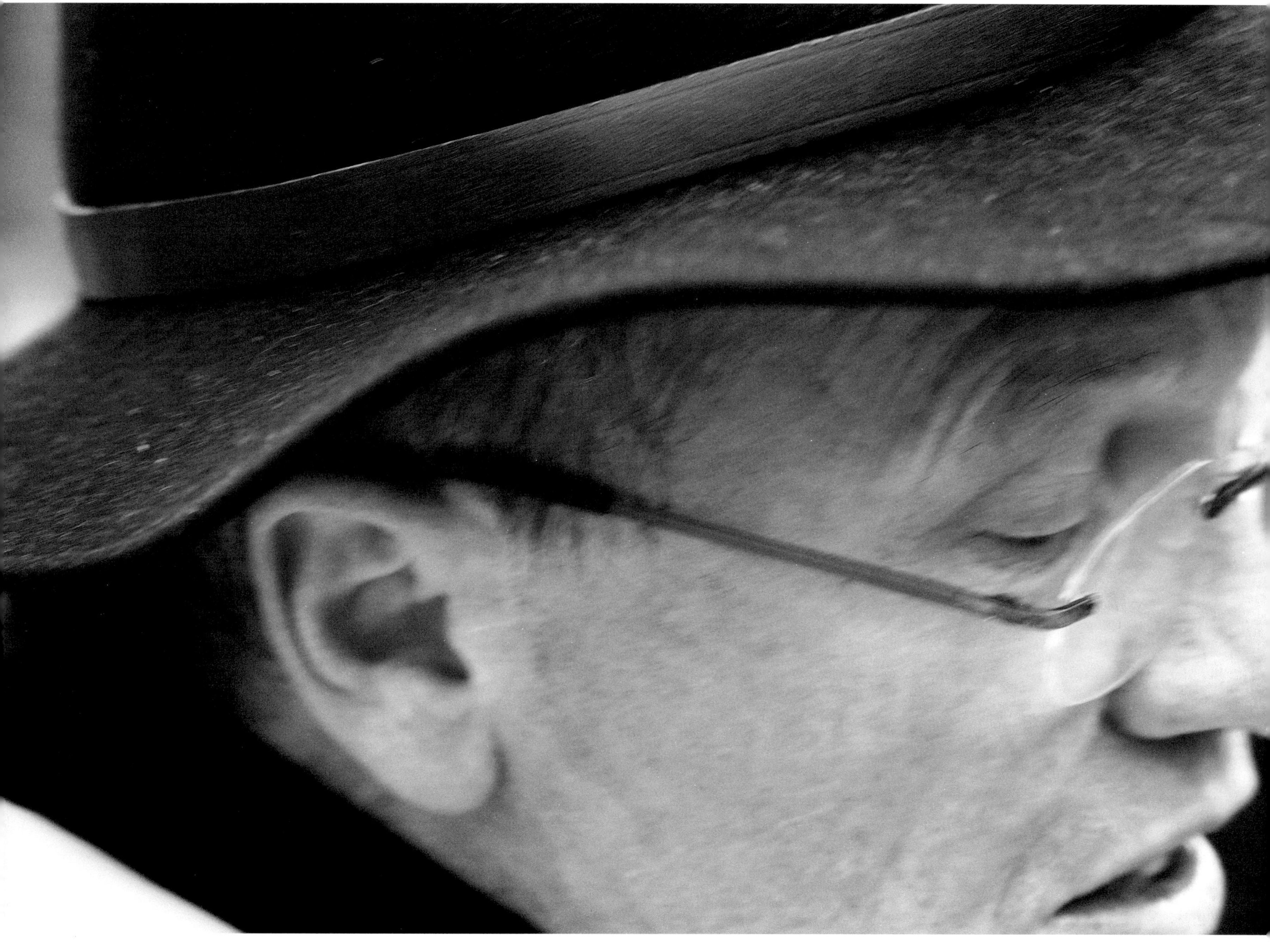

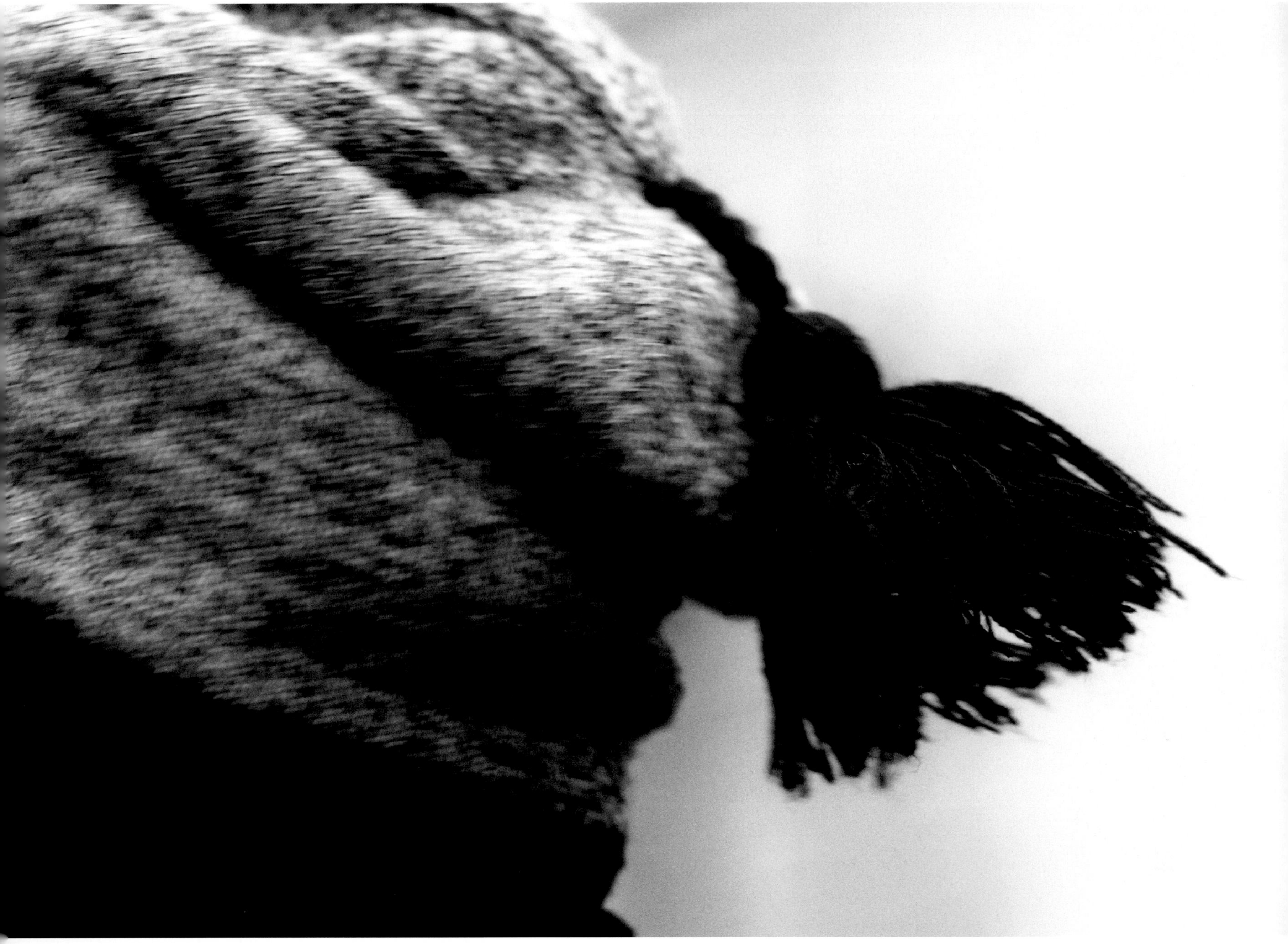

207

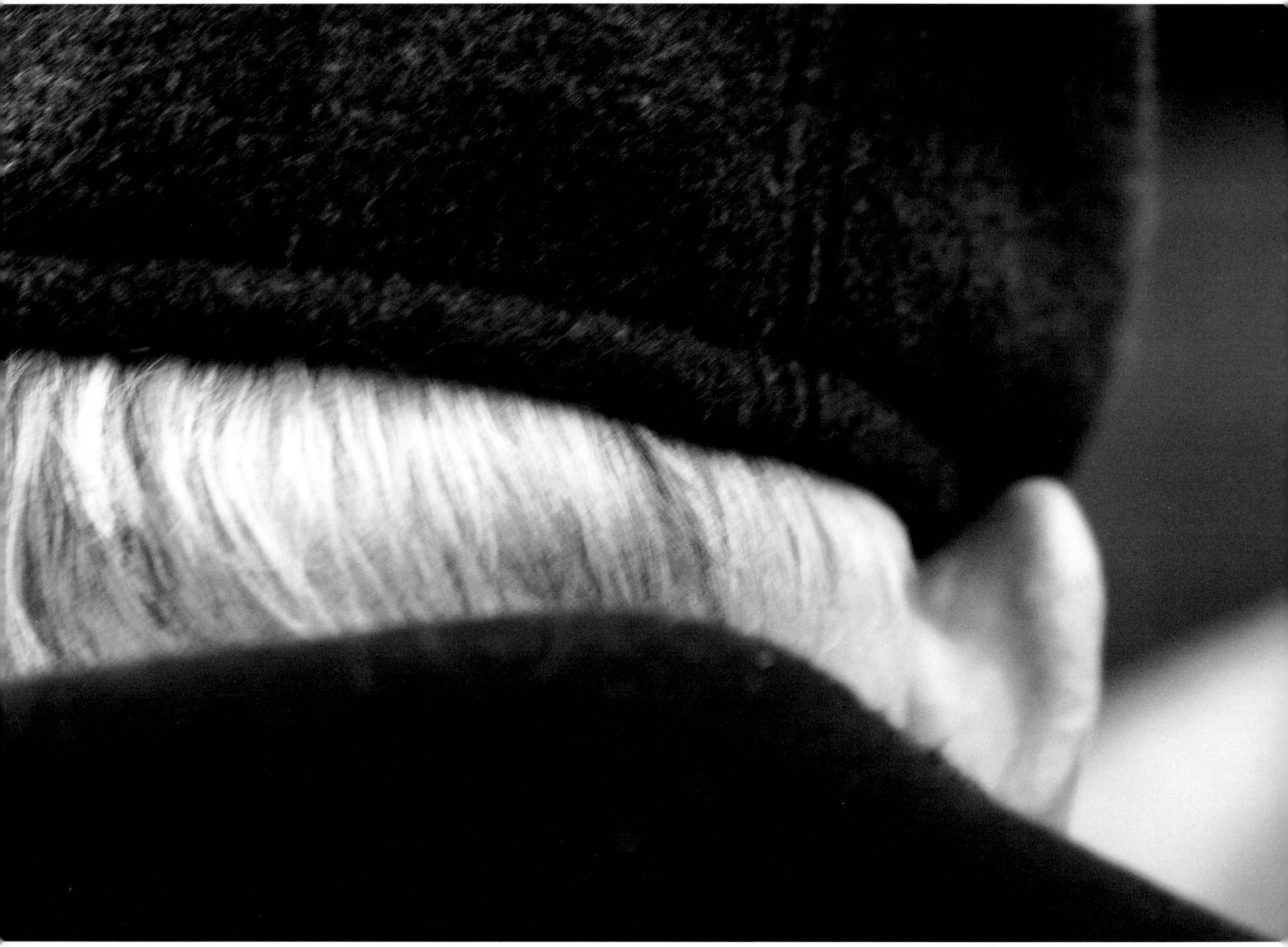

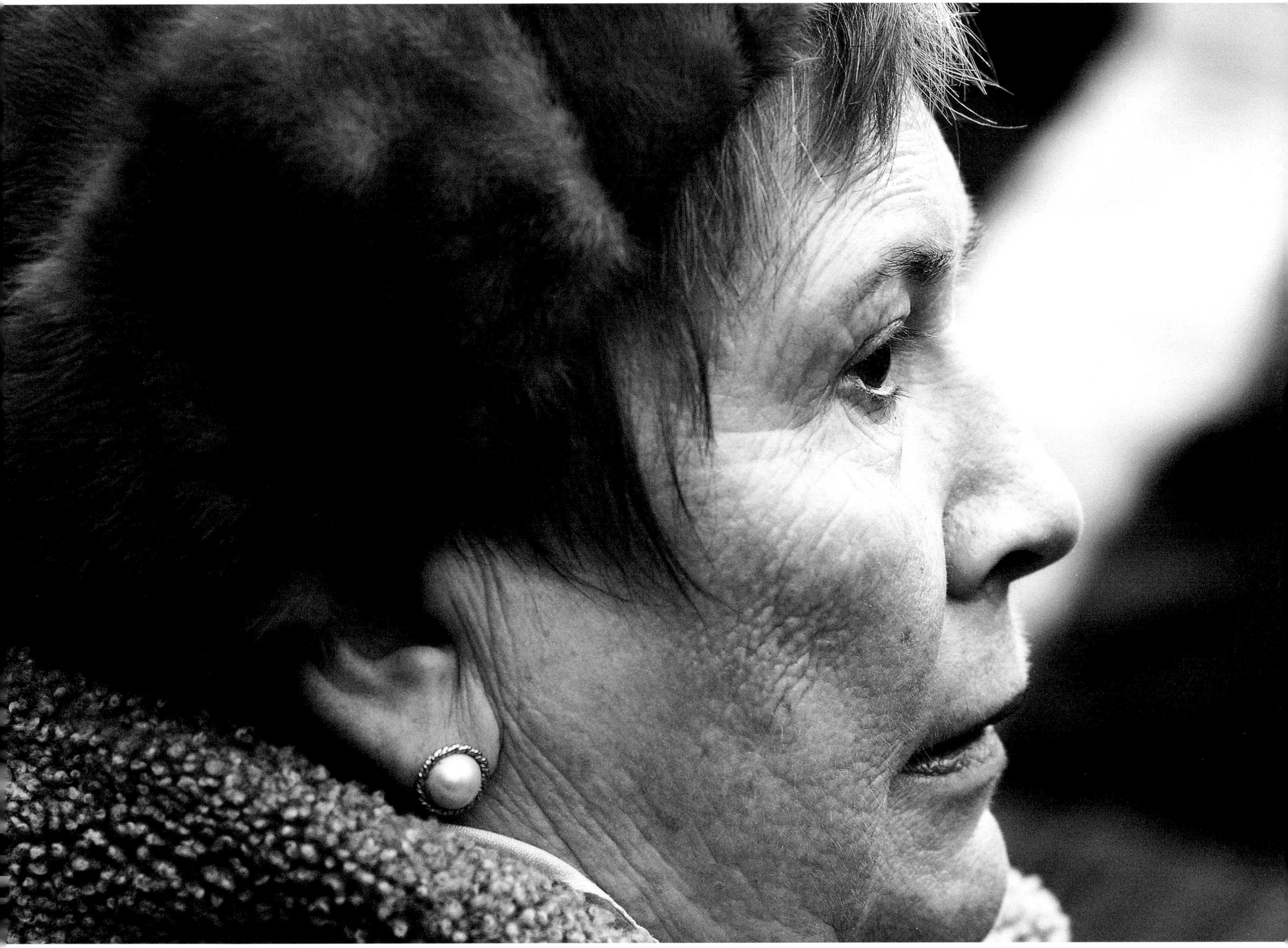

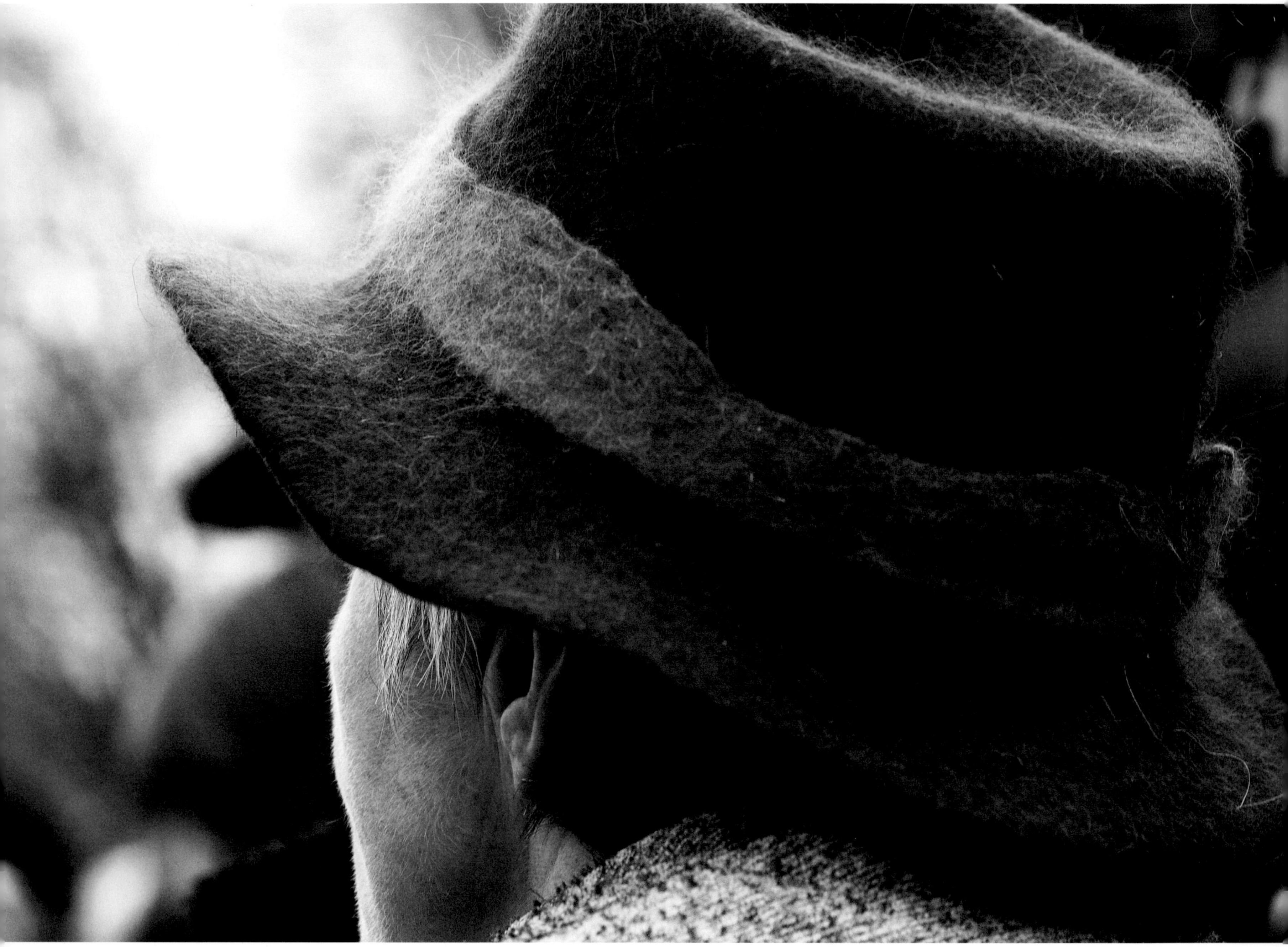

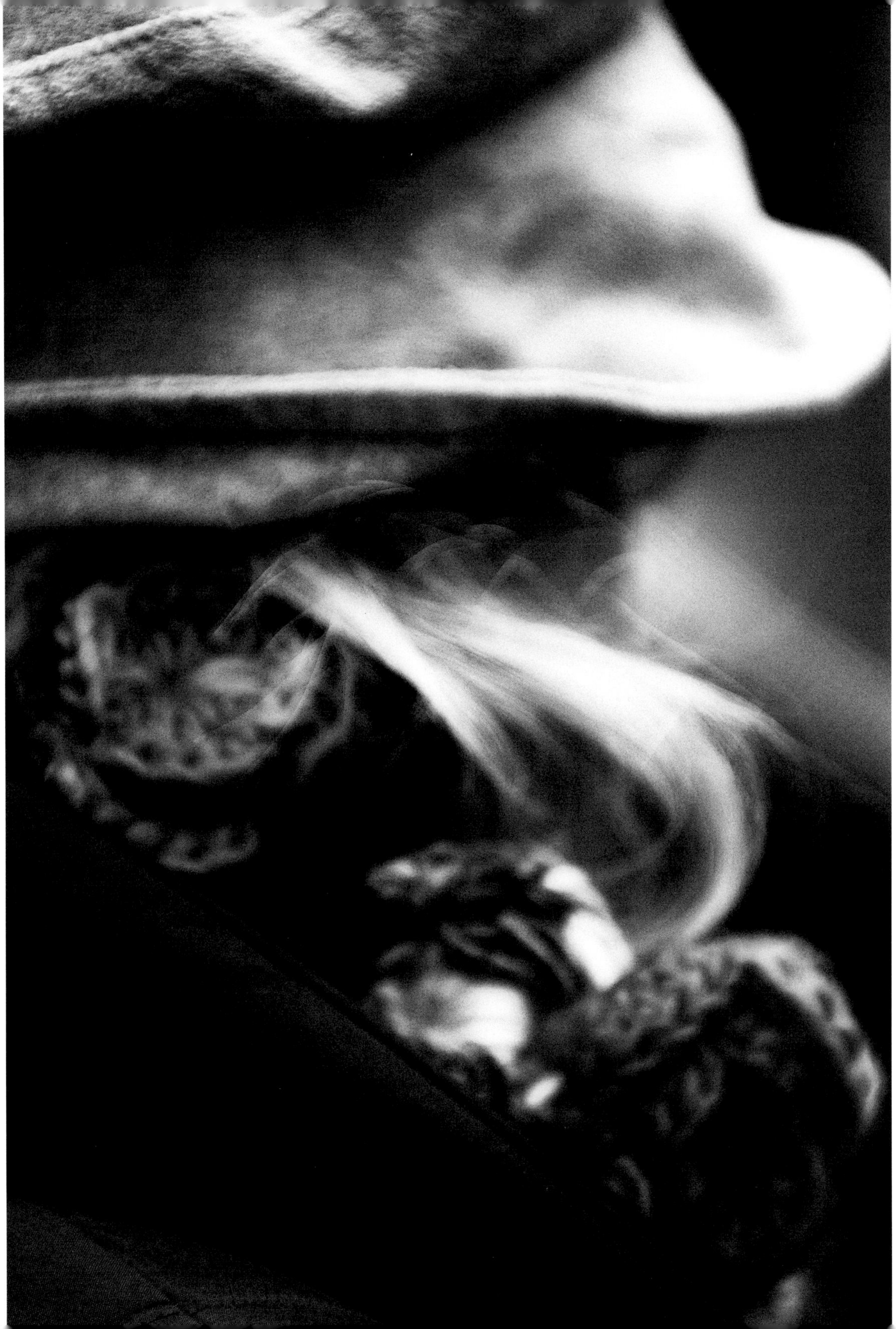

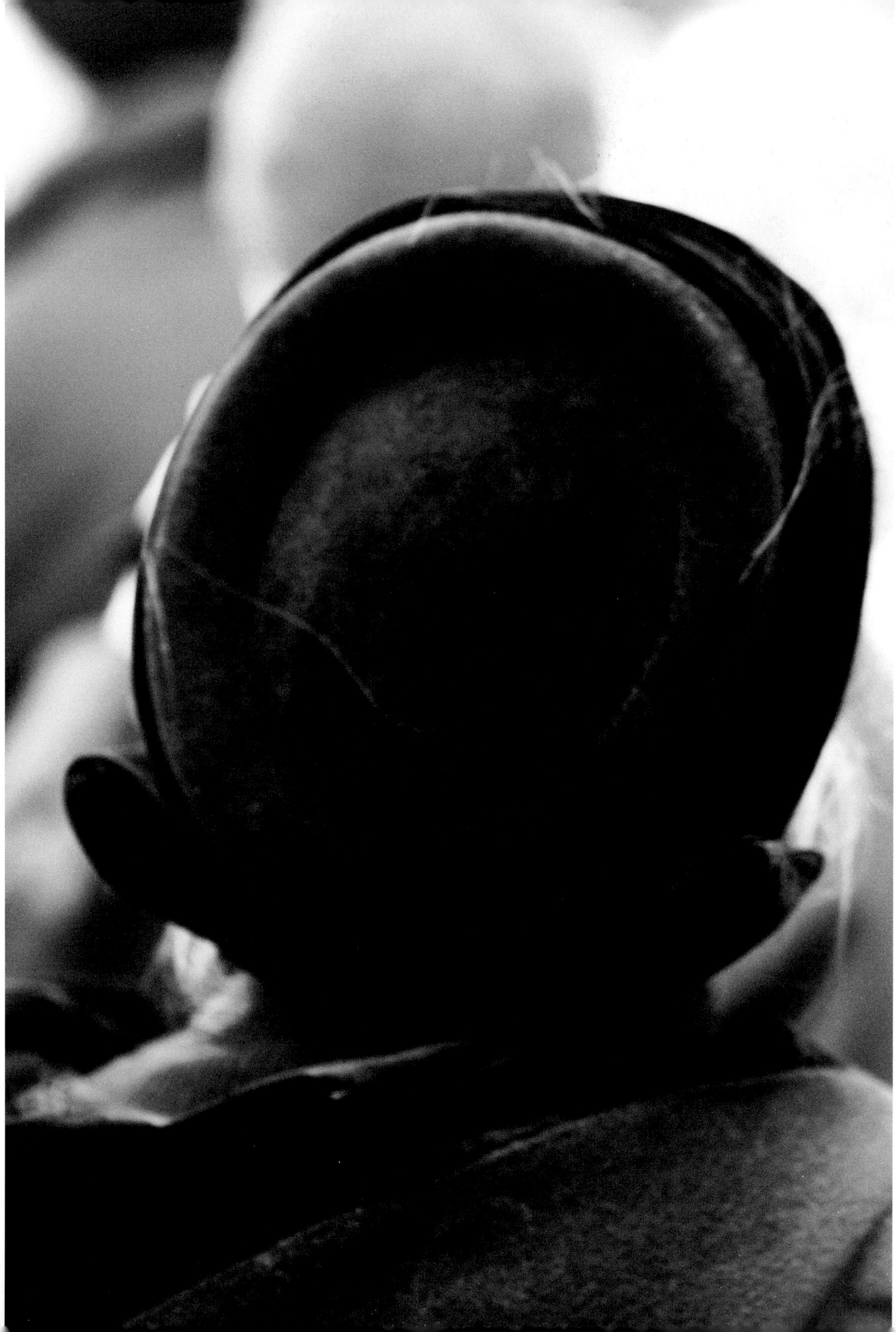

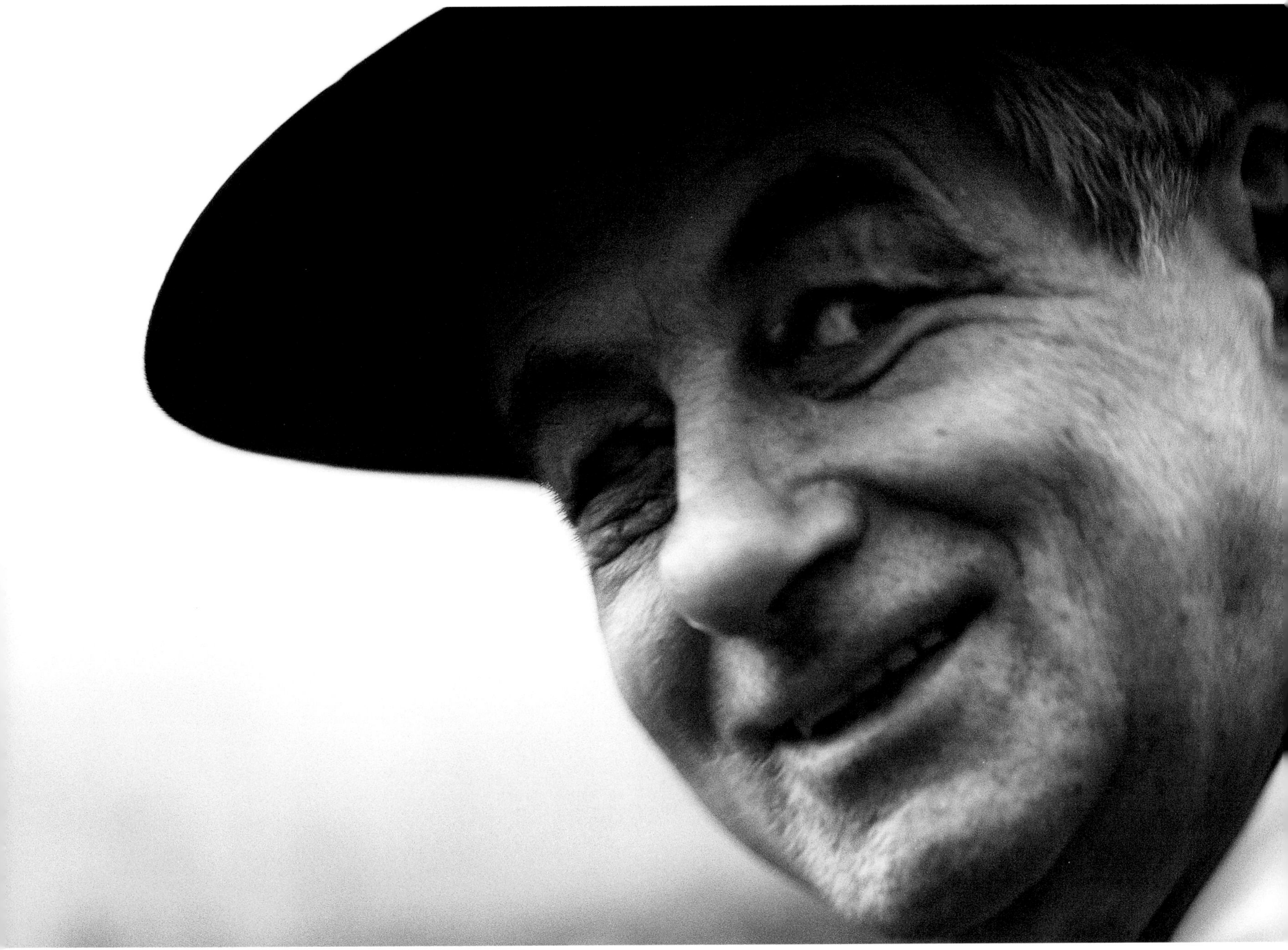

Autorinnen und Autoren
Fotografinnen und Fotograf

Beglinger Barbara, geboren 1976 in Glarus. Freischaffende Fotografin. Verschiedene Ausstellungen im Glarnerland. Lebt in Mollis.

Bertini Richard, geboren 1952, Journalist, 24 Jahre bei Radio und Fernsehen DRS, jetzt selbstständig. Herausgeber von bisher sieben Tonträgern mit Witzen. Sehr gefragter Alleinunterhalter und Conferencier als «Zigermanndli». Leidenschaftlicher Musiker.

Billeter Nicole, geboren 1971 in Zürich, Historikerin, verschiedene Publikationen, u.a. «Rhabarbern im Klostergarten. Ein historischer Kriminalroman. Zürich, 1596» und Beiträge zu Krieg und Frieden. Lebt in Richterswil ZH.

Breitenmoser Ivar, geboren 1951 in Näfels. Studium der Germanistik, Geschichte und Philosophie. Lehrertätigkeit u.a. Deutschlehrer für Fremdsprachige. Verschiedene Poesie-Werke. Auszeichnungen: u.a. Förderpreis des Migros Genossenschaftsbundes, Ehrengabe des Kantons Zürich. Lebt in Zürich.

Brägger Bernhard, geboren in Zürich, aufgewachsen in Frutigen, wohnhaft in Hünenberg. Primarlehrer im Kanton Uri, Organisator von Hilfseinsätzen, Kultur- und Sportanlässen. Diverse Publikationen u.a. zum Klausenrennen.

Brunner Christoph H., geboren 1938 in Zürich, aufgewachsen in Ennenda, Historiker, verschiedene Publikationen, u.a. «Glarner Geschichte in Geschichten». Lebt in Mitlödi.

Brunner Margrit, geboren 1951 in Uster, Mitbegründerin der «Allyren» (einer Gruppe moderner Lyrikerinnen aus der Schweiz und Deutschland), Publikationen seit 1986 in zahllosen Anthologien, Zeitschriften etc. Bücher: «wort für wort» und «die liebe ist nicht was ihr denkt». Herausgeberin von «Satzkarten». Lebt in Glarus.

Brunner-Müller Melanie, geboren 1974 in Glarus. Studium der Staatswissenschaften an der Universität St. Gallen, freischaffende Journalistin und Redaktorin. Lebt in Udligenswil LU.

Davatz Jürg, geboren 1942, aufgewachsen in St. Gallen. Primarlehrer, promovierter Kunsthistoriker, 1982 – 2005 glarnerischer Kulturbeauftragter, 1980 – 2007 Leiter des Museums des Landes Glarus. Verfasser und Herausgeber zahlreicher Publikationen, hauptsächlich zur glarnerischen Geschichte und Kunstgeschichte. Lebt seit 2005 in Degersheim SG.

Dürst Heidy, geboren 1956, aufgewachsen in Diesbach. Ausbildungen in Pflege, Pädagogik und Musik. Berufstätigkeit in Aus- und Weiterbildung, heute freischaffend. Verschiedene Publikationen von Gedichten, Mitbeteiligung an diversen Anthologien. Lebt in der Nähe von Zürich.

Glavac Monika, geboren 1979 in Glarus. Germanistin. Doktorandin an der Universität Zürich und Journalistin bei der «Südostschweiz». Lebt in Zürich.

Hahn Michaela, geboren 1959. Sozialpädagogin FHS, Mutter von vier Kindern. Fotografiert projektbezogen als Assistentin von Fridolin Walcher (Expo 02, Belo Horizonte u.a.).

Hauser Fridolin, geboren 1939 in Näfels, Lehrer, Berufsschullehrer, Instruktor Landis & Gyr, Zug, Swissair, Kloten; 13 Jahre Rektor: Schulen des Bezirks Einsiedeln und Dozent: Stiftschule Einsiedeln. 1986 – 1994 Gemeindepräsident in Näfels. Verschiedene Publikationen u.a. «Näfelser Geschichte(n)», CD mit Näfelser Sagen, Wochenkolumne beim «Fridolin», Schwanden GL. Pseudonyme «Fridli Osterhazy», «Pankraz» u.a. Kulturpreis der Gemeinde Näfels.

Hefti-Rüegg Trudi, geboren 1930 in Hätzingen, Hausfrau und Mutter von vier Kindern. Gemeinnützige Arbeit für Dorf, Kirchen, Alterswohnungen etc. Lebt in Luchsingen.

Hertach Ruedi, geboren 1955 in Glarus, aufgewachsen in Niederurnen. Dr. iur., Redaktor der «Südostschweiz (vormals Chefredaktor der «Glarner Nachrichten» bzw. Redaktionsleiter der «Südostschweiz» Glarus und Gaster-See). Lebt in Glarus.

Jakober Fridolin, geboren 1961 in Glarus, Schriftsteller und Texter, verschiedene Publikationen in Lyrik und Prosa. Lebt in Bonaduz GR.

Kamm-Luchsinger Fritz, 1914 – 2005, Primarlehrer in Schwanden 1935 – 1980. Erster «Grüner» im Kanton Glarus (Restwasser Linth im Tierfehd, Schutz Hüttenböschen und Gäsi vor Ferienhausbauten, Bewahrung vor Abbruch der Stadtschule Glarus, heute Landesbibliothek). Diverse Veröffentlichungen u.a. «Seit Wochen, …Monaten, ja seit …Jahren pensioniert».

Kara Ziya, geboren 1952 in der Türkei. Seit 1979 in der Schweiz. Schriftsteller. Veröffentlichungen von Gedichten und Kurzgeschichten in Zeitschriften, Zeitungen und Anthologien. Lebt in Mollis.

Kleinknecht Olivia, geboren 1960 in Stuttgart, Promotion in Rechtswissenschaft am Europäischen Hochschulinstitut, Florenz. Malerin, Autorin. Publikation mehrerer Romane. Lebt in Filzbach und in Ludwigsburg.

Krohn Jan, geboren 1962 in Hamburg, mit fünf Jahren nach Glarus verpflanzt. Jetzt blüht er als Werbe- und Songtexter in Zürich. Herausgabe von verschiedenen Publikationen, Hörspielen und CDs.

Krohn Tim, geboren 1965, wuchs in Glarus auf, lebt als freier Schriftsteller in Zürich. Doziert kreatives Schreiben am Literaturinstitut Biel. Diverse Romane u.a. «Quatemberkinder – und wie das Vreneli die Gletscher brünnen machte» und «Vrenelis Gärtli».

Leiser Herbert, geboren 1941 in Näfels, Schauspieler, Regisseur, Bildhauer, Illustrator und vieles mehr, lebt seit vier Jahren in Obstalden.

Monioudis Perikles, geboren 1966 in Glarus, lebt in Zürich und Berlin. Für seine in mehrere Sprachen übersetzten Bücher (u.a. «Deutschlandflug», «Freulers Rückkehr») wurde er vielfach ausgezeichnet, etwa mit dem Hermann-Ganz-Preis des Schweizerischen Schriftstellerverbands und dem Conrad-Ferdinand-Meyer-Preis. Zuletzt erschien der Roman «Land» (2007).

Müller-Nienstedt Hans-Rudolf, geboren 1944 in Näfels, Dr.med., Spezialarzt FMH für Kinder- und Jugendpsychiatrie und Psychotherapie, seit 1985 eigene Praxis in Kreuzlingen, wo er auch wohnhaft ist. Mehrere Publikationen zur Psychotherapie mit Kindern, Jugendlichen und Familien sowie zur Organtransplantation «Geliehenes Leben. Tagebuch einer Transplantation» (1996).

Nowak-Speich Regula, geboren 1966 in Zürich. Promovierte Staatswissenschafterin. Seit 1996 Kommunikations- und PR-Fachfrau in Europa und Asien. Gründerin und Inhaberin der Firma Publino als selbständige Publizistin. Lebt in Spiez.

Nufer Günther, geboren 1939 in Baden-Baden. Dr.iur. Dr.h.c., Jurastudium in Freiburg i.Br., Strassburg und Paris. 32 Jahre Bürgermeister der Stadt Bad Säckingen. Zahlreiche Publikationen zu kommunalpolitischen Themen, insbesondere zur Stadterneuerung, zum Umweltschutz und zum öffentlich-rechtlichen Bankenwesen sowie zur Rehabilitationsforschung und zur Qualitätskontrolle in der Medizin. Kulturpreisträger von Näfels.

Peter-Kubli Susanne, geboren 1963 in Glarus, aufgewachsen in Netstal. Freischaffende Historikerin. Verschiedene Publikationen zur Glarner Geschichte, Redaktorin des Jahrbuchs des Historischen Vereins des Kantons Glarus. Lebt in Wädenswil.

Rhyner Roger, geboren 1971 in Glarus. Radiojournalist, wohnhaft in Riedern GL.
Co-Autoren des Hörspiels: Beni Landolt, Transportunternehmer, wohnhaft in Glarus, und Bruno Schwitter, Coiffeur, wohnhaft in Näfels.

Schmidt Albert, geboren 1942 in Engi, Lehrer für Manuelles und Bildnerisches Gestalten und Kunstgeschichte in Basel. Seit Juli 2007 pensioniert und wieder in Engi wohnhaft. Widmet sich der Malerei und der Original-Druckgrafik, daneben engagierter Naturfotograf. Bildband «Der Freiberg Kärpf – das älteste Wildschutzgebiet» (1983). Literarische Beiträge u.a. in: Die Alpen SAC, BERGE, Swiss Glider SHV, Glarner Hinterländer Neujahrsbote.

Speich Verena, geboren 1944 in Glarus, lebt und arbeitet in Zürich als Pädagogin/Psychologin für Jugendliche. Autorin und Illustratorin diverser Trickfilme fürs SF, Autorin diverser Dokumentarfilme (u.a. Glarner Landsgemeindefilm «Hoch vertruuti, liebi Mitlandlüt»), Autorin/Illustratorin von Kinderbüchern, arbeitet auch als freie Journalistin.

Stauffacher Vreni, geboren 1951 in Glarus, aufgewachsen im Sernftal. Ärztin. Lebt im Zürcher Unterland. 2005 Veröffentlichung von «Sand und andere Kurztexte».

Streiff Hans Jakob, geboren 1930 in Glarus. Prof. Dr. phil. II, Studium der Naturwissenschaften, a. Rektor der Kantonsschule Glarus. Herausgabe von Lehrmitteln zur Chemie, Bücher und Broschüren zu Themen der Glarner-Geschichte. Lebt in Glarus.

Stüssi Heinrich, 1916 – 2007, Lehrer in Linthal, Gründer des Neujahrsboten für das Glarner Hinterland, 1978 Kulturpreis des Landes Glarus, 1997 Ehrendoktor der Universität Basel.

Tanner Katharina, geboren 1962 in Schaffhausen, arbeitet als Autorin (Theaterstücke z.B. «Fridolina» (2004), Hörspiele etc.) und Buchhändlerin in Basel. Letzte Publikation: «Mitgeteilt» 24 Lebensgeschichten von Frauen aus Basel-Stadt und Baselland, 2008.

Tänzler Barbara, geboren 1967 in Norddeutschland und im Glarnerland aufgewachsen. Journalistin und Sprachlehrerin. Lebt in Zürich.

Tremp Stephanie, geboren 1954 in Aarau. Studierte Romanistik und Germanistik in Montpellier und Basel. Ausbildung zur Fotografin in Zürich. Verschiedene Publikationen. Heute selbstständige Tätigkeit als Fotografin, Lektorin und Korrektorin in Zürich.

Walcher Fridolin, geboren 1951 in Luchsingen und aufgewachsen in Braunwald. Lebt in Nidfurn. Seit 1991 freiberuflich tätig in der Fotografie für Kommunikation und Industriefotografie. Arbeitet an Ausstellungsprojekten und Herausgabe diverser Publikationen u.a. «Von Glarus nach Belo Horizonte».

Walter Franz, geboren 1949 in Solothurn, Reallehrer, lebt in Uznach. Autor mehrerer Romane u.a «Rotfarb und Königsblau». Eine Sittengeschichte von Linth- und Aareflössern, Fabrikkindern, Industriebaronen, Prinzessinnen, Freidenkern, Bürstenbindern und Revoluzzern, 2007.

Zogg Ruedi, geboren 1947 in Glarus. Studium der Kinder- und Jugendpsychologie, seit 1979 im Jugendheim Prêles (bekannt als «Tessenberg») tätig. Lebt in Prêles. Sein Schreiben ist ein innerer Entscheid: «Ich möchte mit dem, was ich schreibe, aus meinen vier Wänden herauskommen.» Veröffentlichungen vorgenommen und im Entstehen.

Zopfi Emil, geboren 1943 in Wald ZH, Schriftsteller, lebt in Obstalden/GL. Autor mehrerer Romane, Kinderbücher und Hörspiele. Mehrfach ausgezeichnet u.a. mit dem Kulturpreis des Kantons Glarus.

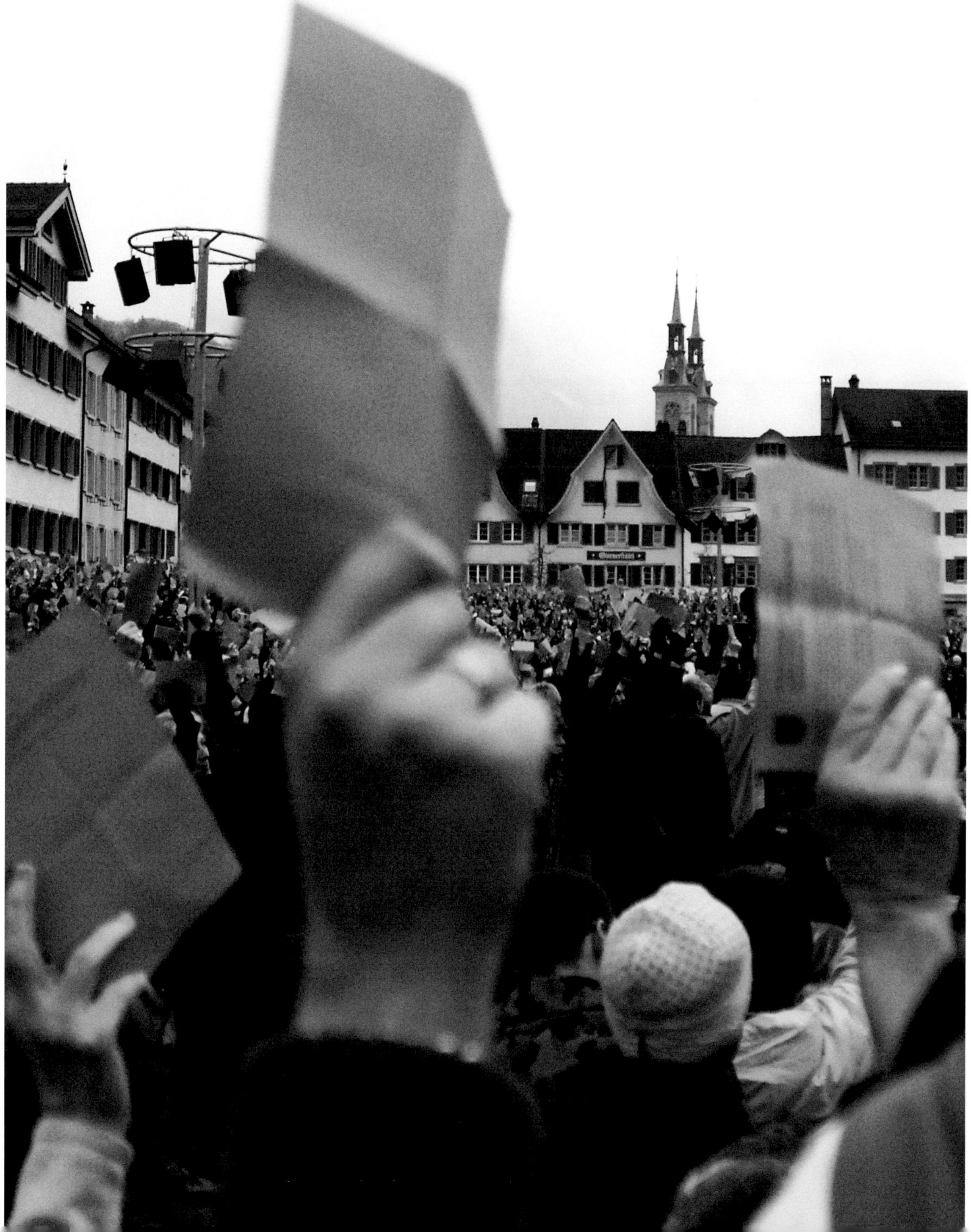

Die Stiftung Freulerpalast Näfels

Im Jahre 1934 wurde die Stiftung für den Freulerpalast gegründet, die sich aus Vertretern des Kantons Glarus, der Gemeinde Näfels und einem Mitglied der Gottfried Keller-Stiftung zusammensetzt. Die Stiftung hat die Aufgabe, das wohl grösste Gesamtkunstwerk der Schweiz aus dem 17. Jahrhundert, wie Dr. Peter Meyer, Kunsthistoriker aus Zürich (1894–1984) bemerkte, der Nachwelt zu erhalten. In sorgfältig durchgeführten Restaurationen wurde in den letzten Jahren der Palast wieder in seinen originalen Bauzustand gebracht. Das Grosshaus erhielt seine Farbigkeit zurück, aussen mit den Eckbemalungen und den geflammten Fensterläden, innen mit der dezenten Farbabstufung in den Gängen und Gewölben, den prächtigen barocken Bemalungen in der Sala Terrena und der Hauskapelle. Auch der Rittersaal mit der wohl schönsten Kassettendecke des Landes und festlichen Stuckaturen in den Fensternischen strahlt in jahrhundertealter Pracht. Die Aussenanlagen mit dem hübschen Barockgarten und wuchtigen Bäumen wurden in Stand gesetzt und mit einem Hofbrunnen aus Klöntaler Kalkstein ergänzt. Die Stallungen als südlicher Abschluss der Anlage konnten als letzte Etappe der Gesamtrestaurationen zum Militär-, Waffen- und Skisportmuseum umgebaut werden.

Die Familie Freuler

Kaspar Freuler, der Erbauer des Palastes, lebte von 1595–1651 und war Garde-Oberst bei König Ludwig XIII. Seine erste Frau Margareta Freuler-Hässi gebar ihm drei Kinder und verstarb nur 40-jährig. In der Folge verheiratete er sich mit der verwitweten Schwägerin Anna Hässi-Reding aus Schwyz, die umsichtig und tatkräftig den Bau des Palastes begleitete. Kaspar Freuler war ein selbständiger, eidgenössischer Militärunternehmer, der aufgrund seiner Tapferkeit in manchen Feldzügen in den Adelsstand erhoben wurde. Durch eine Verwundung in der Nähe von Poitiers verstarb Ritter Freuler und wurde in der Abteikirche von Saint-Savin-sur-Gartempe begraben. Die meisten männlichen Nachkommen dienten als Offiziere in Frankreich und Sardinien-Piemont. Die weiblichen Nachkommen heirateten in der Regel in die mit ihnen verwandten Familien Gallati, Hässi, Müller, Reding und Bachmann, die zu den regimentsfähigen Näfelser Geschlechtern gehörten. Als letzter männlicher Nachkomme, er war auch der letzte Bannerherr des Kantons Glarus, verstarb 1852 Jodocus Leonardus Freuler.

Die Gemeinde Näfels als Besitzerin

Schon 1840 kaufte die Gemeinde Näfels Teile des Freulerpalastes, um Schulzimmer einzurichten. Ein Jahr später erwarb sie aus der Erbengemeinschaft Freuler die restlichen Gebäudeteile und richtete weitere Schul- und Sitzungszimmer ein. Auch die Gemeindeversammlungen fanden im Grosshaus statt. Der Nebenflügel wurde als Armenanstalt der Fürsorgegemeinde zur Verfügung gestellt. Für die wertvollen Kassettendecken und die Kachelöfen erhielt die Gemeinde wiederholt Angebote, die sie aber immer wieder ablehnte, obwohl die Bürger in diesen Jahren Mittel für die Erhaltung des Palastes dringend benötigten. In den Stallungen wurde 1888 ein Kleinkraftwerk mit einer Leistung von 12 PS installiert – für die Strassenbeleuchtung an der 500-Jahr-Feier der Schlacht bei Näfels. 1893 wurde ein Schlauchturm für die Feuerwehr und eine öffentliche Badeanstalt eingerichtet, die später der Installationsabteilung des Elektrizitätswerks Näfels weichen sollte, die bis 1987 die Räume nutzte. Die grossen Keller dienten als Lagerräume sowie als Turnlokal. Die Verwaltung und Kanzlei der Gemeinde Näfels verblieb bis 1988 im 1. Stock des Nebengebäudes.

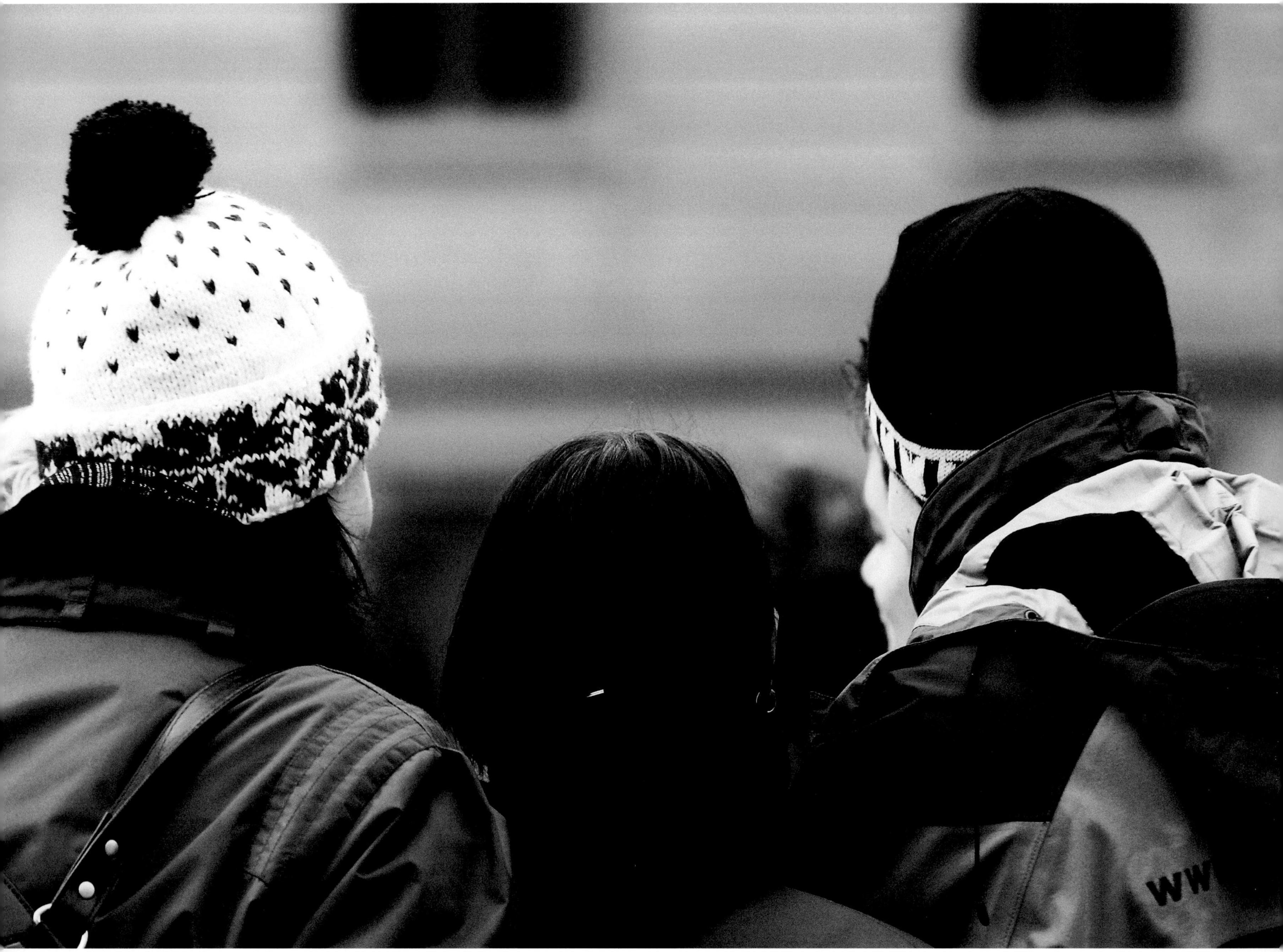

Das Museum des Landes Glarus

Im November 1890 wurde mit dem «Vertrag betreffend die Unterbringung der Sammlung des historischen Vereins im Freuler'schen Palaste in Näfels» der zukunftsweisende Grundstein für das Museum des Landes Glarus gelegt. In der Sala Terrena wurden die ersten Vitrinen mit dem Kulturgut des Landes Glarus aufgestellt. Nach Abschluss der Restaurationen von 1946 konnte im Hauptflügel die Geschichte des Landes Glarus dargestellt werden. Dank den nachfolgenden Restaurierungen von 1983 bis heute konnten verschiedene Ausstellungsbereiche eingerichtet und aufgewertet werden: das Lapidarium mit Steinmetzarbeiten, die Sennhütte, das Wohnmuseum, das prachtvolle Prunkzimmer, die Kassettendecken im Rittersaal und im Freulerzimmer, wunderbare Öfen und reich verzierte Türen.

Bildnisse glarnerischer Persönlichkeiten zieren die Wände, und Wappenscheiben aus drei Jahrhunderten sind in den Fenstern eingelassen. Kirchliche Kunst mit barocken Schnitzfiguren sowie verschiedene katholische und reformierte Kirchengeräte sind vorhanden. Neben dem Stichkabinett befindet sich der Bannersaal mit der ältesten Darstellung des heiligen Fridolins auf dem Banner der Schlacht bei Näfels 1388. Die Geschichte des Landes Glarus ist in vier Zimmern eingerichtet, vom Steinbeil vor 4000 v. Chr. bis zum amtierenden Landammann von 2008. Dem Glarner Textildruck sind zwei Etagen des Dachgeschosses gewidmet, wo dieser wichtige Zweig der Glarner Industriegeschichte sehr aufschlussreich dargestellt wird. Originale Entwürfe, Druckmodel und Stoffdrucke entfalten in leuchtenden Farben eine bezaubernde Vielfalt an ornamentalen, pflanzlichen und figürlichen Motiven. Seit 1990 dienen die Räume des Nebenflügels den Sonderausstellungen zur Kantonsgeschichte, zu Jubiläen und zu Land und Leuten der Region. Sie können nun in breiterem Rahmen aus dem grossen Fundus des Museums dargestellt werden. Im Winterhalbjahr geniessen Kunstausstellungen Gastrecht in diesen Räumen. Der Bachmannsaal, lange Jahre als Gemeinderatszimmer genutzt, wird nun für Trauungen zur Verfügung gestellt.

Die ehemaligen Stallungen beherbergen das Glarner Militär- und Schützenwesen. Ein eindrückliches Modell des Übergangs der napoleonischen Armee an der Beresina erinnert an das Schicksal unzähliger Schweizer in fremden Kriegsdiensten. In einer Vitrine sind die Kopfbedeckungen der Offiziere und Soldaten seit dem Bundesstaat von 1848 ausgestellt. Als Rarität ist neben den Gewehren der Bundesarmee auch das Modell der Glarner Patronengiesserei zu sehen.

Dem ersten General der Schweiz 1815, General Niklaus Franz von Bachmann, ist im Palast ein spezielles Zimmer gewidmet und in der Militärabteilung wird an seine Verdienste zur Wiedereinführung des Schweizerkreuzes erinnert. Das Skisportmuseum, welches ebenfalls in den Stallungen untergebracht ist, zeigt die Pionierrolle von Glarus bei den ersten Skirennen in der Schweiz bis zum heutigen Spitzensport. Das Museum hat im Laufe der Zeit umfangreiche Sammlungen erhalten und erworben wie Karten, Fotos, Textilien, Möbel, Stiche und Gemälde – es versteht sich als Bewahrer und Förderer von glarnerischem Kulturgut. In diesem Sinne hat das Museum auch verschiedene Publikationen veröffentlicht. In den letzten Jahren erschienen das Standardwerk «Der Freulerpalast» von Dr. Jürg Davatz, das Buch «Foto Schönwetter Glarus», das Porträtbuch «Föhngeflüster – Glarnerinnen erzählen» und nun das Hut-Buch «Alles unter einem Hut – Glarner Hutgeschichten von 36 Autorinnen und Autoren und Fotografien der ausserordentlichen Landsgemeinde 2007».

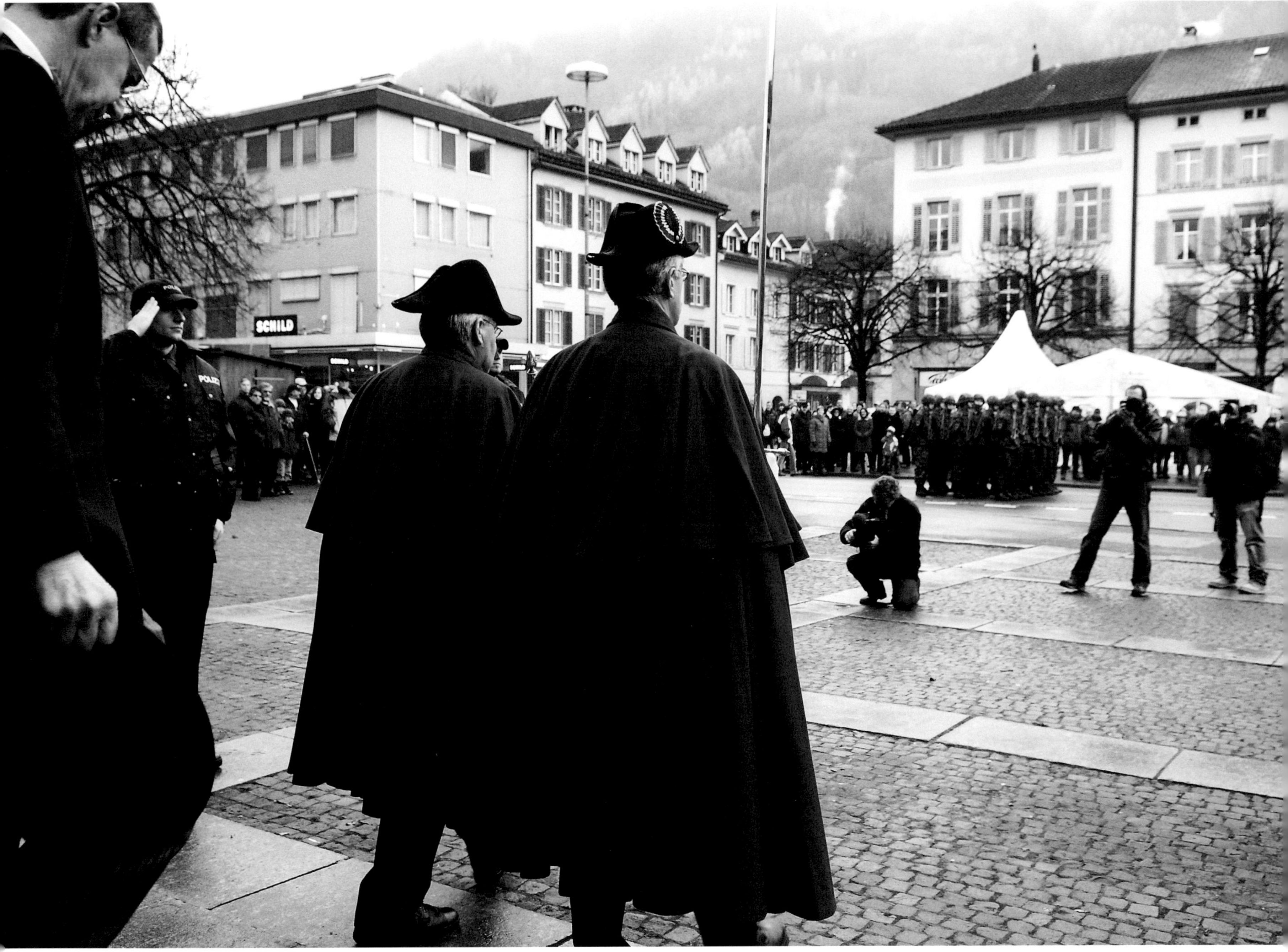
SCHILD